Brigitta de las Heras

Die Reise durch den Jahreskreis

Rituale, Fantasiereisen und Tänze zu den acht Jahreskreisfesten

Schirner Verlag

Dieses Buch erschien bereits 2005 und 2011 im Schirner Verlag.

ISBN 978-3-8434-1172-1
(vormals: 978-3-8434-4702-7)

Brigitta de las Heras:
Die Reise durch den Jahreskreis
Rituale, Fantasiereisen und Tänze
zu den acht Jahreskreisfesten

Umschlag: Murat Karaçay, Schirner
Satz: Tamara Walter
Redaktion: Kirsten Glück &
Bastian Rittinghaus, Schirner
Printed by: Ren Medien GmbH, Germany

www.schirner.com

4. Auflage Mai 2015

Inhalt

II. Teil: Die Reise durch das Jahr

Anhang

Vorwort zur Neuausgabe von Jeanne Ruland

»Respektiere die Kreise, in denen du dich bewegst.«

Jedes Fest war früher verbunden mit Himmel und Erde, den Bewegungen der Natur, der Pflanzen und Tiere, den Traditionen unserer Vorfahren und den feinstofflich wirkenden Kräften in der Natur und in uns. Zu allen Zeiten richteten sich die Menschen am Sonnen- und Mondstand aus, an den Sternen und der Bewegung unserer Erde sowie an den Geschehnissen in der Natur, die auch mit unserem Seelenleben verwoben sind. »Wie außen, so innen.« Auf diese Weise ist alles mit allem verbunden. Wenn wir in Einklang kommen mit dem Sonnenstand, der Erdbewegung, dem Mondzyklus und den Jahreszeiten, entsteht eine Art Flow, der uns durch das Jahr trägt und Sinnbild ist für die unterschiedlichsten Handlungen und Schwingungen zur rechten Zeit am rechten Ort. Jedes Jahreskreisfest gibt uns die Kraft, uns wieder auszurichten, zu besinnen und bewusst in einen weiteren Jahresabschnitt einzutreten.

Aufgrund der Technisierung und Globalisierung entfremden wir uns immer weiter von den Zyklen der Erde, die uns Kraft und Erneuerung schenken können und damit Gesundheit und Energie.

Das Buch von Brigitta de las Heras erlaubt uns einen tiefen Einblick in die 8 Feste des Jahres, zwischen denen jeweils 6 bis 7 Wochen liegen. Die Energie eines Festes ist schon davor spürbar und noch lange danach.

Durch das Feiern der Jahreskreisfeste bekommen wir ein gutes Gefühl für die Natur um uns herum, für unsere eigene Natur und für das Gesamtbild der Schöpfung, in die wir eingewoben sind. Wir verstärken unsere Wahrnehmung der Natur und unsere Intuition. Wir lernen, die Zeichen der Natur zu lesen und den unsichtbaren Pfaden der Seele zu folgen. Wir lernen, zu manifestieren, zu wandeln, Altes abzustreifen, uns mit dem Potenzial unserer Ahnen zu verbinden und das Licht des neuen Morgens zu empfangen.

Wir erfahren die auf- und abbauenden Kräfte der Natur und spüren deutlicher unseren eigenen Rhythmus, der uns durch das Leben trägt. Im Winter haben wir so z. B. kein Verlangen mehr nach Erdbeeren, sondern verstehen, dass es für alles die richtige Zeit gibt.

Im Einklang mit den 8 Festen im Jahreskreis verbinden wir uns mit dem Wissen unserer Ahnen. Wir spüren eine deutliche Führung und eine stärkere Verbindung mit uns selbst. Wir werden geradezu von einer Präsenz getragen, die uns den Raum schenkt, nach innen zu schauen, Zwiesprache zu halten und wahrzunehmen, wo wir stehen.

Ich feiere die Jahreskreisfeste mittlerweile seit über 20 Jahren. Mal mit anderen Menschen zusammen, mal für mich allein. Diese Feste sind für mich wie ein Kompass, der mir die Richtung für den nächsten Abschnitt vorgibt und mich so durch das Jahr trägt. Sie helfen mir, mich immer wieder neu auf die Einheit allen Seins und die schöpferischen Kräfte, die mich umgeben und in mir wirken, auszurichten, um wieder in meine Mitte zu kommen.

Ich kann jedem nur empfehlen, wenigstens ein Jahr lang im Kreis der Jahresfeste zu leben und die besonderen Qualitäten zu nutzen, sich von der Natur und der Einheit allen Seins berühren zu lassen, von ihr zu lernen und vom Fluss des Lebens getragen zu werden.

Dieses Buch ist wunderschön aufgebaut und gestaltet und gibt uns wunderbare Anregungen, mit denen wir die Feste und ihre Energien deutlicher wahrnehmen.

Meine Lehrerin sagte vor langer Zeit zu mir: »Richte dich an der Natur aus. Sie ist die stärkste Macht im Universum und geht weit über das Sichtbare hinaus. Alles andere ist vorübergehend.« Gerade in einer stark technisierten Welt, in der wir oft weder Tag noch Nacht, weder Wochenende noch Jahreszeiten bemerken, ist uns dies eine wichtige, wahre Aussage, die uns immer wieder hilft, den Blick auf das zu richten, was uns wirklich trägt und nährt. Die Natur ist und bleibt die stärkste Kraft. Im Einklang mit ihr geht man niemals verloren.

Viel Freude, neue Erkenntnisse und eigene Erfahrungen
im Kreis der Jahresfeste

Jeanne Ruland, April 2015

Einleitung

Seit vielen Jahren begleite ich als Psychotherapeutin und Ausbilderin in Gestalttherapie Klienten und Ausbildungskandidaten auf ihrem persönlichen Weg der Weiterentwicklung und des Wachstums. Dabei beschäftigt mich seit Langem die Frage, welche Anregungen für den Alltag den in der Therapie oder Ausbildung intensivierten Entwicklungsprozess unterstützen könnten.

Ich weiß, dass es eine Vielzahl von Wegen gibt, die wir einschlagen können, um unser inneres Potenzial in Einklang mit der uns umgebenden Welt zu entfalten. So war bei meiner eigenen Suche die Entfaltung einer achtsamen und respektvollen Haltung mir selbst, meinen Mitmenschen und der Natur gegenüber, die im Alltag gelebt werden kann, ein wesentliches Anliegen. Vor allem aber ging es mir um die Erfahrung und Würdigung der weiblich-spirituellen Seite. Wie ich in vielen Übungsjahren erfahren habe, lässt diese sich durch eine meditative Haltung und einen achtsamen Zugang zu den Kräften der Natur, die sich stetig mit den Jahreszeiten wandelt, fördern. Wertvolle Unterstützung fand ich dabei in den Überlieferungen unserer Vormütter und Vorväter, in Göttinnenmythen und in lebendigen Ritualen.

Dabei wurde für mich im Laufe der Zeit die Einbindung des alltäglichen Lebens in die Jahreszeiten und die Natur zu einem heilsamen Weg zur persönlichen und spirituellen Entwicklung. Diesen lehrreichen Gang durch den Jahreskreis möchte ich in diesem Buch nun gern beschreiben und damit meinen Leserinnen und Lesern die Möglichkeit geben, selbst seine heilsame Kraft zu erleben.

Der Jahreskreis kann als ganzheitliches und anschauliches Modell sowohl für die unterschiedlichen Lebensfacetten als auch für die stetige Wandlung und Veränderung des Lebens dienen. Er zeigt unter anderem, …

… wie die Veränderungen in der Natur – Keimen, Wachsen, Blühen, Reifen und Vergehen – als Spiegelbilder innerer Wachstums- und Veränderungsprozesse gesehen werden können.

… wie durch eine achtsame Reise durch ein Jahr mithilfe von Meditationsübungen, Trancezuständen und Ritualen neue, heilsame und stärkende Erfahrungen gemacht werden können.

… wie das überlieferte Wissen unserer Ahninnen in Verbindung mit den Mythen der großen Göttinnen Impulse zur Entwicklung und Entfaltung eines neuen Selbstbewusstseins als Frau geben können.

In diesem Buch möchte ich Anregungen dazu geben, wie Sie den Jahreskreis und die Weisheit, die in ihm verborgen liegt, sinnlich erleben können. Es ist gedacht für Frauen und Männer, die auf ihrem Weg zu einem ganzheitlichen Wachstum ihrer Persönlichkeit vor allem ihr weiblich-intuitives Potenzial entwickeln wollen. Es ist außerdem für Menschen geeignet, die bereit sind, eine Reise durch ein Jahr mit allen Höhen und Tiefen anzutreten und dabei der Natur, dem Universum und sich selbst gegenüberzutreten – Menschen also, die auf diesem Weg mehr über sich und ihr Eingebundensein in die Rhythmen des Lebens erfahren wollen und die den Elementen, den Göttinnenmythen und den Überlieferungen unserer Ahnen auf eine neue Weise begegnen wollen.

Sie können diese Reise allein machen oder zusammen mit Freundinnen und Freunden. Ich selbst habe mich viele Jahre lang allein mit den Jahreszeiten und den Jahreskreisfesten beschäftigt. Danach habe ich etliche Jahreskreise zusammen mit Frauengruppen durchlebt. Beides hat mich auf seine Weise weitergebracht.

Seit Jahrzehnten beschäftige ich mich mit unterschiedlichen alternativen und ganzheitlichen Heilmethoden. Meine Lehrerinnen und Lehrer kamen aus östlichen und westlichen Traditionen.

Ich selbst und meine psychotherapeutische Arbeit wurden in erster Linie durch die Gestalttherapie geprägt, die einen lebendigen, ganzheitlichen und kreativen Ansatz vertritt. Diese Therapieform mit ihrer offenen und achtsamen Haltung, die den Kontakt und die Beziehungsfähigkeit fördert, ist für mich im Laufe der Jahre zur geistigen Heimat geworden. Darüber hinaus fühle ich mich bereichert durch die Erfahrungen mit Kräuter- und Steinheilkunde, diversen Meditationspraktiken, den therapeutischen Einsatz von Musik und kreativen Medien, Atem-, Entspannungs- und Bewegungsübungen, Fantasiereisen und Visualisierungen, Trancetechniken und -tänzen, Astrologie und Tarot.

Die schamanische Arbeit nach indianischen und sibirischen Traditionen eröffnete mir den Zugang zur »anderen Wirklichkeit«, der Welt hinter, neben oder unter unserer Alltagsrealität. Das uralte Wissen der Schamanen gab es in allen Kulturen und gibt es immer noch. Zentrale Themen sind dabei die Geheimnisse von Leben und Tod, die Schicksalswege der Seele und heilende Rituale. Wir alle tragen dieses Wissen als Ahnung noch in uns und können es neu beleben. Bei Workshops konnte ich erfahren, wie unterstützend dabei Aufenthalte, Übungen und Rituale im Freien sind.

Darüber hinaus beschäftigte ich mich jahrelang mit Mythen und Archetypen auf der Suche nach einem ganzheitlichen Frauenbild, das uns Frauen die patriarchalischen und monotheistischen Religionen nicht geben können. Denn um uns selbst in unserer Vielfältigkeit wertzuschätzen, ist es für uns Frauen wichtig, dass wir Weiblichkeit in einer göttlichen Form gespiegelt sehen und ein Vorbild in den unterschiedlichen Göttinnen finden können, nach deren Ebenbild wir geschaffen sind.

In den letzten Jahren habe ich zudem mit Familienaufstellungen wertvolle Erfahrungen sammeln können. Mir wurde klar, wie stark wir in das unsichtbar gewirkte Netz unserer Ahnen, unserer Vormütter und -väter, eingebunden sind und wie sehr sie unser Leben beeinflussen.

Dass Körper, Seele, Geist und Umwelt in einer ganzheitlichen Medizin und Psychotherapie berücksichtigt werden müssen, ist mittlerweile bekannt. Hinzu kam für mich die Erkenntnis, wie wichtig Spiritualität für den Heilungsprozess ist – die bewusst gelebte Erfahrung des Eingebundenseins in ein größeres Ganzes und die Verbindung mit allem, was existiert auf unserem Planeten. Vor allem für uns Frauen ist eine weibliche Spiritualität von unschätzbarem Wert, die sich in einem achtsamen, wertschätzenden und respektvollen Umgang mit uns selbst, mit anderen Frauen, mit den Überlieferungen unserer Ahnmütter und allem Lebendigen in der Natur äußert.

Die Spiritualität in diesem Sinne lässt sich, wie ich für mich erfahren habe, durch Rituale, Übungen, Meditationen und Trancen fördern, außerdem durch das Erleben von heilsamen Gruppenprozessen und durch die Erfahrung der Naturkräfte. Der Zugang zur Natur, die sich ständig mit den Jahreszeiten wandelt, hat mich dazu gebracht, die zyklischen Veränderungen im Inneren, im Bereich der Gefühle und Energien, und im Äußeren aufmerksamer wahrzunehmen. Manchmal habe ich mich von der Natur wie gerufen gefühlt, sie drängte mich, hinauszugehen und sie mit allen Sinnen wahrzunehmen, von ihr und ihrem ständigen Wandel zu lernen – und meine Erlebnisse mit alten Überlieferungen und Symbolen längst vergangener Kulturen zu vergleichen. Die Erfahrungen, die ich dabei machte, haben mich berührt und verändert, allmählich wurden mir weitere Zusammenhänge klar, die ich vorher so nicht gesehen hatte.

In unserer heutigen westlichen Kultur stellen wir uns das Jahr oder die Zeit als Linie vor, die von der Vergangenheit über die Gegenwart gradlinig in die Zukunft führt. In anderen Epochen oder in früheren Kulturen (z. B. bei den Kelten) wurden die Veränderungen der Zeit kreis- und spiralförmig wahrgenommen. Das Jahr wurde als Kreis angesehen, wobei das Ende eines Jahres gleichzeitig der Anfang des neuen Jahres war.

Der Jahreskreis beginnt nach einigen alten Überlieferungen mit der Wintersonnenwende im Dezember, der längsten Nacht und dem kürzesten Tag des Jahres. In unseren mitteleuropäischen Breiten nimmt ab diesem Zeitpunkt die Kraft der Sonne wie in einem aufsteigenden Bogen stetig zu. Tag für Tag wird es früher am Morgen hell und später am Abend dunkel – bis zum Höhepunkt oder Wendepunkt der Sonnenkraft, der Sommersonnenwende im Juni, dem längsten Tag und der kürzesten Nacht des Jahres. Zu diesem Zeitpunkt ändert sich die Richtung der Sonne wieder, täglich geht sie nun etwas später am Morgen auf und etwas früher am Abend wieder unter. Auch ihre Kraft nimmt stetig ab, bis sie wieder zu ihrem Wendepunkt bei der Wintersonnenwende zurückkehrt.

Die vergehenden Jahre können wir uns demnach vorstellen wie Kreise, die übereinanderliegen und sich zu einer Spirale fortentwickeln. In jedem Jahr gibt es einen Aufschwung des Lichts und der Sonnenkraft bis zur Sommersonnenwende, danach folgt der Abschwung des Lichts bis zur Wintersonnenwende. Doch nicht nur diese beiden wichtigen astronomischen Wendepunkte der Sonne, an denen heute noch der Winter- oder Sommerbeginn angesiedelt sind, wurden in früheren Zeiten beachtet. Auch die sogenannten Gleichgewichtspunkte, die Tagundnachtgleichen im Frühling und im Herbst, an denen der Tag und die Nacht gleich lang sind, wurden mit einem besonderen Fest bedacht. Hinzu kamen in den alten, vor allem den matriarchalischen Traditionen die vier Mondfeste, die den aufgehenden, den vollen, den abnehmenden und den dunklen

Mond zu einer bestimmten Jahreszeit besonders ehrten. Denn der Mond wurde traditionellerweise dem weiblichen Prinzip zugeordnet.

Diese acht Stationen des Jahres, die im Abstand von ca. sechs Wochen liegen, sind die Jahreskreisfeste, die das Jahr wie Speichen ein Rad unterteilen. Sie werden in einem Kreis, dem Jahreskreis, abgebildet.

Zunächst habe ich mich, wie schon gesagt, viele Jahre lang allein praktisch und theoretisch mit dem stetigen Wandel der Jahreszeiten beschäftigt. Dazu gehören auch die Sonnen- und Mondstände, die Tierkreiszeichen und die besonderen Energien, die um die Jahreskreisfeste herum herrschen. Dann habe ich begonnen, meine Erfahrungen und mein Wissen mit anderen Frauen zu teilen. Das geschah in Form von Vorträgen und, indem ich die überlieferten Jahreskreisfeste mit interessierten Frauen in der Geborgenheit meines Gartens gefeiert habe, in dem viele alte und ehrwürdige Bäume stehen. Da viele von uns in Städten leben (auch ich lebe mitten im hektischen Getümmel des Rhein-Main-Gebiets) und von den zyklischen Veränderungen der Natur mehr oder weniger abgeschnitten sind, war dies ein guter Weg, uns der Natur und ihrer Energie wieder anzunähern.

Das Besondere an der Arbeit mit dem Jahreskreis ist, dass er nicht nur die ständigen, rhythmisch wiederkehrenden Veränderungen in der Natur erfahrbar macht, sondern uns auch erleben lässt, wie eng wir mit diesen Rhythmen verbunden sind, wie sehr unser Erleben und Fühlen, unser Wach- und Schlafrhythmus, unsere Energieressourcen und unsere Lebensfreude mit den Veränderungen in der Natur korrespondieren. Diese Zusammenhänge können wir erleben, wenn wir uns die Zeit gewähren, sie wahrzunehmen.

Darüber hinaus kann der Jahreskreis auch als ein Symbol oder eine Metapher für den Lebenszyklus des Menschen von der Geburt bis zum Tod angesehen werden. Weiterhin bildet der Jahreskreis, wie alle ganzheitlichen Weisheitslehren überall auf der Welt, die Himmelsrichtungen, die Elemente und das geistige Zentrum im Mittelpunkt ab. Er integriert zudem den astrologischen Tierkreis, der ein ausgefeiltes System von Analogien enthält, Projektionen der Planetenkräfte auf alle Ebenen des Lebens. So lassen sich die Planetenkräfte, die wiederum Projektionen der Urkräfte des Lebens sind, sowohl im Mineralreich als auch im Tier- und Pflanzenreich wiederfinden.

Im Jahreskreis lassen sich außerdem die unterschiedlichen Aspekte der Göttinnenkräfte – die Amazone, die Künstlerin und Wissenschaftlerin, die Liebende, die Mutter, die Königin, die Wächterin, die Magierin und die Alte Weise – zuordnen und abbilden.

Die Jahreskreisfeste, die acht Stationen im Kreis eines Jahres, können für uns Anlass sein, innezuhalten und uns auf die jeweilige Jahreszeit, die Energie in der Natur und in uns selbst zu besinnen. So hat die Arbeit mit dem Jahreskreis, mit seinen vielfältigen Facetten und Ebenen, mir und vielen anderen Frauen wertvolle Erfahrungen vermittelt:

- Wenn wir die immer wiederkehrenden Veränderungen der Natur im Laufe eines Jahres oder mehrerer Jahre bewusst wahrnehmen und erleben, können wir eine vertrauensvolle Einstellung zu uns und unserem Leben entwickeln.
- Das stetige Kreisen, das rhythmische Auf und Ab gibt uns die Möglichkeit, uns rechtzeitig auf die Veränderungen einzustellen und mit der Energie zu fließen. So fällt es uns mit der Zeit auch leichter, nicht mehr gegen unaufhaltsame Veränderungen anzukämpfen. Wir können lernen, mit uns, unseren Gefühlen und mit dem stetigen Wandel des Lebens besser umzugehen.
- Das Einbeziehen der unterschiedlichen Aspekte der großen Göttinnen aus den verschiedenen Zeitepochen und Kulturen gibt uns zum einen ein größeres Verständnis dafür, dass alle Religionen ähnliche spirituelle Wurzeln haben, und zum anderen gibt es uns ein neues Selbstverständnis als Frau.
- Wir werden angstfreier, toleranter und selbstsicherer, denn wir erleben unser Eingebundensein in etwas Größeres, in den ganzheitlichen, rhythmischen Tanz des Lebens.
- Wir entwickeln eine achtsame und respektvolle Haltung zu allem, was auf unserem Planeten existiert, denn wir spüren unsere Zugehörigkeit zu und unsere Verbindung mit dem Universum.

Am Beispiel des Jahreskreises mit seinem stetigen Wandel, den unterschiedlichen Jahreszeiten, werden sowohl das Immerwiederkehrende, das Beständige, das Kreisende als auch die Veränderung, die wir uns spiralförmig vorstellen können, erfahrbar und verständlich.

In jedem Jahr wiederholen sich die Jahreszeiten, und dennoch ist jedes Jahr neu und einmalig. Nichts kann sich genau so wiederholen, wie es im vorangegangenen Jahr war. Ebenso ist es auch mit unserer Entwicklung, auch sie verläuft nicht gradlinig, sondern spiralförmig. Immer wieder begegnen wir Lebensthemen, Beziehungskonflikten oder Gefühlen, von denen wir dachten, dass sie schon längst abgehakt seien. Und oft sind wir darüber enttäuscht. Der Unterschied ist, dass wir jedes Mal besser damit umgehen können. Wie einer meiner Lehrer es einmal formulierte: Entwicklung besteht darin, dass wir immer früher merken, dass wir schon wieder in ein altes Muster geraten sind.

Der Jahreskreis und die Natur lehren uns somit eine ganzheitliche Sicht der Dinge: dass alles sich dreht, in ständiger Bewegung ist; dass in jedem Anfang schon ein Ende und in jedem Ende der Anfang von etwas Neuem liegt; dass Hell und Dunkel, Fülle und Leere, Sonne und Mond, Weiblich und Männlich zusammengehören – und dass das eine nicht ohne das andere existieren kann.

Die grundlegende Weisheit des Lebens können wir ganz real erfahren, wenn wir uns auf eine achtsame Reise durch ein Jahr begeben und mit allen Sinnen die Natur und die Welt um uns herum erleben. Damit können wir auch Zugang zu den spirituellen Energien finden, die uns immer und an jedem Ort umgeben.

Wir erfahren auch, dass die in unserer Zeit und Kultur vorherrschende Sicht- und Denkweise – dass alles im Leben immer nur besser, größer, schneller und mehr werden kann; dass wir heute viel klüger als alle Generationen vor uns sind; und dass die Vorherrschaft einer Religion oder Kultur berechtigt ist – nicht stimmt. Denn alle Facetten des Lebens gehören zusammen und bilden ein großes harmonisches Muster. Alle Lebensformen in unserem Universum – vom Wassertropfen über Steine, Pflanzen, Tiere, selbst unsere Erde und die Planeten – bestehen aus sich ständig wandelnden Energiemustern, die sich gestalten und wieder auflösen. Als Teil davon sind wir eingebettet in einen kosmischen Ozean von ständig durch Zeit und Raum fließenden und wirbelnden Energieströmungen. Die Welt um uns und in uns ist ein unendlicher Tanz der zwei gegensätzlichen und dennoch harmonischen Energien, der Kräfte von Yin und Yang. Dieses Wechselspiel und die Beziehung zwischen den verschiedenen Energiemustern unterliegen einer kosmischen Ordnung, die in einem unendlichen Tanz dieser Energien hergestellt und wieder aufgelöst wird.

Erfahren können wir weiterhin, wie intensiv und stärkend die Kräfte der Natur sein können, wenn wir uns achtsam für sie öffnen. Wir können spüren, wie sehr wir gestützt und getragen werden von den »Dingen hinter den Dingen«, den Schöpfungs- oder göttlichen Kräften, den Lebensenergien oder dem »Spirit«, den Geistwesen, Engeln oder den Elfen – egal, wie wir sie nennen wollen.

Und noch eine Erfahrung können wir machen: Indem wir uns zentrieren und bestimmte überlieferte Übungen, Rituale und Bewegungen ausführen, können wir tief hineinspüren in längst vergangene Zeiten und an die Erfahrung und das Wissen alter Kulturen anknüpfen – Kulturen, in denen das Weibliche, in all seinen Facetten, einen hohen Stellenwert hatte, geachtet und geschätzt wurde. Nichts geht wirklich verloren, das ist die tröstliche Botschaft, die durch die Jahrhunderte bis heute wirkt. Es ist, als ob die alten Göttinnen oder Ahninnen nur darauf gewartet hätten, die heutigen Frauen wieder Anteil am alten Wissen um Spiritualität und die Kraft des Frauseins nehmen zu lassen.

Schamanen aus unterschiedlichen Kulturen sprechen von der »Anderen Wirklichkeit«, von der Welt der Geistwesen, die in den Elementen, Tieren, Pflanzen und Steinen im Universum wohnen und die gern mit unserer alltäglichen Welt und mit uns in Berührung kommen. Sie suchen den Kontakt zu uns und begleiten uns bei unserer Suche nach tiefem, erfahrbarem Wissen und der Weisheit des Lebens. Zu ihnen, den Genien von Kraftorten, den Krafttieren oder den Wesen der Bäume, Blüten und anderen Pflanzen, können wir mithilfe von Achtsamkeit und leichten Trancezuständen Kontakt aufnehmen. Trancen sind anders, als wir oft denken, sie sind Bewusstseinszustände, in die wir uns relativ leicht versetzen können. Am bekanntesten dürfte uns die negative Trance sein, in die wir oft im Alltag hineingeraten, indem wir uns immer wieder einreden, wie schlecht wir uns fühlen oder wie schlecht es uns geht.

Die Fähigkeit, positive Trancezustände zu erleben, die uns wach und offen machen für ungewöhnliche Sichtweisen, Erfahrungen und neue Dimensionen, ist allen Menschen angeboren. Diese Trancen, die manchmal mit monotoner Trommel- oder Rasselmusik, durch Singen einfacher Tonfolgen oder Vokale, durch gleichförmige Bewegungen und rhythmische Tänze oder durch bewusst gestaltete Rituale hervorgerufen werden, helfen uns dabei, sowohl die Kräfte unserer Ahninnen wieder zu spüren als auch Kontakt mit den Mysterien längst vergangener Göttinnenkulturen aufzunehmen. Diese einfachen Trancen, die unsere gewohnte Wahrnehmung verändern, können uns bei unserer Suche nach einem neuen, ganzheitlichen Verständnis von Weiblichkeit unterstützen.

Wichtig dabei ist die Einstellung, die wir zu den Kräften und Wesen der anderen Wirklichkeit haben: Wir sollten ihnen möglichst achtsam und mit Respekt begegnen und uns an die egalitären Regeln der Anderswelt halten, die besagen, dass alle Existenzweisen im Kosmos die gleiche Wichtigkeit und Bedeutung haben, es also keine Hierarchien oder Herrschaft gibt.

Alles, was existiert, hat die Aufgabe, an der Harmonie und Schönheit der Schöpfung mitzuwirken, auch wir Menschen. Darum sollten wir uns in der anderen Wirklichkeit auch angemessen, also wie Gäste, verhalten und uns für die Geschenke, die wir auf Trancereisen bekommen, bedanken und auch von uns etwas schenken. Das können Gaben wie Milch, Maismehl, Süßspeisen, Tabak oder Blumen, aber auch ein Tanz, ein Bild oder ein Lied sein.

Die Ethnologin Dr. Felicitas D. Goodman hat mit ihren Forschungen gezeigt, dass alle Menschen die Fähigkeit und oft auch eine tiefe Seelensehnsucht danach haben, in andere Bewusstseinszustände überzuwechseln. Sie zeigt, wie wir durch bestimmte Körperhaltungen in Verbindung mit rhythmisch-akustischen Anregungen einen veränderten Bewusstseinszustand, eine sogenannte religiöse Trance, erfahren, der uns Zugang zu einer anderen, als heilig oder göttlich empfundenen Wirklichkeit gewährt.

Die Trancetanzarbeit von Kaye Hoffman hat mich dazu inspiriert, die von ihr beschriebenen Göttinnen- und Göttertänze in den Jahreskreis einzuflechten. Zusammen mit der Musik von Rolf Exler und Bewegung gelang es mir und den Teilnehmerinnen an den Ritualen, in tiefen Kontakt mit den Urmustern des Lebens zu kommen.

Durch die verfeinerte Beobachtung und Wahrnehmung von dem, was ist, können wir uns auch selbst besser kennen- und verstehen lernen. Denn wir können im Laufe eines Jahres auch in unsere inneren Welten reisen: in jene oft versteckten Winkel unserer verdrängten Gefühle und Emotionen, zu unserer ungezähmten oder dunklen Schwester in uns, die uns aus dem Untergrund oft mehr bewegt und steuert, als uns lieb ist.

Eine Reise durch den Jahreskreis kann zu einer Reise ins Labyrinth unserer eigenen Seele werden. Dabei können wir unsere verletzten Gefühle heilen und alle Seiten, auch unsere destruktiven und ungeliebten, kennenlernen und integrieren, damit wir ganz und heil werden.

Da der Jahreskreis, wie schon erwähnt, auch ein Symbol für die Abfolge der Lebensphasen ist, können wir bestimmte Themen jedes Jahr neu anschauen und neu erleben: Geburt, Kindheit, Jugend, Erotik und Sinnlichkeit, Partnerschaft und Fruchtbarkeit, Mütterlichkeit und Reife, Bilanzziehen und Abschiednehmen, aber auch Verluste, Einsamkeit, Ängste, Loslassenmüssen und Sterben. Indem wir uns jedes Jahr aufs Neue diesen elementaren Lebensthemen stellen, die in den Veränderungen der Natur erlebbar sind, können wir eigene, nicht glücklich verlaufene Stationen und Übergänge mithilfe der gerade vorhandenen Energien in der Natur neu wahrnehmen, erfahren und gestalten.

Im Laufe des Jahres können wir lernen, mit kleinen Ritualen, die sich auf unseren Alltag beziehen, bewusst im Fluss der Energie der jeweiligen Jahreszeit zu sein. Hier können wir auch gut an die Traditionen unserer Mütter und Großmütter anknüpfen, die in früheren Zeiten noch viel intensiver mit dem Wandel der Natur verbunden waren. Sie stellten sich auf die Witterungsbedingungen, die veränderten Temperaturen und Sonnen- und Lichtverhältnisse im Verlauf des Jahres ein und richteten ihre Arbeiten in Haus und Garten danach aus. Auch ihre Essgewohnheiten waren eng mit der jeweiligen Jahreszeit verbunden, denn es wurden vor allem die Früchte der Saison und der Region verwendet. Dieser enge Kontakt mit den jahreszeitlichen Veränderungen gab ihnen Halt und Gewissheit sowie ein elementares Wissen um die ständigen Bewegungen des Lebens.

Die Anregungen zu alltäglichen Ritualen, die ich in diesem Buch beschreibe, setzen sich zusammen aus dem Wissen und der Erfahrung der Teilnehmerinnen an den von mir ausgerichteten Jahreskreisfesten und dem Wissen meiner Großmutter und meiner Mutter, die in den bäuerlichen Traditionen ihrer verlorenen Heimat, dem Sudetenland, verwurzelt waren. Sie vermittelten mir ihr Wissen über die Heilkraft der Pflanzen und Bäume sowie den achtsamen und sparsamen Umgang mit den Ressourcen der Natur.

Als Nachkriegskind und aufgezogen von meiner Großmutter, die ein respektvolles Verhältnis zur Natur hatte, kam ich schon früh in Kontakt mit der bäuerlichen Einstellung, dass alle Gaben der Natur, auch alle Reste, verwertet werden müssen. Meine Großmutter lehrte mich, das alltägliche Leben (Kochen, Backen, Waschen, Nähen, Einkochen) im Einklang mit den Jahreszeiten zu gestalten und einen Haushalt nach ökologischen und ökonomischen Gesichtspunkten zu führen. Meine Mutter, die Lehrerin war, lehrte mich kreative und handwerkliche Künste wie Sticken, Stricken, Weben oder Batiken. Aber sie brachte mir auch viele Pflanzennamen bei sowie die traditionelle Verwendung von Pflanzen, beispielsweise bei Unwohlsein bzw. Krankheiten jeder Art. Die Frauen aus den ländlichen Regionen mussten früher, da Ärzte oft weit weg wohnten, über ein großes Wissen über Hausmittel für Tier und Mensch verfügen, um im Notfall schnell Hilfe zu leisten. Bei jedem Spaziergang war es eine Freude für meine Mutter, all die Pflanzen, Bäume und Sträucher am Wegesrand benennen zu können und sich mit meiner Großmutter darüber auszutauschen, wofür dieses oder jenes Kraut früher verwendet wurde. Beide erzählten darüber hinaus liebend gern Märchen und Sagen.

Doch auch mein Vater, der aus Ungarn stammte, hat mich stark geprägt, insbesondere mit seiner Liebe zum Leben, zur Musik und zum Tanz sowie seiner Fähigkeit, zu träumen und immer wieder neu zu beginnen.

Neben den kleinen Alltagsritualen, wie ich sie bezeichnen würde, die in vielen Familien von Generation zu Generation weitergegeben werden, gibt es noch die großen Rituale.

Große Rituale bieten sich an bei großen Veränderungen und Übergängen im Leben. Dazu gehören der Eintritt in die Pubertät oder das Ende der fruchtbaren Zeit im Leben der Frau, der Beginn und das Ende der Schulzeit, der Arbeitsbeginn oder der Eintritt ins Rentenalter, die Hochzeit oder die Scheidung, die Geburt eines Kindes und sein Entlassen ins Leben, und natürlich auch Krisenzeiten, Umzüge, Verluste, schwere Krankheiten oder die Begleitung Sterbender auf ihrem letzten Weg.

In tief greifenden Veränderungsphasen, die oft starke Ängste und Verunsicherung auslösen, brauchen wir Halt und Zuversicht. Diese können wir durch ein Ritual gewinnen, in dem wir uns aufgehoben, getragen und geschützt fühlen.

Auch wenn die christlichen Kirchen in der heutigen Zeit an Bedeutung verloren haben – ihre großen Rituale (Hochzeit, Taufe, Kommunion, Konfirmation, Beerdigung) werden von vielen Menschen nicht von ungefähr immer noch in Anspruch genommen. Doch viele Menschen sind heute auf der Suche nach lebendigen Ritualen, die nicht von kirchlichem Denken durchwirkt sind. Und so gibt es viele Versuche, neue Rituale zu entwickeln oder an alten, vorchristlichen anzuknüpfen und sie mit Freunden und Freundinnen durchzuführen.

Rituale, die in einem bestimmten Raum, in einer festgelegten Zeit und mit einer verlässlichen Struktur ablaufen, helfen uns unter anderem dabei, uns aus der Welt des Alltäglichen in einen veränderten Bewusstseinszustand zu begeben, wo wir neue und bedeutsame Erfahrungen machen können. Diesen Raum vorzubereiten und Rituale als Rahmen für tief gehende Selbsterfahrungs- und ganzheitliche Heilungsprozesse zu erschaffen, ist eines meiner Anliegen in diesem Buch.

Doch es geht in diesem Buch vorwiegend um alltägliche Rituale, die sich im Laufe der Jahre immer wiederholen und uns in ihrer Beständigkeit und Vorhersehbarkeit Sicherheit und Vertrauen ins Leben schenken.

Alle Rituale haben die Eigenschaft, dass sie uns mit etwas Größerem verbinden, das über uns hinausgeht, womit wir Anteil nehmen können am Religiösen. Bei vielen Menschen dürstet die Seele nach einer konkret erfahrbaren Religiosität und Spiritualität, nach Sinn und Bedeutung, nach Gemeinschaft und intensivem Erleben. Lebendige Rituale, die wir selbst entwickeln, abwandeln und immer wieder neu erschaffen, die mehr oder weniger an überliefertes Wissen angelehnt sein können, schenken uns eine tiefe religiöse Erfahrung, die unsere Seele nährt.

Indem wir die Reise durch den Jahreskreis antreten, sich das Außen und Innen, die Realität und die Imagination, die Theorie und die Praxis miteinander verweben lassen, wir einen Sinn in uns und der uns umgebenden Natur spüren, können wir letztlich vertrauensvoll heimfinden in unser eigenes Zentrum, unsere Mitte oder unser Selbst. In dieser Mitte finden wir dann auch unseren innersten Wesenskern und die göttliche Kraft, die uns wiederum mit allen Formen und Erscheinungen des Lebens verbindet.

Je mehr wir durch die Übungen und durch unsere Erfahrungen unsere Sinne schärfen, wieder lernen, uns auf unsere eigenen Beobachtungen, unser Erleben und unsere Intuition zu verlassen, desto eigenständiger, selbstbewusster und selbstsicherer werden wir als Frau oder Mann. Spiritualität im Alltag, in dem hier beschriebenen Sinn, lässt uns verantwortlicher und bewusster sowohl mit uns selbst als auch mit den Problemen in der Welt umgehen.

Der Wunsch der Frauen, die an meinen Jahreskreisfesten teilnahmen, nach einem Zusammenfassen und Erinnern an die Erfahrungen, die wir dabei gemacht haben, haben mich dazu ermutigt, alles aufzuschreiben und weiterzugeben.

Mit diesem Buch möchte ich deshalb interessierte Frauen und Männer einladen, sich anregen und inspirieren zu lassen, entweder allein oder mit anderen zusammen im Alltag eine spirituelle Reise durch den Jahreskreis zu unternehmen und dabei den Mysterien des Lebens zu begegnen.

Sie können das Buch oder einzelne Kapitel einfach nur lesen oder darin nachschlagen, wenn Sie ein Jahreskreisfest, eine Heilpflanze oder eine Göttin interessiert. Mehr haben Sie allerdings davon, wenn Sie sich angewöhnen, sich täglich Zeit für sich selbst zu nehmen und eine der beschriebenen Übungen und Meditationen auszuprobieren. Dies ist manchmal mühevoll, doch der Gewinn, den sie daraus ziehen können, wird die Mühe aufwiegen.

Ich wünsche Ihnen viele wertvolle und heilsame Erfahrungen mit den Kräften und Energien der Göttinnen, mit den Jahreszeiten, Elementen, Bäumen, Steinen, Pflanzen und Tieren.

Brigitta de las Heras, August 2004

Dank

Ich danke den Frauen, die meine Vorträge zum Thema Rituale und Jahreskreisfeste besucht und mir im Gespräch viele Anregungen und wertvolle Hinweise gegeben haben.

Mein besonderer Dank gilt den Frauen, die bei den Jahreskreisfesten dabei waren und mitgeholfen haben, vor allem danke ich Jutta, die uns mit köstlichem Essen versorgte. Aber auch den anderen Frauen sei Dank für das Vertrauen und die Mitarbeit, aufgrund derer wir gemeinsam heilsame Erfahrungen machen konnten.

Weiterhin danke ich ganz besonders den Frauen und Männern, die sich in der heutigen Zeit aufrichtig um die Heilung der menschlichen Seele, um die Achtung der Erfahrung unserer Ahnen und um ein wertschätzendes Zusammenleben aller Lebewesen auf diesem Planeten bemühen. Ganz besonders danke ich meinen Lehrerinnen und Lehrern, die mir auf meinem bisherigen Lebensweg begegnet sind. Hervorheben möchte ich vor allem Dr. Victor Chu, Dr. Felicitas D. Goodman, Dr. Robert Langlotz und die Schamanin Noora Gröger.

Ich danke auch den Frauen und Männern, die vor uns da waren, die ihr Wissen überliefert haben, die mit ihren Büchern, Liedern, Tänzen und Kunstwerken daran mitgewirkt haben, dass wir heute uns selbst und das Leben vielfältiger verstehen und würdigen können.

Ich danke all den Göttinnen, den hilfreichen Geistwesen aus der anderen Wirklichkeit und den elementaren Energien, die wir ahnen und spüren können, wenn wir still werden, uns einlassen auf ihre Sprache, und die uns so reich beschenken, wenn wir ihnen mit Achtsamkeit und Respekt begegnen. Ich danke auch den Engeln, Baumwesen und Blumenelfen und den Tieren in meinem Garten, die immer bei uns waren.

Und ich danke meiner Familie, meinen Vormüttern und Vorvätern, meinem langjährigen Partner Javier, meinen erwachsenen Kindern Julia und Manuel sowie meinem Bruder Josef. Von allen habe ich viel gelernt, und sie unterstützen mich mit ihrer Liebe, aber auch mit ihrer Kritik, und fördern damit meinen Entwicklungsprozess. Meinen Freundinnen und Freunden, vor allem Elke, Annelies, Christa, Victor und Eberhard, danke ich für ihre Anwesenheit und ihre liebevolle Begleitung auf meinem Weg.

I. Teil – Vorbereitung

Die Ebenen des Jahreskreises

Der Jahreskreis mit seinen acht Eckpunkten, den Jahreskreisfesten, kann uns dabei helfen, unser eigenes Leben bewusster zu erleben und zu gestalten. Indem wir die natürlichen Veränderungen im Jahreszyklus erfahren und uns auf die Energie der Jahreszeiten einschwingen, haben wir die Möglichkeit, die Veränderungen in unserem Leben leichter wahrzunehmen und vertrauensvoller zu verarbeiten. Denn wir können sowohl die ständige Wiederholung der Jahreszeiten als auch die Abwechslung, das immer Neue, erfahren. Und dadurch, dass wir die unterschiedlichen Ebenen oder Facetten des Jahreskreismodells wahrnehmen, können wir uns selbst eingebettet in einen ganzheitlichen lebendigen Prozess erfahren.

Ein Jahreskreis aus Ziegelsteinen, mit den Himmelsrichtungen, den Elementen, den Jahreskreisfesten und den zwölf Tierkreiszeichen.

1. Ebene

Der Jahreskreis als Symbol für die vier Himmelsrichtungen, die vier Elemente und die Mitte

Der Jahreskreis umfasst die vier Elemente Luft, Feuer, Wasser und Erde, weiterhin die vier Himmelsrichtungen Osten, Süden, Westen und Norden. Der Mittelpunkt des Kreises stellt die Quelle allen Seins, das Göttliche oder die Ganzheit dar.

Die Luft ist im Osten angesiedelt, das Feuer im Süden, das Wasser im Westen und die Erde im Norden.

In allen Weisheitslehren der Welt werden die Elemente den Himmelsrichtungen zugeordnet; wie dies erfolgt, ist nicht überall gleich. So wird in manchen Traditionen dem Norden die Luft oder dem Süden die Erde zugeordnet. Bei der hier vorgestellten Zuordnung beziehe ich mich auf die keltische Tradition.

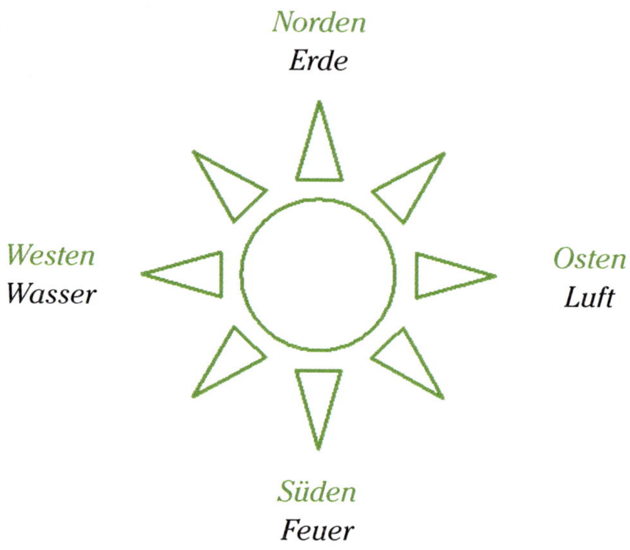

2. Ebene

Der Jahreskreis als Abbild des Jahres mit den vier Jahreszeiten und den acht Jahreskreisfesten

Neben den vier Elementen können auch die vier Jahreszeiten den Himmelsrichtungen zugeordnet werden: der Winter dem Norden, der Frühling dem Osten, der Sommer dem Süden und der Herbst dem Westen.

Der Beginn der jeweiligen Jahreszeit wird durch ein Fest markiert: Wintersonnenwende, Frühlingstagundnachtgleiche (Frühlingsequinox), Sommersonnenwende, Herbsttagundnachtgleiche (Herbstequinox).

Der Frühlingsbeginn liegt, wenn wir einen Jahreskreis bildlich darstellen oder mit Steinen legen, im Osten, der Beginn des Sommers im Süden, der Herbstbeginn im Westen und der Winterbeginn im Norden. Diese vier Feste orientieren sich am Sonnenstand und sind daher Sonnenfeste.

Zwischen diesen vier Eckpunkten liegen die vier Mondfeste: im Nordosten der aufgehende Mond, im Südosten der volle Mond, im Südwesten der abnehmende Mond, im Nordwesten der dunkle, unsichtbare Mond (Neumond). Diese Feste haben, in Anlehnung an die Tradition der Kelten oder Druiden, die Bezeichnungen Brigid, Beltane, Lammas und Samhain.

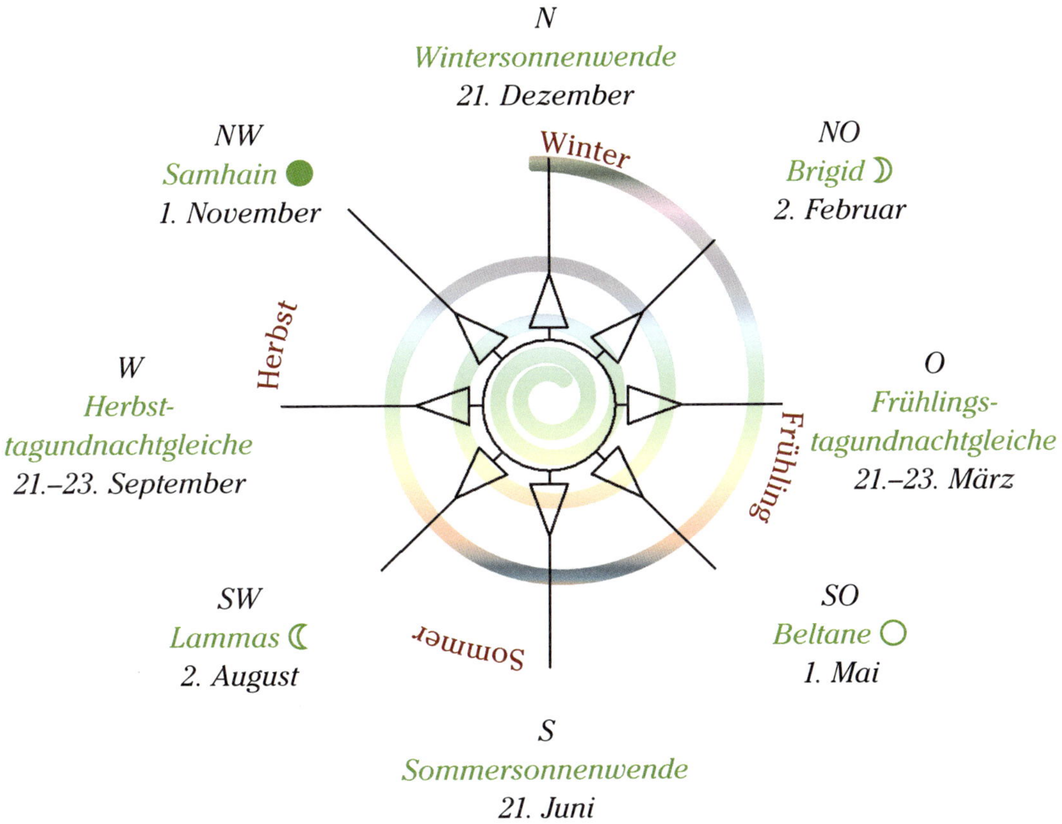

2. Ebene: Der Jahreskreis als Abbild des Jahres mit den vier Jahreszeiten und den acht Jahreskreisfesten

3. Ebene

Der Jahreskreis als Symbol für einen Tag

Der Jahreskreis mit seinen acht Eckpunkten ist nicht zuletzt ein Abbild für jeden einzelnen Tag: Morgendämmerung, Sonnenaufgang, Vormittag, Mittag, Nachmittag, Sonnenuntergang, Abend, Mitternacht. Dabei sind die Morgendämmerung im Nordosten, der Sonnenaufgang im Osten, der Vormittag im Südosten, der Mittag im Süden, der Nachmittag im Südwesten, der Sonnenuntergang im Westen, der späte Abend im Nordwesten und die Mitternacht im Norden angesiedelt.

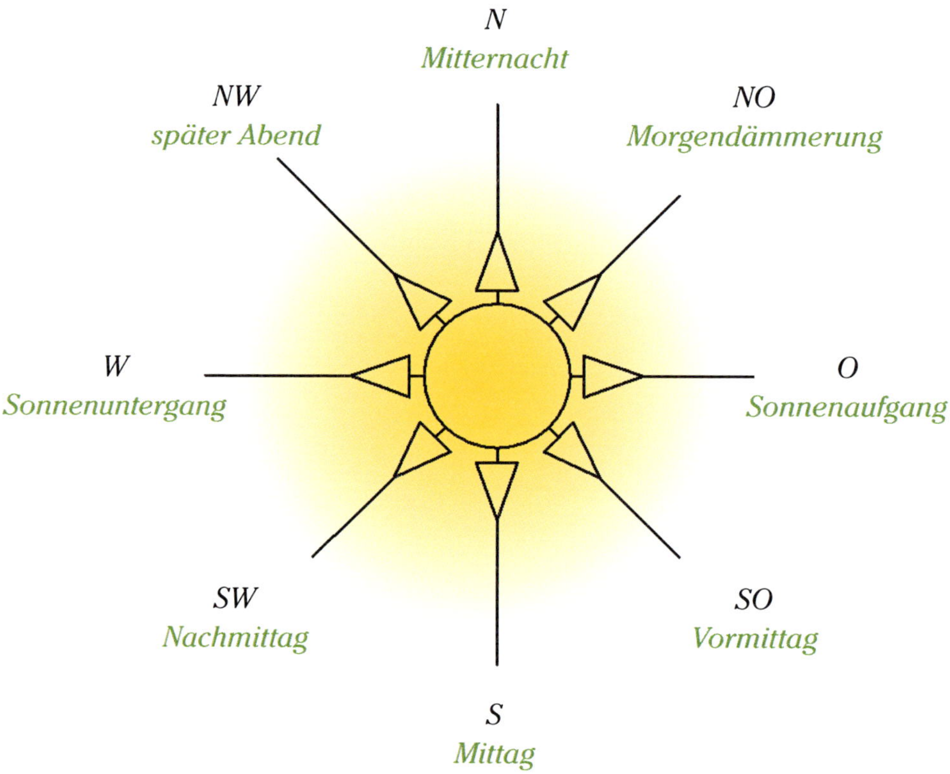

3. Ebene: Der Jahreskreis als Symbol für einen Tag

4. Ebene

Der Jahreskreis als Symbol für die Lebensphasen des Menschen

Der Jahreskreis kann weiterhin ein Abbild der Lebensphasen des Menschen sein: von der Geburt über das Wachsen und Reifen bis hin zum Tod. Hierbei liegen die Geburt im Norden, die Kindheit im Nordosten, das junge Erwachsensein im Osten, Paarbildung, Liebe und Fruchtbarkeit im Südosten, Mütterlichkeit, Selbstausdruck und Lebensmitte im Süden, Reife und Autorität im Südwesten, Übergang in den Ruhestand, Integration der Lebenserfahrung und neue Ordnung im Westen, Alter und Wissen um Verlust und Tod im Nordwesten, Weisheit, Spiritualität, Ende und Neuanfang im Norden.

In jedem Jahr können wir die besondere Energie der Jahreszeit, die symbolisch für eine Lebensphase steht, neu erleben und erfahren, egal, wie alt wir gerade sind: Beim Brigidfest können wir besonders leicht Zugang zum inneren Kind finden. Bei der Frühlingstagundnachtgleiche können wir die kreative, sprühende Energie der jungen Frau spüren. Beim Beltanefest sind wir der sinnlich-lebensfrohen und sexuellen Energie der jungen erwachsenen Frau ganz nahe. Bei der Sommersonnenwende können wir die Lebens- und Schöpfungskraft und die mütterlich nährende Kraft erfahren. Beim Lammasfest können wir uns mit Themen beschäftigen wie ernten, Grenzen setzen, Entscheidungen treffen und unsere eigene Autorität entwickeln. Bei der Herbsttagundnachtgleiche können wir in jedem Jahr Bilanz ziehen und das Erlebte integrieren. Beim Samhainfest haben wir Gelegenheit, uns mit dem Thema Übergang und Tod auseinanderzusetzen. Und bei der Wintersonnenwende bricht in der Stille der Nacht ein neuer Zyklus an.

Die hier vorgestellten Zeitangaben orientieren sich an der astrologischen Einteilung des Lebenskreises. Im Tierkreis, der aus 12 Feldern besteht, stellt jedes Feld einen Zeitraum von 7 Jahren dar (eine Veränderung der Lebensthemen im Siebenjahresrhythmus ist vielen Kulturen gemein). So besteht im astrologischen Denken ein Lebenszyklus aus durchschnittlich 84 Jahren. Wie wir noch sehen werden, liegen die Achsen Tod/Geburt und Lebensmitte mit 42 Jahren sowie junges Erwachsensein mit 21 Jahren und Neuordnungszeit mit 63 Jahren parallel zur Einteilung des Tierkreises, lassen sich also im Siebenjahresrhythmus abbilden. Die dazwischenliegenden Mondfeste liegen hingegen mitten in einem Tierkreisfeld (Wassermann, Stier, Löwe, Skorpion), deshalb gelten die Zeitangaben für 7 Jahre plus 3,5 Jahre.

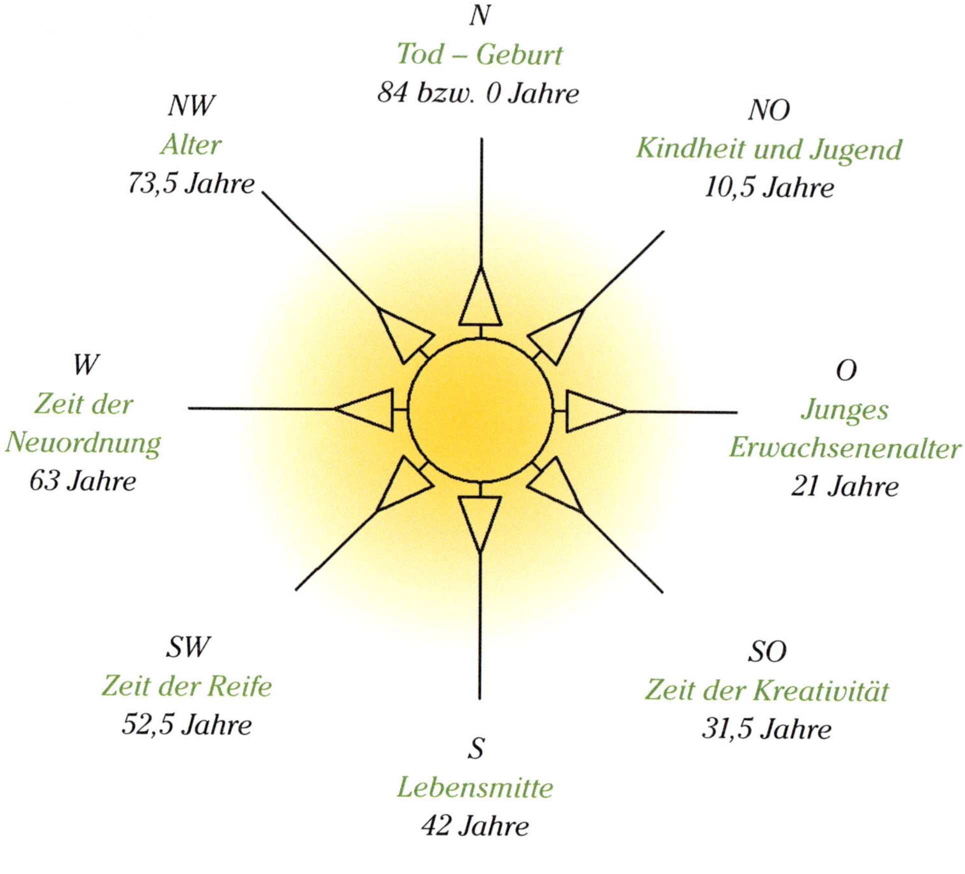

5. Ebene

Der Jahreskreis als Heimat aller zwölf Tierkreiszeichen

Der Jahreskreis umfasst auch die Tierkreiszeichen der *Astrologie*. Die Astrologie ist eine alte ganzheitliche Lehre, die davon ausgeht, dass die Sonnen- und Mondenergien im Laufe eines Monats oder eines Jahres nicht nur zu- oder abnehmen, sondern dass sie durch das jeweilige Tierkreiszeichen, durch das die Himmelskörper sich gerade bewegen, eine veränderte Färbung annehmen.

Weiterhin hat die Astrologie eine Fülle von Zuordnungen und Analogien entwickelt, nach denen die symbolische Energie der Planeten und der Tierkreiszeichen sich auf allen Ebenen des Lebens wiederfinden lässt. Auf der Ebene der Mineralien, Pflanzen, Bäume, Tiere und Menschen sind überall die gleichen Prinzipien zu finden. *So symbolisiert zum Beispiel Saturn das Prinzip von Hemmung, Verlangsamung und Strukturbildung. Diese Energie wird nach der astrologischen Lehre nun im Pflanzenreich durch das Zinnkraut oder die Tanne, im Tierreich durch den Steinbock, im Reich der Mineralien durch den Onyx dargestellt. Auf der menschlichen Ebene drückt sich dieses Prinzip im Knochengerüst und im Alter aus.*

Einen ersten einfachen Zugang zur Astrologie können Sie gewinnen, wenn Sie sich vorstellen, dass in jedem Tierkreiszeichen die Energie entweder mehr nach innen und zu inneren Prozessen führt oder mehr nach außen in die Welt geht. Dies geschieht im Wechsel: Ein Zeichen geht nach außen, das nächste wieder nach innen. Die Lebensthemen, die durch den Tierkreis symbolisiert werden, entwickeln sich vom Ich zum Du über die Integration in die Gesellschaft bis hin zum Loslassen im Tod und dem Beginn eines neuen Zyklus.

Im Folgenden stelle ich Ihnen den Jahreskreis mit den Tierkreiszeichen und der astrologischen Einteilung in den Siebenjahresrhythmus des menschlichen Lebens sowie die Jahreskreisfeste kurz vor. *Die Abbildung des Jahreskreises weicht dabei von der üblichen Darstellung in der Astrologie ab, die normalerweise den Süden oder die Himmelsmitte (Sommersonnenwende) oben auf dem Blatt darstellt. Demzufolge sind dann der*

Osten oder der Frühlingsbeginn auf der linken Seite, der Westen oder der Herbstbeginn auf der rechten und die Wintersonnenwende unten auf dem Kreis dargestellt. Inhaltlich ändert sich dadurch aber nichts, allein die Perspektive ist eine andere.

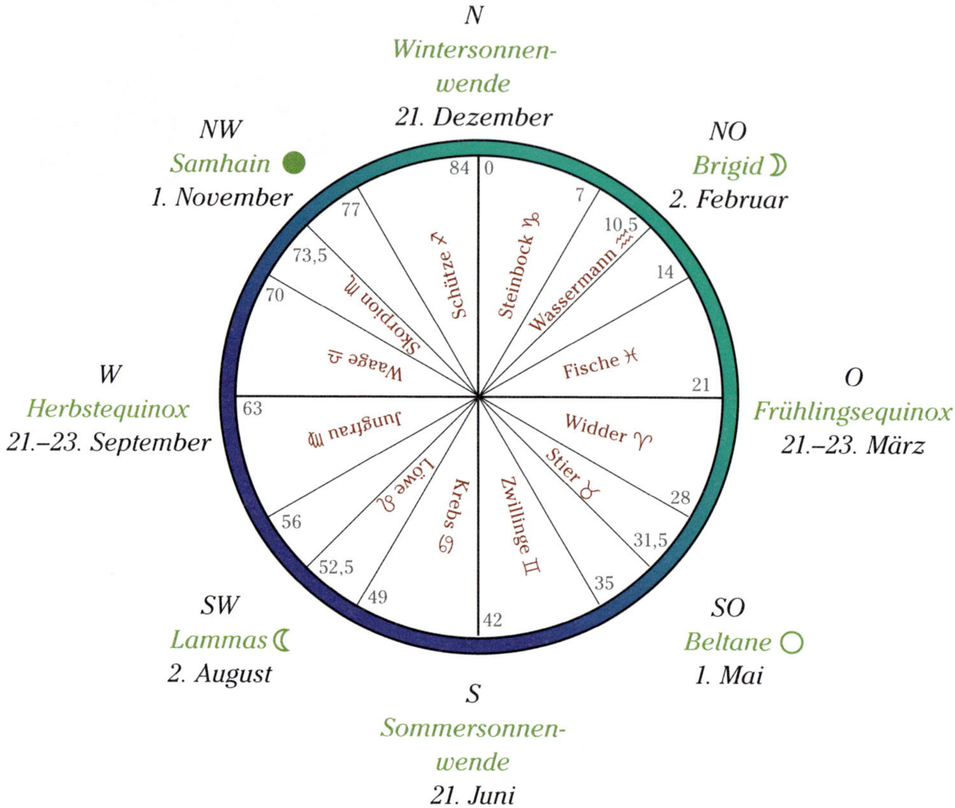

Sehen wir uns den *Tierkreis* unter diesem einfachen Aspekt an: Der Tierkreis beginnt, anders als der Jahreskreis, der bei der Wintersonnenwende beginnt, bei der Frühlingstagundnachtgleiche mit dem Zeichen Widder ♈, einem Feuerzeichen. Die Energie des Widders geht nach außen, setzt sich ungestüm, eigenwillig und spontan durch. Danach kommt das Zeichen Stier ♉, ein Erdzeichen, in dem die Energie nach innen geht, was sich darin ausdrückt, dass man Grenzen zieht und sich bemüht, das Leben mit allen Sinnen zu erfahren. Im Zeichen Zwillinge ♊, einem Luftzeichen, geht die Energie wieder nach außen, und zwar in die Bereiche Wissen aufnehmen, weitergeben und kommunizieren.

Am Übergang zum Wasserzeichen Krebs ♋ ist die Sommersonnenwende angesiedelt. Im Krebs geht die Energie nach innen in den wechselvollen Gefühlsbereich und in die seelische Auseinandersetzung mit der äußeren Welt. Im nächsten Zeichen, Löwe ♌, einem Feuerzeichen, wird die Energie nach außen gewendet, indem die Persönlichkeit sich kraftvoll und strahlend ausdrückt. Das folgende Zeichen ist das Erdzeichen Jungfrau ♍, bei dem die Energie nach innen fließt, in Richtung Verarbeitung und Integration von allem bisher Aufgenommenen und Gelernten sowie Anpassung an die Umwelt.

Am Übergang zum Luftzeichen Waage ♎ liegt die Herbsttagundnachtgleiche. Die Waage bringt ihre Energie wieder nach außen, wobei es hier darum geht, den anderen zu verstehen, Beziehungen herzustellen, Harmonie und Ausgewogenheit zur Entfaltung zu bringen. Im Skorpion ♏, einem Wasserzeichen, wendet sich die Energie nach innen, in die dunklen Tiefen der Gefühle und Leidenschaften, und ruft intensive Wandlungs- und Transformationsprozesse hervor, auch in der emotionalen Begegnung mit dem Partner. Im Zeichen Schütze ♐, einem Feuerzeichen, geht die Energie nach außen, jetzt jedoch in den geistig-philosophischen und religiösen Bereich.

Am Übergang zum Steinbock ♑, einem Erdzeichen, liegt die Wintersonnenwende. Im Steinbock geht die Energie nun wieder nach innen, ist strukturierend, normsetzend und orientiert sich am Wohl der Gemeinschaft. Die nun folgende Energie des Wassermanns ♒, eines Luftzeichens, geht nach außen in die Befreiung von einschränkenden Normen und Traditionen, hier geht es um Toleranz und Menschlichkeit. Im Wasserzeichen Fische ♓ wendet sich die Energie nach innen, in die tiefen kollektiven und kosmischen Gefühle des Loslassens und des Einverstandenseins.

Hier endet der Tierkreis und beginnt aufs Neue mit dem Thema des Widders.

Auch die Sonne und der Mond durchlaufen diese Themen zyklisch und geben uns dadurch die Möglichkeit, uns immer wieder auf sie einzustellen, durch die Auseinandersetzung mit ihnen zu lernen und uns von ihnen inspirieren zu lassen.

Wie der Jahreskreis umfasst der Tierkreis alle Themen des Werdens und Vergehens, doch die beiden Kreise fallen nicht zusammen: Der Jahreskreis beginnt im Winter, der Tierkreis im Frühling. Es ist so, als ob beide Kreise über- oder untereinander lägen und sich durchwirkten, wobei mal der eine, mal der andere im Vordergrund steht.

6. Ebene

Analogien und Entsprechungen im Jahreskreis aus dem Mineral-, dem Pflanzen- und dem Tierreich

Im Kreismodell des Jahreskreises lassen sich in Anlehnung an die astrologischen Lehren viele Verknüpfungen herstellen. So können bestimmte Farben und Mineralien, Tiere, Bäume und Pflanzen den Energien um die Jahreskreisfeste zugeordnet werden. Zum einen sind diese Verknüpfungen angelehnt an die Lehren der Astrologie, zum anderen beruhen sie auf meinen eigenen Erfahrungen sowie auf dem Wissen aus verschiedenen östlichen und westlichen Traditionen.

In dieser Übersicht sind einige wichtige Farben, Mineralien, Tiere, Bäume und Pflanzen dargestellt. In den jeweiligen Kapiteln zu den Jahreskreisfesten und in der Zusammenfassung finden Sie noch ausführlichere Informationen zu dieser Ebene.

N
Amethyst
Schwarzgrün, Violett
Bär, Schildkröte
Tanne, Esche
Mistel, Zinnkraut

NW
Obsidian
Schwarzblau
Rabe, Wolf
Eibe, Erle
Efeu, Nachtschattengewächse

NO
Bergkristall
Weiß, Türkis
Schwan, Libelle
Birke, Haselstrauch
Beifuß, Lavendel

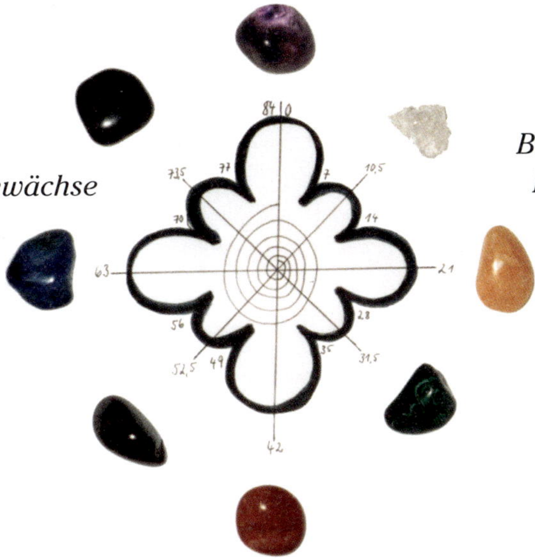

W
Lapislazuli
Blau
Delfin, Schlange
Walnuss, Quitte
Goldrute, Majoran

O
Calcit
Gelb
Amsel, Hase
Weide, Buche
Wermut, Brennnessel

SW
Hämatit
Rotschwarz
Löwe, Adler
Weißdorn, Wacholder
Salbei, Rosmarin

S
Koralle
Rot
Kuh, Schwein
Kastanie, Eiche
Johanniskraut, Melisse

SO
Malachit
Orangerot, Grün
Pfau, Hirsch
Apfel, Linde
Frauenmantel, Ysop

6. Ebene: Analogien und Entsprechungen im Jahreskreis aus dem Mineral-, dem Pflanzen- und dem Tierreich

7. Ebene

Der Jahreskreis als Symbol für die Veränderungen der alltäglichen Lebensthemen

Der Jahreskreis gibt uns wichtige Anstöße, wie wir die jeweiligen Energien der Jahreszeiten bewusst erleben und umsetzen können. Viele der Anregungen für Alltagsrituale, für das, was wir in dieser Zeit tun können und wie wir die Energien sinnvoll umsetzen können, knüpfen an meine eigenen Erfahrungen und Ideen der Teilnehmerinnen meiner Jahreskreisfeste an.

Der Jahreskreis kann als Abfolge verschiedener Alltagsthemen angesehen werden. Hier mein Vorschlag:

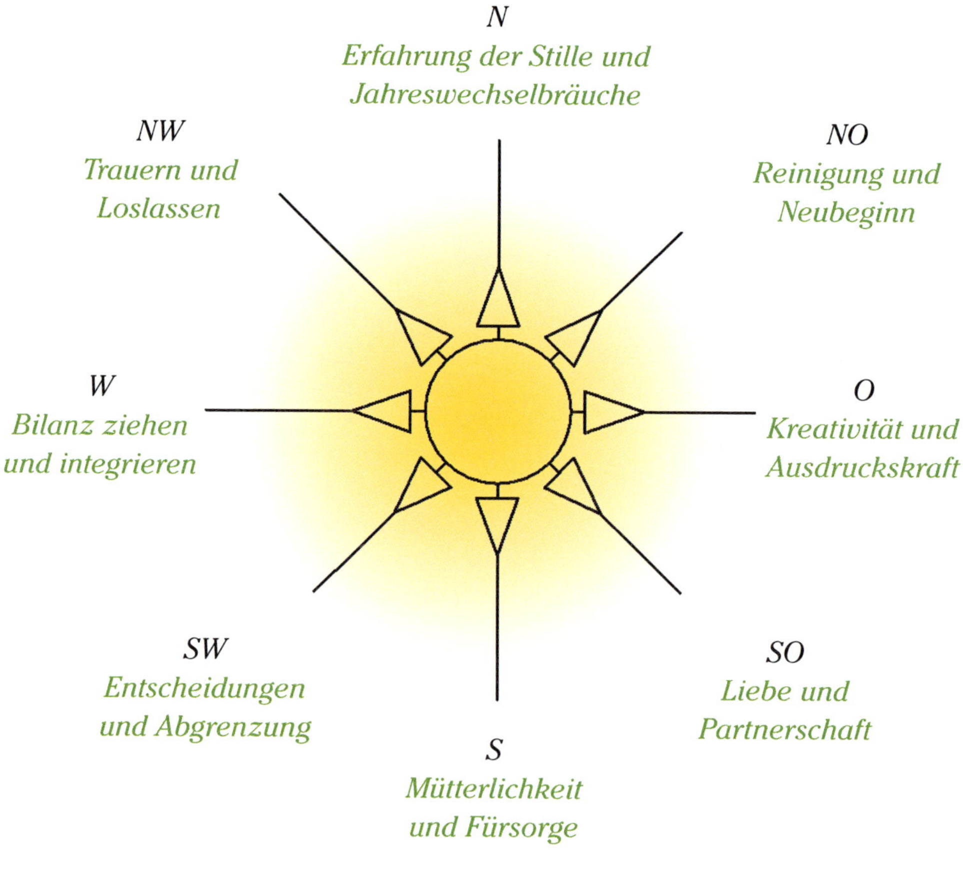

8. Ebene

Der Jahreskreis als Darstellung der unterschiedlichen Göttinnenaspekte

Im Jahreskreis lassen sich die alten Mythen und Märchen von starken, weisen und kraftvollen Frauen, die in der jeweiligen Jahreszeit oder in einem bestimmten Lebensalter spürbar werden können, einordnen und abbilden. Die überlieferten Geschichten von klugen, mutigen und machtvollen Göttinnen, Feen oder Ahnfrauen wurden im Laufe der patriarchalischen Geschichte verfremdet und gerieten allmählich in den Hintergrund; heute haben sie kaum noch Bedeutung für uns.

Die christliche Religion bietet uns seit Jahrhunderten als Frauenbild – neben der jungfräulichen Mutter Maria (einem verdrehten Rudiment der einst weltweit verehrten Weltenmutter) – die besonders verdienstvollen und schließlich heiliggesprochenen Märtyrerinnen an, die für den christlichen Glauben gestorben sind oder sich geopfert haben. Frauen sind in diesem Umfeld vor allem in ihrer Leidensfähigkeit und ihrer Zweitrangigkeit präsent. Ihre Aufgabe ist es, keusch, asexuell und demütig zu sein, Kinder unter Schmerzen zu gebären und sich der männlichen Vorherrschaft, der Dreifaltigkeit von Gottvater, Sohn und Heiligem Geist, unterzuordnen.

In unserer heutigen westlichen Kultur wurde das Frausein lange Zeit entweder auf die junge, den gängigen Schönheitsidealen entsprechende Frau reduziert oder auf die treusorgende mütterliche Frau, die stets für andere da sein soll. Heute kommt noch die freizügige, sexuell unverkrampfte und erfolgreiche Karrierefrau als Leitbild hinzu. Doch Frausein hat sehr viel mehr Facetten und Dimensionen. Und unsere Seele braucht Mythen und Archetypen mit weiblicher Kraft, Bedeutung und Vielfalt, um sich entfalten zu können – ganzheitliche Mythen von Göttinnen, die alle Möglichkeiten und Emotionen leben und nach deren Bild wir geschaffen sind. Sie können uns Mut machen und unser Vertrauen in die weibliche Kraft fördern.

In der Literatur oder der frühen Kunst lassen sich die großen ganzheitlichen Göttinnen meist in drei Aspekte gegliedert wiederfinden: die junge, unabhängige Göttin in ihrem weißen Aspekt, die Amazone, die dem aufgehenden Mond zugeordnet wird; die sinnliche, fruchtbare und mütterliche Göttin in ihrem roten Aspekt, die dem vollen Mond zugeordnet wird; und die alte, weise Göttin des Todes und der Unterwelt in ihrem schwarzen Aspekt, die Alte, die dem dunklen Mond zugeordnet wird. Was bei dieser Einteilung häufig nicht beachtet wird, ist die abnehmende Mondsichel, die Göttin als Schnitterin, in ihrem schwarz-roten Aspekt, die zur rechten Zeit machtvoll, klar und entschieden die Ernte einholt. Sie symbolisiert die Zeit nach der Fruchtbarkeit der Frau, in der neue und wichtige gesellschaftliche und spirituelle Aufgaben von ihr übernommen werden.

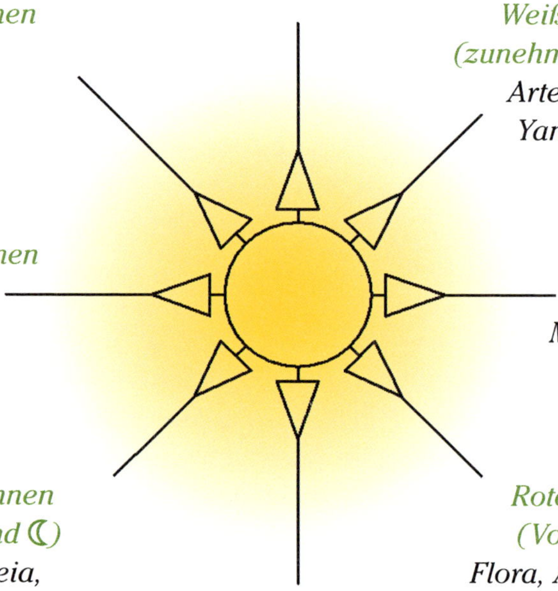

»Die Symbolik der Göttin hat vor allem das Mysterium von Geburt, Tod und Erneuerung des Lebens zum Thema, nicht nur des menschlichen, sondern allen Lebens auf der Erde und im gesamten Kosmos … In der Kunst (der frühen Ackerbaukulturen in Europa) drückt sich das in den Zeichen dynamischer Bewegung aus: in Windungen und Krümmungen von Spiralen, Schlangen, in Kreisen, Mondsicheln, Widderhörnern, keimenden Saaten und Schösslingen. Die Schlange war ein Symbol der Lebenskraft.« (Vgl. M. Gimbutas: Die Sprache der Göttin)

In den überlieferten Mythen und Göttinnengeschichten wird Frausein vielfältig und lebendig dargestellt. Frauen haben darin unabhängig von einem Mann Macht, Würde und Autorität. *Da gibt es die jungen, freien und intellektuellen, die kämpferischen Amazonen. Dann sind da die Frauen, die Frauen lieben, und die sinnlich-erotischen und lustvollen Frauen genauso wie die Frauen, denen die Beziehungen zu einem Mann und Mutterschaft wichtig sind. Und es gibt Bilder von älteren, reifen, eigenständigen, mächtigen und unerschrockenen Frauen, die mit ihrer Weisheit und Würde Autorität haben und Anerkennung und Respekt verdienen.*

Die Grazien verkörpern zusammen Kunst, Tanz, Musik und Liebe

In den alten ganzheitlichen Mythen haben alle Emotionen einen Platz und dürfen sein, nicht nur die sogenannten positiven wie Liebe, Freundlichkeit und Friedfertigkeit, sondern auch die weniger angesehenen wie Wut, Neid und Zerstörungskraft. In diesen Mythen hat auch jedes Lebensalter der Menschen einen Platz und wird geachtet. Vor allem werden alle Altersstufen der Frau, die eingebunden sind in den rhythmischen und zyklischen Ablauf des Lebens, benannt und gewürdigt.

Die unterschiedlichen Darstellungen und Zuständigkeiten der Göttinnen können uns die vielfältigen Facetten von Weiblichkeit und Stärke bewusst machen und uns dabei helfen, sie in unser Leben zu integrieren. Mithilfe von Trance- und Fantasiereisen sowie mit Göttinnentänzen im

Jahreskreis können wir diese weibliche Vielfalt und Energie wieder spüren, erfahren und in uns selbst neu beleben. Die Anregungen für Frauenfeste, bei denen die Farben der Göttinnen berücksichtigt werden, lassen uns die Frauenkraft neu erfahren.

9. Ebene

Der Jahreskreis als Rahmen für Atem- und Bewegungsübungen, Tänze und Fantasiereisen

Es gibt eine Fülle von Übungen, die uns dabei helfen können, uns selbst besser wahrzunehmen: den Körper, die Gefühle, das Denken und die Kraft unserer Fantasie und Imagination. Für mich war es besonders spannend, die vielen Übungen, die ich kenne, so in den Jahresablauf einzuordnen, dass sie die jeweilige Energie der Jahreszeit aufnehmen und ausdrücken, wie ich sie wahrnehme.

In den nachfolgenden Darstellungen sehen Sie einige der wichtigsten Atemübungen, Tänze und Fantasiereisen aufgeführt; mehr dazu finden Sie in den einzelnen Kapiteln.

In meiner täglichen therapeutischen Arbeit konnte ich immer wieder die Erfahrung machen, dass mir bestimmte Tänze oder Fantasieübungen spontan einfielen, und wenn ich genauer hinschaute, bemerkte ich, dass sie meist im Einklang mit der jeweiligen Jahreszeit oder den Themen dieser Zeit waren.

Natürlich können Sie diese Übungen auch zu anderen Zeiten im Jahr machen, denn meine Zuordnungen bedeuten nicht, dass diese Kombinationen allgemeingültig sind. Es sind meine bisherigen Erfahrungen, die allerdings im Fluss sind, sich weiterentwickeln und verändern werden. Sie sollen Anregung für Sie sein, Ihre eigenen Erfahrungen zu machen.

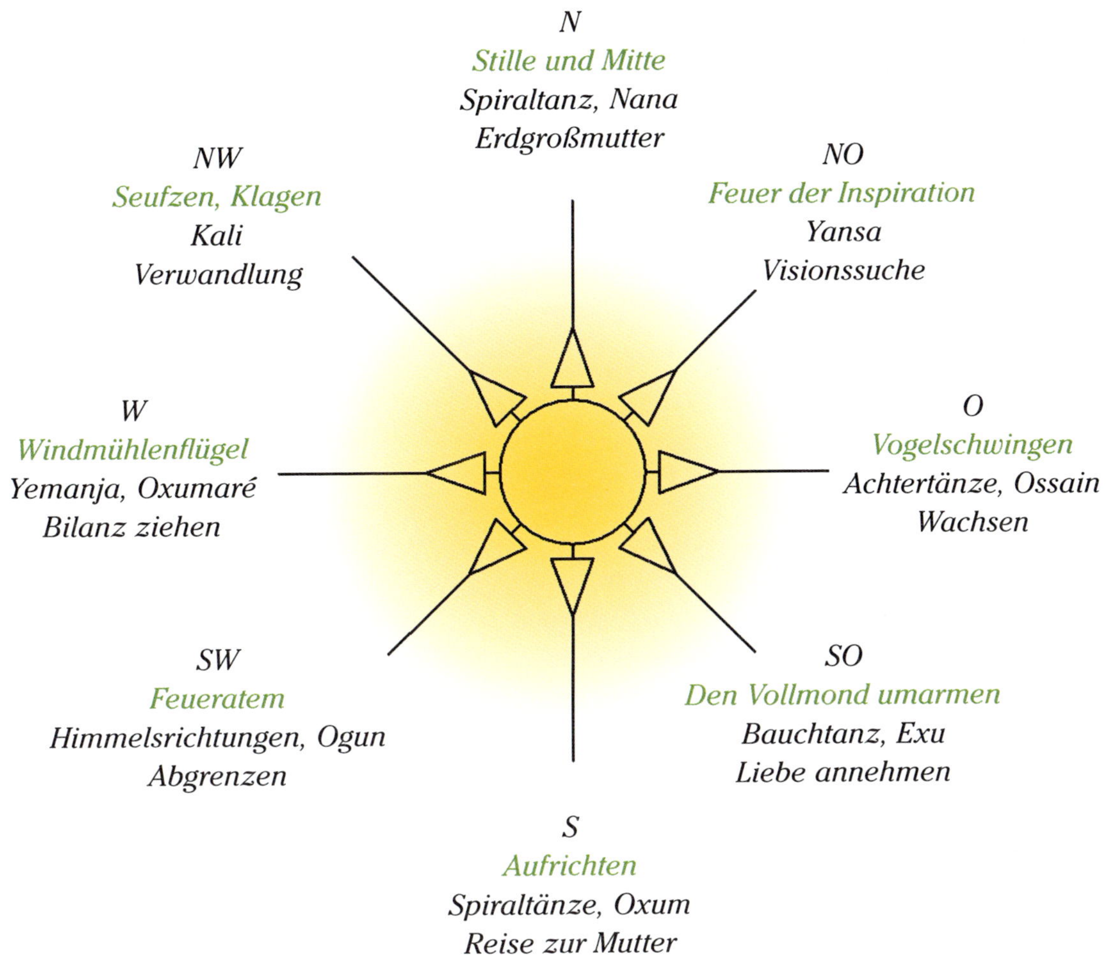

9. Ebene. Der Jahreskreis als Rahmen für Atem- und Bewegungsübungen, Tänze und Fantasiereisen

Der Aufbau der Kapitel zu den Jahreskreisfesten

Damit Sie die einzelnen Themen und vor allem die Übungen und Fantasiereisen leichter finden können, habe ich jeweils verschiedene Symbole eingefügt. Falls Sie dann z. B. nur etwas über die Göttinnen dieser Zeit erfahren wollen, orientieren Sie sich an dem Symbol für die Göttinnen. Suchen Sie nach Atemübungen, können Sie in den einzelnen Kapiteln unter dem entsprechenden Symbol nachschauen.

Jahreszeit

In jedem Kapitel wird bei diesem Symbol zunächst die jeweilige Jahreszeit beschrieben, die ein Jahreskreisfest umrahmt. Außerdem werden die ungefähren Sonnenauf- und -untergangszeiten aufgeführt sowie die Temperaturen oder das Wetter, das uns normalerweise im mitteleuropäischen Raum zu diesen Zeiten umgibt. Weiterhin rufe ich die traditionellen Feste in der jeweiligen Jahreszeit in Erinnerung.

Dies alles soll Anreiz für Sie sein, die einzelnen Phasen bewusster wahrzunehmen und Ihre eigenen Entdeckungen und Erfahrungen mit den Jahreszeiten zu machen.

Astrologische Sichtweise

Unter diesem Zeichen werden die Themen der jeweiligen Zeit aus der astrologischen Perspektive betrachtet. Dabei werden die Energien und Themen der Tierkreiszeichen angesprochen. Im Literaturverzeichnis gibt es weiterführende Hinweise für diejenigen, die dieses Thema vertiefen möchten.

Menschliche Entwicklung

Bei diesem Symbol wird die Ebene der menschlichen Entwicklung im Kreis des Jahres dargestellt. Ich habe die Gelegenheit wahrgenommen, an dieser Stelle vor allem die Lebensphasen und Lebensthemen der Frau zu beschreiben, denn in der psychologischen Literatur wird in der Regel die männliche Entwicklung beschrieben. Wird dort die Entwicklung von Mädchen und Frauen, die anders als die von Männern verläuft, überhaupt erwähnt, so geschieht das häufig in Form von Mängeln im Vergleich zur männlichen.

Deshalb geht es unter diesem Punkt um die weibliche Entwicklung vom jungen Mädchen über den Eintritt in die Gruppe der fruchtbaren Frauen ab der Pubertät und die Phase der reifen, sinnlichen und gebärfähigen Frau bis hin zu dem in den Wechseljahren erfolgenden Austritt aus der Gruppe der menstruierenden Frauen und das Überwechseln in die Gruppe der älteren, unabhängigen und erfahrenen Frauen.

Göttinnen und Mythen

Unter diesem Symbol finden Sie einige Informationen zu den Göttinnen der jeweiligen Zeit. Dies kann nur eine kleine Auswahl sein, mehr dazu finden Sie in der im Anhang angegebenen Literatur.

Alltagsrituale

Unter diesem Zeichen finden Sie Übungen und Anregungen, wie Sie die jeweilige Jahreszeitenergie in Ihrem Alltag wahrnehmen, erleben und ausdrücken können. Suchen Sie sich eine Anregung oder Übung aus, die Sie dann in Ihrer täglichen Meditations- oder Rückzugszeit ausprobieren. Es ist sinnvoll, eine Übung über mehrere Tage, mindestens drei Tage, zu praktizieren, denn erst in der Wiederholung können Sie ihre Bedeutung und Wirkung erfahren.

Frauenfest

Unter diesem Symbol finden Sie Anregungen für Feste, die Sie mit Freundinnen gestalten können.

Da wir alle unterschiedlich sind, findet die eine eher einen Zugang über den Körper, die andere eher über die Vorstellung. So finden Sie unter den nachfolgenden Symbolen weitere Vorschläge, wie Sie die Kraft und Energie der jeweiligen Zeit aufgreifen und umsetzen können:

Atemübung

Unter diesem Zeichen erfahren Sie, wie Sie mithilfe einfacher Atemübungen tiefer in die Erfahrung einer bestimmten Zeit und Energie eintauchen können.

Begegnung mit der Natur

Bei diesem Symbol finden Sie Anregungen, wie Sie bewusst die Natur und ihre lebendigen Veränderungen wahrnehmen können.

Bewegungsübungen und Tänze

Durch die bei diesem Bild beschriebenen körperlichen Bewegungen können Sie die gerade aktuellen Lebensthemen ganzheitlich erfahren und auf einer tiefen Ebene verstehen. Sie sollten etwa 10 bis 15 Minuten dauern, damit sie ihre Wirkung entfalten können.

Fantasie- und Trancereisen

Unter diesem Symbol finden Sie Fantasiereisen und Tranceübungen. Sie sind ein Weg, auf dem wir unsere eigene Intuition und Kreativität anregen, fördern und entwickeln können. Sie helfen uns dabei, aus der Quelle unseres Unterbewusstseins neue Kraft zu schöpfen.

Probieren Sie die verschiedenen Anregungen und Übungen aus, und finden Sie heraus, welcher Weg Ihnen am meisten zusagt.

Heilsame Analogien

Bei diesem Zeichen finden Sie eine kleine Auswahl von Entsprechungen oder Analogien, die dieser Zeit zugeordnet sind. Es werden Elemente, Mineralien, Orte, Tiere, Bäume, Pflanzen, Speisen, Getränke, Düfte, Instrumente und Musik im Überblick vorgestellt, die die Kraft der jeweiligen Zeit in sich tragen. Sie können diese Zuordnungen als Anregung nehmen, die jeweilige Energie wahrzunehmen und sie kennenzuler-

Mineralien im Jahreskreis

nen. Oder, wenn Ihnen diese Formen im Alltag begegnen, können Sie nachschauen, für welche Zusammenhänge sie stehen und welches Prinzip sich darin ausdrückt.

Die hier zusammengestellten Analogien sind selbstverständlich nicht vollständig und auch nicht allgemeingültig. Sie orientieren sich zum einen an alten Überlieferungen und zum anderen an eigenen Erfahrungen.

Gestaltung eines Festes

Unter diesem Symbol finden Sie die Gestaltung eines Festes als Ritual beschrieben, so wie ich es zusammen mit einer Frauengruppe, die sich über mehrere Jahre hinweg zu den Jahrerkreisfesten getroffen hat, gefeiert habe. Diese Beschreibung ist als Anregung für die Gestaltung von eigenen Festen gedacht.

Einen Jahreskreis sinnlich erfahren

Es gibt verschiedene Möglichkeiten, wie Sie ein Jahr intensiv und mit allen Sinnen erfahren können. Nehmen Sie sich täglich etwas Zeit – das können wenige Minuten sein, in denen Sie ganz bewusst darauf achten, was Sie in der Natur gerade umgibt und wie Sie innerlich darauf reagieren.

Schreiben Sie Ihre Wahrnehmungen in ein Jahreskreistagebuch. Achten Sie auf die Veränderungen ...

... der Jahreszeit: Wie erfahren Sie Frühling, Sommer, Herbst und Winter?

... des Lichts: Wann wird es morgens hell und wann abends dunkel?

... des Wetters: Wie ist der Himmel, wie die Sonne, die Temperatur?

... der Vegetation: Zeigen sich Knospen, grüne Blätter, bunte Blüten, Früchte, farbenfrohes Herbstlaub oder kahle Äste?

... der Energie: Wie fühlt sich die besondere Energie rund um die Jahreskreisfeste an?

Suchen Sie sich zunächst einen Kalender aus. In manchen sind die Sonnenauf- und -untergangszeiten vermerkt. Sie können aber auch im Internet oder im Videotext nachschauen, wann die Sonne oder der Mond in Ihrer Gegend auf- und wieder untergeht. Mit diesen zeitlichen Angaben können Sie das Zu- und Abnehmen der Sonne im Laufe eines Jahres genau nachvollziehen. Anhand der Angaben lässt sich ablesen, dass der Tag bzw. die Helligkeit von der Wintersonnenwende bis zur Sommersonnenwende jeden Tag um 2 bis 3 Minuten zunimmt. Ab diesem Zeitpunkt nimmt er bis zur Wintersonnenwende genauso kontinuierlich wieder ab. Alle Zeitangaben, die ich in diesem Buch verwende, sind ungefähre Angaben. Der genaue Zeitpunkt des Auf- und Untergangs der Sonne hängt von der geografischen Lage Ihres Wohnorts ab.

Tragen Sie die Daten der acht Jahreskreisfeste in Ihren Kalender ein.

In der Jahreshälfte, in der das Licht täglich zunimmt, sind das:

1. Wintersonnenwende: 21. Dezember; Sonnenaufgang: 8.30 Uhr, Sonnenuntergang: 16.00 Uhr
2. Brigid oder Lichtfest: 2. Februar; Sonnenaufgang: 8.00 Uhr, Sonnenuntergang 17.00 Uhr
3. Frühlingstagundnachtgleiche: 21.–23. März; Sonnenaufgang: 6.25 Uhr, Sonnenuntergang: 18.35 Uhr
4. Beltane oder Verwandlungsfest: die Nacht zum 1. Mai; Sonnenaufgang: 5.55 Uhr, Sonnenuntergang: 20.45 Uhr (Sommerzeit)

In der Jahreshälfte, in der das Licht täglich abnimmt, sind das:

5. Sommersonnenwende: 21. Juni; Sonnenaufgang: 5.00 Uhr, Sonnenuntergang: 21.30 Uhr
6. Lammas oder Kräuterweihfest: 2. August; Sonnenaufgang: 5.47 Uhr, Sonnenuntergang: 21.08 Uhr
7. Herbsttagundnachtgleiche: 21.–23. September; Sonnenaufgang: 6.10 Uhr, Sonnenuntergang: 18.20 Uhr
8. Samhain oder Dunkelheitsfest: die Nacht zum 1. November; Sonnenaufgang: 7.15 Uhr, Sonnenuntergang: 16.40 Uhr (Winterzeit)

Der Jahreskreis mit neun Steinen oder das heilige Rad

Die Sonne ⊙ benötigt ein ganzes Jahr, um einen vollständigen Zyklus abzuschließen, um z. B. wieder am Punkt der Wintersonnenwende anzukommen.

Der Mond hingegen benötigt nur 28 Tage, um einen Zyklus – zunehmen, voll werden, abnehmen und unsichtbar werden – zu durchlaufen. In einem Jahr vollendet der Mond also zwölf- bis dreizehnmal seinen Zyklus. Manche Kalender zeigen den Mondstand an, so können Sie leicht feststellen, ob gerade zunehmender ☽, voller ●, abnehmender ☾ oder dunkler ○ Mond (Neumond) ist.

Betrachten Sie nun ein Jahr in Form eines Kreises – das heilige Rad: Zeichnen Sie auf ein großes Blatt Papier einen Kreis bzw. eine Spirale. Tragen Sie dort die vier Himmelsrichtungen und dann die acht dazugehörigen Jahreskreisfeste mit Datum ein.

Sie können auch draußen in der Natur oder in Ihrer Wohnung einen Jahreskreis aus Steinen auf die Erde legen, z. B. aus farbigen Mineralien oder einfachen Feld- oder Kieselsteinen. Er kann so klein sein, dass Sie darauf schauen können, oder so groß, dass Sie sich in die Mitte setzen oder legen können, um die besondere Energie des Kreises zu erfahren.

Wenn Sie mit Freunden oder Freundinnen ein Kreisritual im Freien erleben wollen, dann sollte der Kreis so groß angelegt sein, dass sich alle im Innern aufhalten können und dennoch so viel Platz ist, dass Sie in der Mitte ein Feuer machen können.

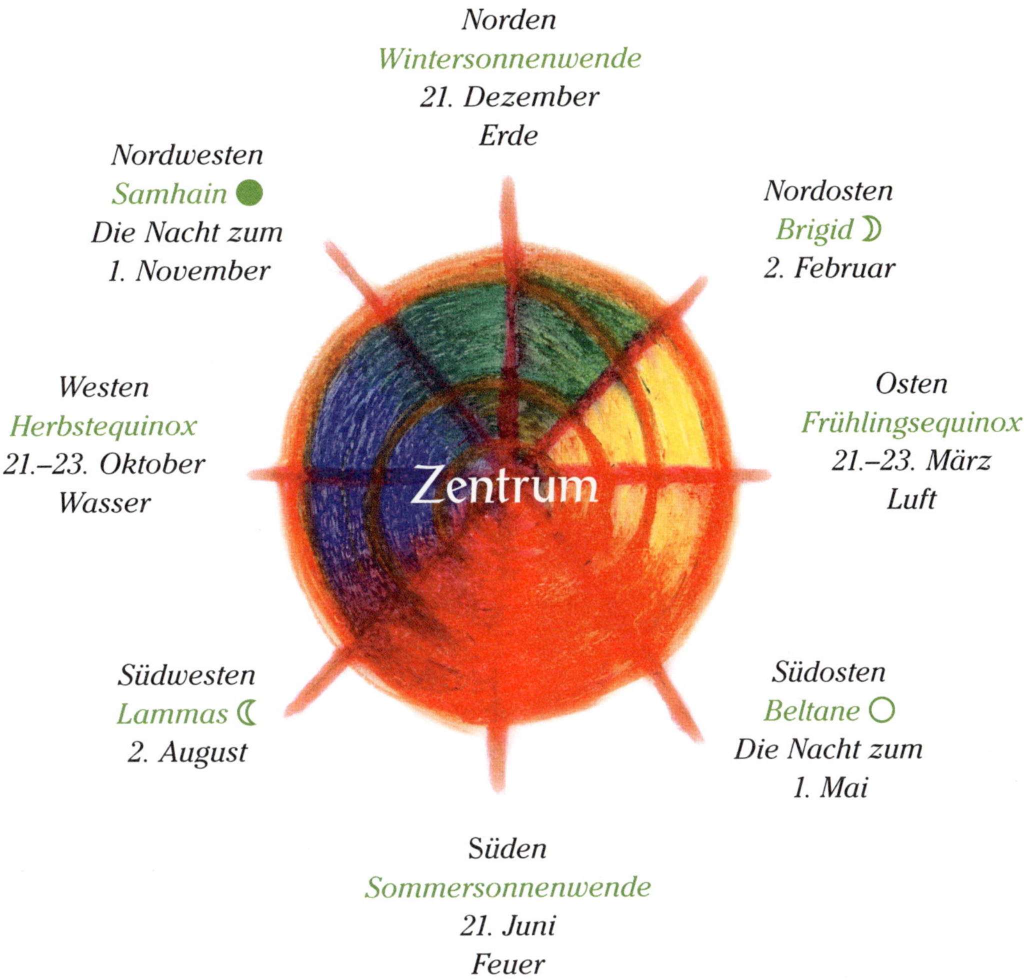

Die Himmelsrichtungen des Kreises können Sie entweder mithilfe eines Kompasses bestimmen oder durch die Beobachtung des Sonnenaufgangs im Osten. Wenn Sie wissen, wo die Sonne aufgeht, dann stellen Sie sich mit dem Gesicht in diese Richtung. Wenn Sie sich dann nach rechts drehen, schauen Sie in die Richtung, in der die Sonne am Mittag steht, das ist der Süden. Wenn Sie sich noch weiter nach rechts drehen, schauen Sie in die Richtung, in der die Sonne untergeht, das ist der Westen.

Und wenn Sie sich noch weiter nach rechts drehen, stehen Sie mit dem Rücken zur Mittagssonne und schauen nach Norden.

Der Frühlingsbeginn liegt im Jahreskreis im Osten. Dieser Ort symbolisiert gleichzeitig das Element Luft. Wenn Sie farbige Heilsteine zum Legen des Kreises verwenden möchten, legen Sie an diese Stelle einen gelben Stein (z.B. Citrin). Der Beginn des Sommers befindet sich im Süden und ist gleichzeitig der Ort für das Element Feuer. Hier können Sie einen roten Stein (z.B. Rubin) hinlegen. Der Herbstbeginn liegt im Westen, es ist gleichzeitig der Ort für das Element Wasser. Sie können dafür einen blauen Stein nehmen (z.B. Lapislazuli). Der Winterbeginn befindet sich im Norden und markiert den Ort des Elements Erde. Hier können Sie einen grünen Stein verwenden (z.B. Moosachat). Diese vier Zeitpunkte orientieren sich am Sonnenstand und sind daher Sonnenfeste.

Ein Jahreskreis auf einem Tischtuch mit acht Feldern und dem Zentrum

Zwischen diesen vier Eckpunkten liegen die vier Mondfeste: Im Nordosten der zunehmende/aufgehende Mond ☽ (Brigid), im Südosten der volle Mond ● (Beltane), im Südwesten der abnehmende/untergehende Mond ☾ (Lammas), im Nordwesten der dunkle, unsichtbare (Neu-)Mond ○ (Samhain). Für das Brigid-Fest können Sie einen klaren weißen oder türkisfarbenen Stein (z.B. Bergkristall oder Türkis) nehmen. Für das Beltane-Fest eignet sich ein orangeroter Stein (z.B. Carneol). Für das Lammas-Fest eignet sich ein dunkelroter oder metallisch schimmernder Stein (z.B. Granat oder Hämatit). Für das Samhain-Fest eignet sich ein schwarzer Stein (z.B. Obsidian).

Sind alle acht Feste auf dem Kreis sichtbar, so wird der stetige Wechsel von Sonnen- und Mondfesten deutlich und damit auch, dass beide, sowohl die Sonne als Vertreter des männlichen Yang-Prinzips als auch der Mond als Vertreterin des weiblichen Yin-Prinzips, für unsere Ahninnen die gleiche Bedeutung im Jahreskreis hatten.

Das Zentrum des Kreises steht für das Geistige, das Göttliche oder die Essenz. Um diesen wichtigen Platz hervorzuheben, können Sie einen besonderen Gegenstand, z. B. eine große Kerze oder eine Pflanze, dorthin stellen. Sie können die acht Eckpunkte und das Zentrum aber auch auf einem Tuch in der Mitte des Raumes gestalten, in dem Sie das Jahreskreisritual feiern wollen.

Der Kreis

Der Kreis hat in vielen Traditionen eine wichtige Bedeutung. Er symbolisiert Ganzheit und Zentrierung. Bei den keltischen Druiden war er ein heiliger und heilender Ort; in ihm wurden Versammlungen, Zeremonien und Rituale abgehalten. Das Medizinrad der amerikanischen Ureinwohner ist rund, ebenso ihre Zelte und Schwitzhütten. Auch die Jurten, die Wohnzelte der Tuviner, die in Sibirien leben, sind rund und ebenso ihre Ovare; das sind Gebetsorte, die von Schamanen aus hölzernen Stangen hergestellt werden. Die Holzstangen werden mit Stoffstreifen und Stoffzöpfen umwickelt, in die Gebete eingeflochten werden, und mit Steinen abgestützt. Es sind heilige Plätze, an denen die Tuviner ihre Gebete verrichten.

Tuvinische Schamanen bauen einen Ovar, einen Gebetsplatz.

Auch heute übt der Kreis noch seine Faszination aus. So sitzen wir in vielen therapeutischen Gruppen im Kreis auf der Erde. Im Mittelpunkt befindet sich dann oft eine Kerze oder Blumen, die den Blick auf das Licht und die Schönheit der einfachen Dinge des Lebens lenken. So entsteht eine besondere Atmosphäre, in der heilsame Prozesse stattfinden können.

Der Kreis ist also ein wichtiger Ort der Begegnung mit anderen Menschen. Alle Teilnehmerinnen können alle anderen anschauen, und jeder hat die gleiche Möglichkeit, am Geschehen teilzunehmen, und ist mit den anderen auf gleicher Augenhöhe.

Der Kreis mit der Sammlung in seinem Zentrum bündelt die Energie. Er gibt uns Schutz, denn in seinem Inneren fühlen wir uns geborgen, er verhilft uns zu Konzentration und Zentrierung. Im Kreis können wir unsere Zugehörigkeit und unser Eingebundensein in etwas Größeres, die Natur und das Göttinnen-Gott-Prinzip, deutlicher spüren. Doch wir können im Kreis auch leichter in unsere eigene Mitte finden.

So können wir, wenn wir symbolisch einen Kreis um uns errichten, besonders gut neue und verändernde Erfahrungen machen, denn wir sind sowohl unserer eigenen Mitte als auch dem Heiligen, den göttlichen Kräften, sehr nah.

Einen Ort für die tägliche Meditation gestalten

Wählen Sie einen Ort, an dem Sie ungestört sind und an dem Sie die Steine, die den Jahreskreis symbolisieren, oder das Bild, das Sie vom Jahreskreis gemalt haben, liegen lassen können. Dies kann ein Zimmer sein, das Ihnen die Möglichkeit zu Rückzug und Meditation gibt, oder ein Ort in der Natur, im Garten oder in Ihrer Wohnung, an dem Sie sich sicher und geborgen fühlen.

Einen persönlichen Rückzugs- oder Meditationsplatz einrichten

Manchmal achten wir nicht genügend darauf, dass alle Familienmitglieder einen Rückzugsraum für sich haben, bei dem sie die Tür hinter sich zumachen, allein sein, sich ausruhen und entspannen können. Doch je hektischer unser Alltagsleben ist und je häufiger wir täglich auf andere Menschen treffen und uns auf sie einstellen müssen, desto mehr brauchen wir einen Raum oder Ort nur für uns allein. Einen Raum, in dem wir ohne Ablenkung zur Ruhe kommen und zu uns selbst finden können.

➤ *Wir brauchen täglich eine bestimmte Zeit und einen besonderen Ort, an dem wir abschalten und die Tageseindrücke verarbeiten können, an dem wir unseren Erlebnissen nachspüren, unsere Gefühle und Gedanken wahrnehmen und sie möglicherweise auch aufschreiben können.*

Vielleicht sind Sie in der glücklichen Lage, mehrere solcher Plätze für sich zu haben, ein besonderes Zimmer oder einen stillen Platz draußen in der Natur oder beides. Doch falls Sie kein eigenes Zimmer haben oder sich in der kalten Jahreszeit nicht draußen aufhalten wollen, dann gestalten Sie sich zumindest einen Platz in der Wohnung – das kann eine Ecke des Zimmers, ein kleiner Tisch oder eine sonnenbeschienene Fensterbank sein –, wo all die Dinge Platz finden, die Ihnen wichtig sind: Dinge, die Sie mögen oder die Ihnen im Laufe der Arbeit mit dem Jahreskreis begegnen und eine Bedeutung für Sie haben. Legen Sie an diesen Ort z. B. Ihr Jahreskreistagebuch ab, Musikinstrumente, Steine, Muscheln oder Räucherpflanzen.

Um die Bedeutung dieses Platzes zu würdigen, können Sie ihn als Ihren Meditations- oder Gebetsplatz, Ihren Ort der Ruhe und der Kraft, Ihren Altarplatz oder als Ihr Rückzugsrefugium bezeichnen. Dieser besondere Platz hilft Ihnen dabei, sich zu sammeln, zu zentrieren und ganz bei sich selbst anzukommen.

Jeden Tag Zeit für mich selbst

Nehmen Sie sich jeden Tag eine gewisse Zeit, in der Sie sich an Ihren Meditationsplatz zurückziehen. Gönnen Sie sich ganz bewusst ein Rückzugsritual.

Sorgen Sie dafür, dass Sie in dieser Zeit nicht gestört werden. Stellen Sie das Telefon oder die Türklingel ab, oder schalten Sie den Anrufbeantworter an. Heften Sie einen Zettel an die Tür, damit auch Ihre Familie oder Ihre Mitbewohner wissen, dass Sie jetzt nicht gestört werden wollen.

Es reicht aus, wenn Sie sich jeden Tag für eine halbe oder eine Stunde an Ihren Ort der Ruhe zurückziehen, abschalten, innerlich ruhig werden, sich besinnen, eine stille Meditation oder eine meditative Übung machen.

➤ *Eine leichte Einstiegsübung ist: Still sitzen oder liegen, den Körper und die Atmung wahrnehmen, die Muskulatur spüren und sich, so gut es geht, entspannen. Lassen Sie Ihre Gedanken los, und richten Sie Ihre Wahrnehmung auf Ihre Sinne aus: Was sehen, hören, riechen, schmecken Sie jetzt, in diesem Moment? Richten Sie Ihre Aufmerksamkeit auf den Atem, und lassen Sie mit jedem Ausatmen alles los, was Sie jetzt nicht brauchen.*

Finden Sie heraus, wann für Sie der richtige Zeitpunkt für Ihr Rückzugs- bzw. Meditationsritual ist. Für manche ist es der frühe Morgen, bevor der Alltag beginnt, andere fühlen sich eher um die Mittagszeit dazu bereit, und einige nehmen sich diese Zeit gern am Abend, in der Dunkelheit, wenn in ihrer Umgebung Ruhe eingekehrt ist.

Die Gestaltung Ihres Rückzugsortes

Achten Sie darauf, dass Ihr Meditations- oder Rückzugsplatz nicht überladen ist. Je weniger Ablenkung er Ihnen bietet, desto leichter finden Sie zur Ruhe. Mit der Zeit werden Sie herausfinden, dass jeder Gegenstand seine besondere Ausstrahlung und Wirkung hat und wir unbewusst darauf reagieren.

Die vier Elemente – Feuer, Wasser, Luft und Erde – haben eine heilsame Wirkung: Räumen Sie ihnen einen angemessenen Platz ein. Die Elemente sind der Grundstoff unseres Lebens, und deshalb empfinden wir, wenn alle vier vorhanden sind, ein Gefühl von Stimmigkeit und Harmonie.

➤ *Zünden Sie eine Kerze an, stellen Sie eine Wasserschale – vielleicht mit Blumen gefüllt – auf, legen Sie einen oder mehrere Steine als Vertreterinnen des Erdelements dazu, und begrüßen Sie besonders die Luft, die Sie umgibt, die Sie auf der Haut spüren und die Sie atmen. (An anderen Stellen des Buches gebe ich noch viele weitere Anregungen, in welchen Formen die vier Elemente noch zu finden sind.)*

Alle Elemente vereint finden wir in einer Duftlampe: Die brennende Kerze ist der Ausdruck des Feuerelements, das nicht ohne die Luft existieren kann, die Wasserschale trägt das Element Wasser, sie selbst besteht aus Materie, Glas oder Ton, und repräsentiert damit das Erdelement.

Mit Düften in andere Welten reisen

Das Räuchern mit aromatischen Substanzen war jahrtausendelang ein wichtiger zeremonieller Bestandteil des menschlichen Lebens. Und es war immer auch eine sakrale Botschaft an den Himmel. So wurde es einst und wird es heute noch bei spirituellen oder religiösen Zeremonien eingesetzt, um mit den feinstofflichen Kräften der Natur oder dem Göttlichen in Verbindung zu treten. Die Düfte von Blüten, Blättern oder Harzen können uns auf einer tiefen Ebene ansprechen, anregen oder beruhigen und uns dabei helfen, uns tief zu entspannen. Die Seele der Pflanze, heißt es, offenbart sich beim Räuchern und lässt uns Zugang finden zu ihren mystischen Geheimnissen und Kräften (vgl. Susanne Fischer-Rizzi: »Botschaft an den Himmel«). Düfte wurden auch als Mittel dafür genutzt, in einen anderen Bewusstseinszustand überzuwechseln. Und wenn wir bestimmte Düfte öfter verwenden, dann gelangen wir allein über den Duft ganz schnell in einen gesammelten, meditativen Zustand.

Räucherschale

Wenn Sie eine Duftlampe haben, können Sie unterschiedliche Duftöle verwenden, mit denen Sie Ihr Wohlbefinden und die Atmosphäre des Raumes beeinflussen. Ein paar Ratschläge zum Einsatz einer Duftlampe: Verwenden Sie möglichst reine, ätherische Öle und keine Duftmischungen. Gehen Sie sparsam mit den Ölen um. Und – experimentieren Sie mit den verschiedenen Düften! Sie können aber auch Räucherstäbchen verwenden oder unterschiedliche getrocknete Blüten, Harze, Weihrauch oder Kräuter in einer Räucherschale verbrennen oder verglimmen lassen.

Stille und entspannende Klänge

Achten Sie bei Ihrem Rückzug darauf, dass Sie so wenig wie möglich durch störende Geräusche aus Ihrer Umgebung abgelenkt werden. Wirkliche Stille zu erleben, ist in der heutigen Zeit für viele von uns schon zur Kostbarkeit geworden. Falls Ihr Rückzugsort also von störendem Verkehrslärm beeinträchtigt wird, versuchen Sie, diesen weitestgehend auszuschließen, z.B., indem Sie die Fenster verschließen. Auch wenn wir uns an Lärm gewöhnt haben, greift er dennoch über die Ohren, die immer offen sind und eine feine und sensible Wahrnehmung haben, in den Organismus ein und löst Reaktionen in uns aus. Manchmal reicht das Schließen der Fenster nicht aus. Dann ist es hilfreich, eine ruhige und entspannende Musik laufen zu lassen oder selbst Töne mit einem Instrument oder der Stimme zu erzeugen. Die Reise in eine meditative Stille oder in innere Welten wird vor allem durch monotone Töne unterstützt, die sich immer wiederholen.

Musikinstrumente

➤ *Sie können entweder mit einer Klangschale Töne erzeugen, eine Saite einer Gitarre anzupfen, trommeln oder mit einer Rassel gleichmäßig rasseln.*
Sie können aber auch Ihre Stimme ertönen lassen und einfach die Vokale a e i o u singen. Spüren Sie den Schwingungen dieser Töne nach, achten Sie darauf, wo im Körper Sie eine Resonanz, ein Mitschwingen, wahrnehmen.

Besondere Kleidung

Achten Sie bei Ihrem Rückzug auf bequeme Kleidung. Sie sollte sich gut auf der Haut anfühlen und Sie in Atmung und Bewegung nicht behindern. Sie können für diese Phase des Tages auch eine besondere Kleidung auswählen. Dies bewirkt mit der Zeit, dass Sie schon beim Anlegen der Kleidung eine entspannte und offene Haltung annehmen. Wenn Sie eine Entspannungsübung oder eine Fantasiereise machen wollen, brauchen Sie außerdem eine wärmende Decke zum Zudecken.

Sie können sich bei Ihren Meditationen und Übungen zum Jahreskreis auf einen bequemen Sessel setzen. Noch besser ist es aber, wenn Sie sich einen schönen Platz auf dem Boden einrichten. Hierzu können Sie ein Sitz- oder Meditationskissen, eine Meditationsbank aus Holz oder eine zusammengefaltete Decke oder einen weichen Teppich verwenden.

Setzen Sie sich im Schneidersitz mit gerader Wirbelsäule hin. Dies hat den Vorteil, dass Sie sich im Laufe der Zeit an ein entspanntes und dennoch konzentratives Sitzen auf dem Boden gewöhnen. Achten Sie auch bei den Übungen, die Sie im Liegen machen, darauf, dass Ihre Wirbelsäule gerade ist, damit der Fluss der Energie nicht unterbrochen wird. An warmen Sommertagen können Sie Ihre Meditations- bzw. Übungszeit auch ins Freie verlegen.

Ein wiederkehrender Ablauf des Rückzugsrituals

Gewöhnen Sie sich einen bestimmten Ablauf für Ihr Meditations- oder Rückzugsritual an. Wichtig ist dabei, dass Sie einen Anfang und ein Ende dieser Rückzugsphase festlegen und dass Sie diese Zeit so achtsam und konzentriert verbringen, wie es Ihnen möglich ist. Damit schaffen Sie einen heilsamen Raum, losgelöst von Ihrem Alltagsleben, in dem Sie neue und ungewöhnliche Erfahrungen machen können.

Am Anfang kann zum Beispiel stehen, dass Sie den Raum lüften und alles, was Sie benötigen – Kerze, Streichhölzer, Düfte, Tagebuch, Stifte, Musikinstrumente und eine Uhr –, bereitlegen.

➤ *Gehen Sie zu Beginn des Rituals für einige Minuten hinaus in die Natur, oder schauen Sie aus dem geöffneten Fenster, und nehmen Sie mit allen Sinnen wahr, was Sie gerade zu dieser Zeit umgibt: Ist es kalt oder warm, sonnig oder regnerisch, windig oder bewölkt?*
Schalten Sie von Ihrem normalen Alltagstempo herunter, machen Sie alles bewusst langsamer.
Zünden Sie eine Kerze an, verbrennen Sie etwas Räucherwerk, oder geben Sie einige Tropfen Öl in die Duftlampe.

Den Meditations- oder Rückzugskreis eröffnen

Falls Sie Ihren Meditationskreis mit einem Instrument oder mit dem Räucherwerk eröffnen wollen, gehen Sie ganz langsam, im Uhrzeigersinn, einmal im Kreis herum. Laden Sie die Kraft der Elemente oder göttliche, heilsame und spirituelle Energien ein, dem Ritual beizuwohnen. Wenn Sie möchten, können Sie dabei um Unterstützung, Beistand oder Inspiration bitten.

- *Sie beginnen im Osten, schauen in die Richtung des Elements Luft, und wenn Ihnen danach zumute ist, verbeugen Sie sich zur Begrüßung in diese Richtung. Bitten Sie alle guten Kräfte, bei Ihnen zu sein. Dann wenden Sie sich nach rechts, schauen in die Richtung des Südens und des Feuers und begrüßen diese Himmelsrichtung. Anschließend drehen Sie sich weiter nach rechts und schauen in die Richtung des Westens und des Wassers und begrüßen diese Himmelsrichtung. Gehen Sie weiter, und schauen Sie nach Norden, in die Himmelsrichtung der Erde, und begrüßen Sie auch diese Richtung. Wenden Sie sich zum Schluss dem Himmel über Ihnen und der Erde unter Ihnen grüßend und einladend zu.*

➤ *Ein einfaches Gebet zu Beginn der Rückzugszeit lautet:*
Ich bitte die göttlichen Kräfte, mit mir zu sein,
möge dieser Kreis ein heilendes Zentrum der Liebe,
des Friedens, der Harmonie und des Lichts sein.

Wenn Sie dieses *Eröffnungsritual* einige Male durchgeführt haben, können Sie auch dazu übergehen, im Geist rund um sich herum einen Kreis zu ziehen und um die Unterstützung der spirituellen Kräfte zu bitten. Mit diesem oder dem zuvor beschriebenen Vorgang haben Sie den Kreis geöffnet, in dem Sie nun eine Weile bleiben, entweder sitzend, liegend oder sich bewegend.

In der Zeit, die Sie für Ihren Rückzug gewählt haben, können Sie die Anregungen zu den einzelnen Jahreskreisfesten lesen und Sie ausprobieren.

➤ *Machen Sie eine Atem-, Fantasie- oder Bewegungsübung im Einklang mit der jeweiligen Jahreszeit, so, wie sie bei den jeweiligen Jahreskreisfesten beschrieben sind.*

Für die Fantasiereisen reicht es oft aus, sich den Text durchzulesen und dann in die Entspannung zu gehen, um die Reise innerlich zu erleben. Meditative Musik hilft Ihnen dabei.

Sie können in dieser Rückzugszeit aber auch einfach nur in Ruhe nachdenken und aufschreiben, wie Sie die jeweilige Jahreszeit gerade erleben, was Sie in sich fühlen und mit welchen Themen Sie sich beschäftigen.

➤ *Vergessen Sie nicht, das, was Ihnen in dieser Zeit einfällt oder »zufällt«, was Sie wahrnehmen und erleben, wertzuschätzen, es aufzuschreiben, zu bewahren und dafür zu danken.*

Wir neigen leider oft dazu, alles, was uns begegnet, als selbstverständlich zu nehmen und die kleinen Dinge, die leisen Gefühle oder neuen Gedanken geringzuschätzen oder zu missachten.

➤ *Achten Sie täglich einige Minuten auf Ihre Selbstgespräche, und lernen Sie, respekt- und liebevoll mit sich zu sprechen. Jeder abfällige Gedanke über uns selbst und unsere Erfahrung ist wie eine Ohrfeige für die Seele.*

Lassen Sie es nicht zu, dass Ihnen ständig geringschätzige oder abwertende Gedanken durch den Kopf gehen. Mit dieser Gewohnheit, die viele von uns haben, uns selbst und die Erfahrungen, die wir machen, permanent zu kritisieren, sie abzuwerten und an vermeintlich idealen Vorstellungen zu messen, ruinieren wir jeden wirklichen Lern- und Erfahrungsprozess. Außerdem zerstören wir unser Selbstvertrauen und unser Selbstwertgefühl.

Den Meditationskreis schließen

Verabschieden Sie sich am Ende der Zeit, die Sie sich für das Rückzugsritual genommen haben, von dieser besonderen Erfahrung, die durch Ihre Langsamkeit, Konzentration und Achtsamkeit entstanden ist. Beenden Sie diese besondere Phase des Tages, indem Sie den Kreis wieder auflösen, den Sie zu Beginn um sich herum geschlossen haben.

➤ *Zum Abschluss lösen Sie den Kreis auf, indem Sie noch einmal im Kreis herumgehen, diesmal entgegen dem Uhrzeigersinn. Verabschieden Sie sich von den Himmelsrichtungen und Elementen. Danken Sie für alles, was Ihnen in dieser Zeit und an diesem Ort begegnet ist und was Sie erfahren haben.*

Damit ist Ihr Rückzugsritual beendet, und Sie sind wieder bereit, in Ihr normales Alltagsleben zu gehen.

Anregungen zur Gestaltung der acht Jahreskreisfeste

An dieser Stelle möchte ich Ihnen einige Anregungen geben, wie Sie die acht Jahreskreisfeste vorbereiten und als Rituale gestalten können. Probieren Sie die Anregungen aus, die Ihnen zusagen, und finden Sie im Laufe der Zeit Ihre eigenen Schwerpunkte.

Vorbereitung I

Drei Tage sich selbst und die Umwelt bewusst wahrnehmen

Was sich als nützlich erwiesen hat, ist die Vorbereitung oder Einstimmung auf ein Fest. Versuchen Sie, zwei Tage vor und an dem Festtag selbst sich und Ihre Umgebung bewusst wahrzunehmen. Notieren Sie Ihre Wahrnehmungen in Ihrem Jahreskreistagebuch.

➤ *Was erlebe ich im Inneren? Welche Gefühle, Gedanken und Stimmungen sind in mir? Welche Fantasien oder Träume beschäftigen mich gerade? Welche Energien spüre ich im Körper?*
Mit welchen Themen werde ich konfrontiert – in meinen Beziehungen, in der Familie, am Arbeitsplatz und in den Medien? Was begegnet mir draußen in der Natur? Wie ist das Wetter, wie die Luft, wie sind die Temperaturen? Welche Pflanzen oder Tiere nehme ich wahr?

Vorbereitung II

Ein Jahreskreisritual vorbereiten

Wenn Sie sich bewusst machen, um welche Themen es bei dem jeweiligen Fest geht, strukturiert sich Ihre Wahrnehmung in diese Richtung, und Sie nehmen Dinge wahr, die Sie zur Gestaltung des Festes verwenden können. So werden Sie alltägliche Dinge wie Pflanzen, Farben, Musik oder Texte finden, die zu dem Fest passen.

➤ *Machen Sie sich klar, um welche Themen es bei diesem Jahreskreisfest geht. Bitten Sie um Unterstützung durch die Kräfte, die Ihnen helfen können. (Es ist für diese Arbeit völlig unerheblich, ob Sie sich mit einer Göt-*

tin oder einem Gott, mit Engeln oder Tier- oder Pflanzenwesen besonders verbunden fühlen.)
Bereiten Sie die Musik, die Übungen, den Aufenthalt im Freien und den groben Ablauf des Festes als Ritual vor.
Reinigen Sie den Raum, in dem das Festritual stattfinden soll, und gestalten Sie eine Mitte.

Die Mitte

Den Raum, in dem das Ritual stattfindet, sollten Sie besonders sorgfältig vorbereiten. In der Mitte können Sie ein schönes Tuch auf den Boden legen, auf dem Sie Alltagsdinge wie Kerzen, Blumen, Steine, Federn und Räucherwerk achtsam und liebevoll arrangieren. Die Schönheit dieser einfachen Dinge verleiht dem Raum eine besondere und heilsame Ausstrahlung. Wenn wir die Mitte in einer meditativen Haltung vorbereiten, dann schaffen wir einen einladenden Ort, an dem wir spüren, dass außergewöhnliche Erfahrungs- und Veränderungsprozesse stattfinden können.

Dies ist ein erster wichtiger Schritt, ein heilsames und lebendiges Ritual zu gestalten.

Die Vorbereitung der Mitte sollte in einer konzentrierten Haltung geschehen. Seien Sie offen für Ihre eigenen Einfälle und kreativen Ideen. Hier einige Vorschläge, wie Sie die Mitte gestalten können:

Auf dem Tuch werden die vier Himmelsrichtungen markiert, zu denen die folgenden Elemente und Sonnenfeste gehören:

- Norden, Erde, Wintersonnenwende
- Osten, Luft, Frühlingstagundnachtgleiche
- Süden, Feuer, Sommersonnenwende
- Westen, Wasser, Herbsttagundnachtgleiche

Ebenfalls gekennzeichnet werden die vier Zwischenrichtungen, zu denen die folgenden Elemente und Mondfeste gehören:

- Nordosten, das Brigid-Fest zum aufgehenden Mond
- Südosten, das Beltane-Fest zum vollen Mond
- Südwesten, das Lammas-Fest zum abnehmenden Mond
- Nordwesten, das Samhain-Fest zum dunklen Mond

In der Mitte des Tuchs wird das Zentrum hervorgehoben, das für den Geist, den Spirit oder das Göttliche steht.

Legen Sie an die acht Eckpunkte und ins Zentrum des Kreises, was Sie gerade zur Verfügung haben, was Sie anspricht von meinen Vorschlägen und was Ihnen einfällt und gefällt.

Die gestaltete Mitte beim Herbstfest

Für das Erdelement oder den Norden können Sie grüne, braune und schwarze Farben oder Steine, Tierfiguren (Bär, Schildkröte), Sand, Instrumente, Pflanzen oder Erdgöttinnenfiguren nehmen.

Für das Luftelement oder den Osten können Sie Federn, Räucherwerk, Gräser, die Farben Gelb, Weiß, Türkis oder Steine sowie Vogelfiguren (Schwan, Eule) oder Luftgöttinnenfiguren verwenden.

Für das Feuerelement oder den Süden können Sie eine Kerze aufstellen, Blumen, die Farben Rot, Orange und Gold und Steine oder Tierfiguren (Löwe, Adler) oder Muttergöttinnenfiguren verwenden.

Für das Wasserelement oder den Westen können Sie eine Wasserschale, die Farben Blau, Perlmutt und Steine oder Muscheln und Fischsymbole (Delfine, Wale, Goldfische) oder Wassergöttinnenfiguren verwenden.

Für das Fest des aufgehenden Mondes eignen sich die Farben Weiß und Silber, die der jungen, unbeschwerten und freien Göttin in ihrem Jungfrauenaspekt zugeordnet sind.

Für das Fest des vollen Mondes eignen sich warme Farben wie Orange und Rot, die zur erotischen, sinnlichen und fruchtbaren Göttin in ihrem Leben spendenden Aspekt gehören.

Für das Fest des abnehmenden Mondes eignen sich die rot-schwarzen Farbkombinationen der klaren und entschiedenen Göttin in ihrem Schnitterinnenaspekt.

Für das Fest des dunklen Mondes eignen sich schwarze und blaugrüne Farbnuancen, die mit der weisen alten Göttin in ihrem Todesaspekt einhergehen.

Die vorbereitete Mitte bei der Wintersonnenwende

Im Zentrum können Blumen, ein besonderer Stein oder eine Kerze platziert werden, die das Licht und den Geist des Lebendigen repräsentieren.

Wenn Sie die Jahreskreisfeste öfter begehen, werden Sie feststellen, dass kein Fest wie das andere ist und auch gar nicht sein kann. Denn jedes Jahr ist anders – Sie haben sich verändert, die Frauen oder Männer, mit denen Sie die Feste erleben, haben sich verändert. Auch die Natur und die Energien, die Sie spüren, verändern sich. Und Sie können erfahren, dass in jedem Jahr ein anderer Aspekt dieser vielschichtigen und komplexen Erfahrungen in Ihr Bewusstsein tritt. Auch wenn die Festtage in jedem Jahr wiederkehren, sind sie dennoch immer wieder neu und voller Überraschungen.

Lassen Sie sich also inspirieren und von Ihren eigenen Ideen überraschen. Dann werden die jeweiligen Festrituale immer wieder lebendig und voller Vitalität und Bedeutsamkeit sein. Vor allem die Erlebnisse, die wir im Freien, in der Natur, an Kraftorten, beim Feuer, bei den Bäumen und Pflanzen machen, lassen sich nicht vorbereiten und planen, sie geschehen von selbst. Es fühlt sich so an, als würden sie von den Wesenheiten und Elementargeistern des Universums mitgestaltet, damit wir ihre Anwesenheit wahrnehmen und erkennen können.

Ein Jahreskreisfest wird zum Ritual

Planen Sie für ein Jahreskreisfest ca. 3 bis 4 Stunden ein, falls Sie alle Anregungen umsetzen wollen, die bei den einzelnen Festen beschrieben sind. Selbstverständlich kann das Fest auch kürzer oder länger gestaltet werden.

Es empfiehlt sich, die Rituale zu den Jahreskreisfesten mit einem wiederkehrenden Ablauf zu gestalten. Dadurch werden die Energien ganz anders gebündelt, und die Erfahrungen können sehr viel tiefer gehen. Treffen sich Frauen und Männer zum Feiern, ohne dass eine klare Struktur vorgegeben ist, wird viel untereinander gesprochen, es entsteht eine eher lockere und offene Energie, wobei die Erfahrungen näher am Alltagsbewusstsein bleiben.

Wichtig ist ein festgelegter gemeinsamer Anfang und ein definiertes Ende, an dem die Teilnehmerinnen ihre Erfahrungen aussprechen und mitteilen können. Der Mittelteil kann so gestaltet werden, wie es für Sie und/oder die Gruppe angenehm ist. Eine schöne Möglichkeit ist, das Treffen nach dem Ritual mit einem gemeinsamen Essen ausklingen zu lassen, zu dem jeder Gast etwas mitbringt.

Ein lebendiges Ritual entsteht dadurch, dass der Raum, in dem es stattfindet, sorgfältig vorbereitet ist; dass der Ablauf in seinen Grundzügen geplant wurde; dass der Anfang und das Ende klar definiert sind; dass die Handlungen überschaubar sind; dass Langsamkeit und Stille einkehren; und dass es in einer achtsamen und konzentrierten Haltung durchgeführt wird. Auf diese Weise entsteht ein sicherer Rahmen, der es uns erlaubt, uns auf eine leichte Trance und eine tiefe und berührende Erfahrung einzulassen.

Wenn Sie jemals eine Kirche oder einen heiligen Ort betreten, dort an einem Ritual teilgenommen, Ehrfurcht und das Gefühl empfunden haben, eine andere Dimension der Realität spüren zu können, dann wissen Sie in Ihrem Innersten, was ein Ritual ist. In der Magie dieser geweihten Räume entsteht eine leichte und heilsame Trance. Sie hilft uns einerseits dabei, uns auf tiefere Schichten unseres Bewusstseins einzulassen. Andererseits können wir durch die festgelegte Struktur eines Rituals in eine andere Wirklichkeit eintauchen und werden am Ende wieder sanft zurückgeleitet in unsere alltägliche Welt.

Im Prinzip hat jedes Jahreskreisfest immer den gleichen Ablauf:

1. Vorbereitung des Raumes und der Mitte
2. Gemeinsames Beginnen und Räuchern
3. Eine Runde, in der sich jede/-r Teilnehmer/-in äußern kann
4. Ein kurzer Vortrag durch die Leiterin des Rituals zur Erinnerung an die jeweiligen Themen des Festes
5. Ein Erfahrungsteil im Raum und/oder im Freien

6. Eine stille Nachspürmeditation, um die Erfahrungen zu vertiefen und zu würdigen
7. Eine Runde, in der die Erlebnisse in Worte gefasst und auf diese Weise mit den anderen geteilt werden
8. Ein gemeinsamer Abschluss

All diese Anregungen können Sie sowohl in einer Gruppe, mit Freundinnen oder Freunden ausprobieren als auch allein durchführen. In letzterem Falle fehlt zwar der Austausch mit den anderen, doch die Erlebnisse und Erfahrungen können Sie in einem Jahreskreistagebuch bewahren und im Laufe der Zeit vertiefen.

In manchen Frauengruppen wird die Leitung eines Abends jedes Mal an eine andere Frau abgegeben. So ist jede Frau einmal dran, die Verantwortung für den Ablauf des Rituals zu übernehmen. In anderen Gruppen übernimmt eine Frau die Leitung für ein ganzes Jahr.

Probieren Sie aus, was Ihnen zusagt, und machen Sie Ihre eigenen Erfahrungen mit den Jahreskreisfesten. Dabei gibt es kein Richtig und Falsch, auch wenn dies manchmal suggeriert wird. Befreien Sie sich von solchen engen Vorstellungen, und finden Sie Ihre eigene Art, die Jahreskreisfeste zu gestalten und zu feiern. Es kommt einzig darauf an, dass Sie sich an die Verbindung mit der Sie umgebenden Natur, die Qualität der Zeit, die Kraft des Weiblichen und des Kosmos erinnern, sie bewusst wahrnehmen und sich führen lassen von den Lehren des Universums. Und alles, was Sie dann wahrnehmen und erleben, kann für Sie bedeutungsvoll werden und einen tiefen Sinn haben. Wichtig dabei ist eine ruhige und achtsame innere Einstellung und die Bereitschaft, offen zu sein für das, was geschieht.

Doch erwarten Sie nicht zu viel, nichts Großartiges und Außergewöhnliches! Verfolgen Sie kein bestimmtes Ziel, versuchen Sie nicht, vorher schon zu wissen, was an dem Abend passieren oder gar herauskommen soll, denn sonst werden Sie enttäuscht sein.

Oft fällt es uns schwer, die kleinen Dinge, die leisen Erfahrungen, den Hauch von etwas wertzuschätzen und zu achten. Manchmal müssen wir uns Zeit lassen, damit die Erfahrungen nachklingen und sich entfalten können. Häufig wird uns erst in Träumen, Erlebnissen und Wahrnehmungen während der folgenden Tage und Wochen deutlich, was wir innerlich auf einer ganzheitlichen Ebene neu gelernt und verstanden haben. Oft erkennt unser Herz schon viel früher die Bedeutung einer Erfahrung als unser Kopf, der viel länger braucht, um sie zu verstehen.

Die Durchführung eines Jahreskreisrituals

1. Vorbereitung des Raums – die Mitte
   Das Zentrum des Ritualkreises wird je nach Anlass mit unterschiedlichen Farben, Steinen, Pflanzen usw. geschmückt (Tipps dazu finden Sie bei jedem Fest ausführlich beschrieben). Auch die acht Eckpunkte des Jahres werden, wie zuvor dargestellt (S. 21 ff.), markiert und für das jeweilige Fest mit den entsprechenden Farben und Symbolen dekoriert.

2. Reinigung und Segnung – die Eröffnung des Kreises
   Wenn alle im Kreis um die gestaltete Mitte sitzen, beginnt das Ritual mit einer Zeremonie, die alle Anwesenden reinigt und segnet. Gleichzeit wird damit der Kreis geöffnet und die Unterstützung der heilsamen und inspirierenden Kräfte des Universums erbeten.
   Je nach Anlass kann diese Reinigung durch eine Räucher-, Klang- oder Salzwasserzeremonie erfolgen. Für eine Räucherung werden entweder Lavendel, Salbei und Süßgras oder andere Pflanzen oder Harze in einer Schale angezündet; es können aber auch Kräuterstäbe oder Räucherstäbchen verwendet werden.

- *Räuchern: Eine Frau geht mit dem Räucherwerk im Kreis herum zu jeder Einzelnen und fächelt ihr mit einer Feder den Rauch der Mischung zu. Die befächelte Frau nimmt den Rauch mit ihren Händen auf und lässt ihn, wie eine Flüssigkeit, über ihren Kopf und ihren Körper fließen.*
- *Salzwasser: Jede Frau nimmt sich aus der im Kreis weitergereichten Schale mit Wasser, in dem einige Körner Meersalz aufgelöst wurden, ein paar Tropfen und benetzt damit ihr Stirn- oder Herz-Chakra.*

Eine andere Eröffnungszeremonie, die sich an die Arbeiten von Dr. Felicitas D. Goodman anlehnt, ist das Rasseln in die Himmelsrichtungen:

➤ *Rasseln: Die Rassel wird mit etwas Maismehl bestreut. Dann wird dreimal in alle vier Himmelsrichtungen gerasselt, und zwar beginnend nach Osten, der Richtung der Luft, dann nach Süden, der Richtung des Feuers, nach Westen, der Richtung des Wassers, und nach Norden, der Richtung der Erde. Anschließend wird dreimal nach oben gerasselt, um die Kräfte der oberen Welt, und dreimal nach unten, um die Kräfte der unteren Welt in den Kreis einzuladen.*

3. Die erste Runde
   In der ersten Runde benennen alle kurz und gesammelt, was sie mit dem Fest verbinden. Dazu gehört entweder das, was sie zur Zeit in ihrem Alltag erleben oder was ihnen in der Natur und in ihrer Umgebung begegnet, oder das, was zur Zeit in ihnen vorgeht, ihre Träume, Gefühle, Gedanken und Einsichten. Jede/-r sagt in der Runde das, was sie/er zu diesem Zeitpunkt den anderen mitteilen und von sich zeigen will. Die Konzentration auf das Wesentliche lässt sich fördern, indem ein Gegenstand, der sogenannte Redestab, reihum weitergereicht wird. Wer nun diesen Gegenstand – das kann ein Stein sein, eine besondere Feder, ein mit bunten Bändern umwickelter Stab – in Händen hält, ist mit Sprechen dran. Alle anderen hören einfach nur zu, ohne den Redenden zu unterbrechen, das Gesagte zu kommentieren oder Fragen zu stellen.

4. Der Erinnerungstext – die Themen des Abends
   An dieser Stelle erinnern wir uns gemeinsam an die alten Überlieferungen, die Göttinnen, die Themen und Energien dieser Zeit. Das geschieht in Form eines kurzen Textes, der von der Frau vorgetragen wird, die die Leitung des Abends übernommen hat. Wir tauschen dann unser Wissen oder das unserer Mütter und Großmütter aus und sprechen eine Weile über die Jahreszeit und die Traditionen, die wir kennen.

5. Der Erfahrungsteil
   Nun schließt sich der Erfahrungsteil an, der uns die Energien des Festes und der Jahreszeit mit allen Sinnen spüren und erleben lässt.

Eine Fantasiereise, eine Bewegungsübung oder ein Tanz hilft den Teilnehmerinnen dabei, sich einzustimmen, sodass alle achtsam und offen sind. Haben Sie diese im Raum durchgeführt, dann gehen Sie, schweigend und langsam, hinaus in die Natur – die intensivsten Erfahrung machen wir in der Regel draußen in der Natur: im Garten, auf einer Wiese oder im Wald, in der Nähe von Pflanzen, Bäumen oder Steinen, an einem Bach oder Fluss, auf einem Friedhof, einem Feld oder bei Hügelgräbern. Das geschieht vor allem, wenn die Elemente besonders beachtet werden, die Erde, die Luft, das Wasser oder das Feuer. Die meisten Feste haben wir im geschützten und geborgenen Rahmen eines Gartens gefeiert, der von hohen Hecken umgeben ist. Zu einigen Festen haben wir im Garten ein Feuer angezündet. Wir standen oder tanzten um das Feuer herum oder übergaben etwas, was wir nicht mehr brauchten, dem Feuer. Meist waren es Zettel, auf die wir geschrieben hatten, was wir loslassen wollen, was wir nicht mehr mit uns herumschleppen wollen, was sich überholt hatte. Manchmal überreichten wir dem Feuer auch unsere Gebete, Wünsche, Träume und Visionen, damit sie sich im Universum verteilen können. Oft schenkten wir dem Feuer getrocknete Kräuter oder verwelkte Blumensträuße oder wir »fütterten« es nach tuvinischer Schamanentradition mit Milch oder Speiseresten.
Dieser in der Natur stattfindende Teil des Rituals hat in der Regel für alle die tiefste Bedeutung und Intensität. Frauen und Männer machen dabei ganz unterschiedliche und einmalige Erfahrungen, die sie oft tief berühren und ihnen häufig Antworten auf Fragen schenken, die Sie manchmal noch gar nicht so klar gestellt haben.
Manchmal begegnen uns die Elemente in einer sanften, mal in einer rauen und oft in sehr überraschender Form: Regen und Wind, Sterne und Mond, Wolken und Nebel, Eis und Schnee, Schwüle und Hitze, Sonne und Feuer. Auch der Boden unter unseren Füßen verändert sich ständig, mal erleben wir ihn als sandig, steinig und hart, mal als weich, mit frischem saftigem Grün bewachsen, dann wieder bedeckt mit trockenen und abgestorbenen Gräsern oder mit feuchtem, moderndem Laub. Wir erleben die Kraft und die besondere Ausstrahlung der Bäume, den Duft der Blumen, den Geschmack der reifen Früchte. Und manchmal besuchen uns Tiere bei unseren Ritualen.

6. **Stille Meditation – wieder im Raum**
   Zurückgekehrt in den Raum, nehmen wir uns eine Weile Zeit, um mit geschlossenen Augen still zu sitzen und die Eindrücke von draußen nachklingen und wirken zu lassen.

7. **Die Erfahrungsaustauschrunde**
   In einer weiteren Runde, die uns allmählich wieder aus der tiefen tranceartigen Stimmung heraushebt, teilen wir uns reihum mit, was jeder Einzelnen begegnet ist, was uns wichtig war, was wir von dem heutigen Abend mit in unseren Alltag nehmen wollen.

8. **Der Abschlusskreis**
   Den Abend können Sie auf unterschiedliche Weise beenden: Manchmal suchen sich die Teilnehmerinnen ein Instrument aus, mit dem sie dann mit geschlossenen Augen Kontakt aufnehmen. Eine Frau klimpert auf dem Xylophon, eine andere rasselt leise, die nächste bewegt vorsichtig die Ozeantrommel oder den Regenmacher, eine Trommel erklingt, dazu kommen Flötentöne, eine Klangschale oder Schellen. Indem sich alle Beteiligten in Achtsamkeit ihrem jeweiligen Instrument zuwenden, ihre eigenen Klänge oder Tonfolgen erschaffen, entsteht nach einer Weile eine ganz besondere, einmalige gemeinsame Melodie. Aus dem individuellen Rhythmus entsteht, ohne Absicht, ein gemeinsamer in der Gruppe. Jede Teilnehmerin drückt ihre eigene Stimmung, ihre Gefühle aus, und dennoch weben sich die Töne zu einem gemeinsamen Ganzen zusammen. Dies ist wie ein Dankesgesang an die Kräfte des Universums. Manchmal nahmen wir diese besondere »Musik« mit einem Kassettenrecorder auf und tanzten hinterher noch einmal dazu.

✶ *Der Abschluss kann auch mit einem Fußkreis gestaltet werden. Dabei setzen sich alle hin und rücken so zusammen, dass sich die Füße in der Mitte des Kreises berühren. Wenn alle dann eine Weile still so sitzen (oder liegen), können sie den Fluss der heilsamen und wärmenden Energie spüren.*

An manchen Abenden kann zum Abschluss eine Tarot- oder Orakelkarte gezogen werden:

- *Hierzu können Sie einen Stapel Tarot- oder Engelkarten im Kreis herumgeben. Jede/-r Teilnehmer/-in zieht sich als Antwort auf eine Frage, die sie/er sich innerlich gestellt hat, eine Karte aus dem Stapel.*

- *Manche Feste können Sie mit einem Handkreis abschließen. Alle fassen sich dabei an den Händen, spüren noch einmal zum Abschied die Kraft der Runde, danken einander und all den Kräften und Energien, die sie umgeben, und verbeugen sich tief vor der Mitte.*

Damit ist der Kreis aufgelöst, und das Ritual ist beendet. Manche Abende können Sie mit einem kleinen Imbiss, andere mit einem opulenten Mahl ausklingen lassen.

Zur Erinnerung an den Abend werden von den Teilnehmerinnen oft Steine, Kerzen oder die Kräuter aus der Mitte mitgenommen. Dieses Würdigen oder Bewahren der Energie des Abends in Form eines Sinnbilds hat eine tiefe symbolische Bedeutung. Die Gegenstände sind besonders aufgeladen mit der heilsamen Kraft des Rituals, sie fühlen sich geweiht und heilig an und können uns in unserem Alltag wie »Ladegeräte« zur Seite stehen.

Die Erfahrung der Frauen im Laufe des Jahres

Wir Frauen machten im Laufe des Jahres sehr heilsame und stärkende Erfahrungen, die uns tief im Inneren verändert und gewandelt haben.

Manche von uns wurden gelassener und liebevoller sich selbst und anderen gegenüber, aufmerksamer und respektvoller gegenüber der belebten und unbelebten Welt und der Welt unserer Mütter und Ahnen. Manche wurden mutiger und selbstbewusster, hatten weniger Ängste vor Veränderungen und dem Tod. Manche klammerten sich weniger an unbefriedigende Zustände in ihrem Leben, konnten leichter loslassen und etwas abschließen. Andere lernten, mit der Zeit und Energie des Jahres zu fließen und sich vom Leben und der neu entdeckten Frauenkraft tragen zu lassen. Manche nutzten die Energien des Jahres für die Umsetzung ihrer Projekte. Andere verloren ihre Winterdepression und gingen freudvoller und gelassener durch die dunklen Zeiten des Lebens. Manche fühlten sich von einer neuen, tief empfundenen und erfahrenen weiblichen Spiritualität unterstützt und getragen.

Im Jahreskreis nehmen wir wahr, dass alles sich dreht und bewegt, sich in einem ständigen Veränderungsprozess befindet und nichts bleibt, wie es ist; dass nichts wirklich verloren geht; dass in diesem Augenblick irgendwo auf der Welt alles, was es an Existenzmöglichkeiten gibt, gelebt und erfahren werden kann; dass jetzt in diesem Augenblick bei uns Abend und auf einer anderen Stelle der Erde Vormittag oder tiefe Nacht ist; dass hier bei uns Frieden und irgendwo auf der Welt Krieg und Sterben ist; dass in diesem Moment ein Mensch geboren wird und ein anderer stirbt; dass wir von allem, was uns begegnet, auf einer tiefen Ebene die Weisheiten des Universums von Leben, Wachsen, Reifen und Vergehen lernen können und dass Entwicklung nicht linear, sondern zyklisch, rhythmisch in Kreisen und Spiralen verläuft.

II. Teil – Die Reise durch das Jahr

Die Zeit um Brigid

Das Lichtfest am 2. Februar
Visionssuche und Neubeginn

Jahreszeit: Vorfrühling

In unseren mitteleuropäischen Breiten befinden wir uns Ende Januar/Anfang Februar noch mitten im Winter. Draußen ist es kalt, manchmal weiß verschneit und viele Stunden täglich dunkel. Die Sonne geht gegen 8.00 Uhr am Morgen auf und gegen 17.00 Uhr am Abend wieder unter. Die Anzahl der hellen Stunden ist seit der Wintersonnenwende, einschließlich der Dämmerung, aber schon auf 10 Stunden angewachsen.

Unaufhaltsam werden die Tage länger, jeden Tag um ca. 2–3 Minuten. Schon im Monat Januar können wir die Veränderung wahrnehmen. Wir können spüren, dass es aufwärtsgeht, dass es heller und klarer wird. Die Sonnenauf- und -untergänge sind jetzt, vor allem wenn es kalt und der Himmel wolkenlos ist, von besonderer Schönheit.

Zu Beginn des Februars ahnen wir, dass der Frühling nicht mehr allzu fern ist. Jetzt gibt es immer wieder strahlend klare, eiskalte und wunderbar erfrischende Tagesstunden. Oft fegen Stürme übers Land. Sie rütteln die alten, morschen Äste von den Bäumen, und manchmal fallen diesen Stürmen große Bäume und ganze Wälder zum Opfer. Es ist eine reinigende, erfrischende und erneuernde Zeit.

An den sonnigen Tagen, mit weitem, blauem Himmel, verspüren wir das Bedürfnis, hinauszugehen, uns durchpusten zu lassen von den frischen Winden oder die ersten Sonnenstrahlen bei einem Spaziergang zu genießen. Die Temperaturen liegen meist um 0 Grad oder weniger. Manchmal gibt es in den Nächten noch strenge Fröste, und oftmals schneit es. Es ist die Zeit, in der wir in diesem Winter beim Ski- und Schlittenfahren oder Eislaufen oft zum letzten Mal den Schnee und die Kälte erleben können – und die wohlige Wärme und Geborgenheit im Haus als Kontrast zur eisigen Kälte draußen.

An manchen Stellen sehen wir in der Natur bereits jetzt neues Grün aus der Erde sprießen, die ersten Schneeglöckchen oder Weidenkätzchen sind zu sehen. Vogelgezwitscher ist zu hören. Bei Spaziergängen im Wald können wir oft heruntergewehte Mistelzweige entdecken und sammeln.

Die Energie der Frische, das Wegfegen von Altem, Verkrustetem, Dunklem steht an und wird in vielen Faschingsbräuchen aufgegriffen.

Unter viel Lärm werden mit Schellen und Pfeifen, Tanzen und Springen der Winter, die Kälte, die Dunkelheit, die »bösen« Wintergeister vertrieben. Dabei werden auch die eigenen inneren Energien wiederbelebt, so, als ob das Feuer der eigenen Lebendigkeit wieder entfacht wird. Die ausgelassene Bewegung oder das laute In-die-Hände-Klatschen vertreibt die dunkle, stagnierende Energie des Winters, die sich oft in Müdigkeit und Starrheit ausdrückt, und verbindet uns mit der Lebenskraft, die in der Natur gerade wieder erwacht.

Alemannische Fastnacht

Astrologische Sichtweise

Bis zum 21. Januar befinden wir uns nach der astrologischen Betrachtungsweise im Sternzeichen Steinbock ♑, einem Erdzeichen mit dem Planetenherrscher Saturn. Dieses Zeichen steht für Kargheit, Disziplin und Strenge.

Draußen in der Natur ist es kalt, frostig und kahl. Wie eine Durststrecke erleben wir diese Jahreszeit, die wir überdauern müssen. Dazu brauchen wir Geduld, Ausdauer und Zähigkeit. Und wir brauchen physische Stärke, um die Lichtarmut und Infektionsanfälligkeit gut zu überstehen.

Der Steinbock symbolisiert das Realitätsprinzip und die Naturgesetze, die wir akzeptieren müssen. Aber auch die gesellschaftlichen Normen und Überlieferungen, die das Überleben der Gemeinschaft sichern sollen, fordern von jedem Einzelnen die Leistung, eigene Wünsche zurückzustellen und sich den gesellschaftlichen Forderungen anzupassen.

Ende Januar hat die Zeit des Wassermanns ♒ begonnen, eines Luftzeichens, der Planetenherrscher ist Uranus. Nun geht es um das Thema Befreiung aus den engen, traditionellen Normen und Strukturen. Kühle, spontane Einsichten und kreative Visionen werden diesem Zeichen und dieser Zeit zugeordnet.

Das Sternzeichen Wassermann steht für geistige Freiheit und Intellekt, für Inspiration und Unabhängigkeit. Neue Technologien, Computer und Internet gehören genauso in diesen Themenkreis wie Freiheitskämpfe, Emanzipation und Demokratie. Es geht also um den Aufbruch, die Kraft der Veränderung und der Erneuerung. Neue Ideen und Pläne werden jetzt entwickelt.

Das Element Luft in Verbindung mit dem inspirierenden Feuer herrscht jetzt vor. Beide Elemente zusammen tragen zur Erneuerung, zur Steigerung der Begeisterungsfähigkeit und zur Entwicklung von Zukunftsvisionen bei.

Menschliche Entwicklung

Auf der Ebene der menschlichen Entwicklung steht diese Zeit des Jahreskreises für den Übergang von der Kindheit zur Pubertät (ca. 10 bis 15 Jahre).

Die ganze Kindheit ist geprägt von vielfältigen Lernerfahrungen. Zum einen haben Kinder einen besonderen Zugang zur Märchen- und Mythenwelt, die ihre Fantasie und Intuition anspricht. Zum anderen wird das rationale und funktionale Wissensbedürfnis des Kindes immer stärker. Kinder wollen wissen, wie alles funktioniert und wie die Welt zusammenhängt.

Vor allem Mädchen spüren und erkennen sehr früh die wechselseitigen Abhängigkeiten im Leben. Ökologische Zusammenhänge, wie alle Lebewesen, auch Tiere und Pflanzen eingebunden sind in den Kreislauf der Natur, sind ihnen leicht verständlich. Doch vor allem ist ihnen früh bewusst, wie Gefühle und Beziehungen durch Verhalten beeinflusst werden. Sie können auf die Bedürfnisse anderer gut eingehen und suchen, getragen durch ihre verbalen Fähigkeiten, nach Lösungen in Konfliktsituationen, die möglichst allen Beteiligten gerecht werden. Ihre Stärke ist, dass sie sich gut in andere einfühlen und auf sie eingehen können. Soziale Beziehungen und ein gutes Miteinander sind ihnen sehr wichtig. In ihr Denken und ihre Entscheidungen fließen nicht nur rationale Argumente ein, sie bedenken vor allem die Motive, Gefühle und die Konsequenzen von Handlungen.

Mädchen stehen jetzt, mit dem Beginn ihrer ersten Menstruation, vor dem Eintritt in den Kreis der fruchtbaren Frauen, den sie erst in den Wechseljahren wieder verlassen werden.

Heute versuchen Mütter, ihre Töchter zu diesem Ereignis, das viele Jahrzehnte schamhaft verschwiegen und dezent verborgen wurde, ganz offiziell mit einem besonderen Fest willkommen zu heißen im Kreis der gebärfähigen Frauen (vgl. Margaret Minker: »Der Mondring«). Dieser neue und wertschätzende Umgang mit der Menstruation, die zum Leben aller Frauen gehört, kann Mädchen dabei unterstützen, ein positives Selbstbewusstsein als Frau zu entwickeln. Frauen, die ihren weiblichen Zyklus annehmen und wertschätzen, die ihre Menstruation nicht als unrein und beschämend erleben, sondern diese Tage als ihre »Mondzeit« ansehen, in der sie sich stärker nach innen wenden und auf ihre Gefühle und Träume achten können, haben selten Probleme mit dem zyklischen Auf und Ab der Hormone.

In manchen Kulturen wird in dieser Übergangszeit vom Kind zum Jugendlichen, der in den Kreis der Erwachsenen hineinwächst, eine Visionssuche durchgeführt. Dies ist ein Teil eines Einweihungsrituals oder einer Initiation in den neuen Lebensabschnitt des Erwachsenseins, die dem Jugendlichen hilft, sich von seiner Familie zu lösen und eigene Weg zu beschreiten.

Göttinnen und Mythen

Die Zeit Anfang Februar ist der jugendlichen und jungfräulichen Göttin zugeordnet. Ihr Symbol ist der gerade neu am Himmel erschienene Mond. Es ist die Mondin in ihrem weißen Aspekt, dem Aspekt der Jugendlichkeit, der Freiheit und der intellektuellen Kraft. Der Archetyp der unabhängigen und mutigen jungen Göttin – die Amazone –, die für ihre Ideale in den Kampf zieht, drückt sich hier aus.

Eine dieser Göttinnen ist die griechische Artemis, die jungfräulich-kriegerische Göttin der Jagd und des zunehmenden Mondes. Sie ist ungebunden und frei und streift, bewaffnet mit einem silbernen Bogen und ihren Pfeilen, zusammen mit ihrem Gefolge durch die Wildnis. Als Mondgöttin ist sie Lichtträgerin; außerdem ist sie die Herrin der wilden, unge-

zähmten Tiere, wobei die Löwin ihre erhabene Würde und ihre Tapferkeit verkörpert, der wilde Eber ihre zerstörerische Seite und die Bärin ihre Rolle als Beschützerin der Kinder, der Frauen und der Gebärenden. Als jungfräuliche Göttin stellt sie den Archetyp des unabhängigen weiblichen Geistes dar, der freien, unversehrten Frau, die eins mit sich selbst sein kann, die voller Selbstvertrauen ist, eigene Ziele verwirklicht und sich selbst versorgen kann. Sie ist eine Frau, die sich ohne Mann »ganz« fühlt und nicht auf männliche Anerkennung angewiesen ist (vgl. Jean Shinoda Bolen: »Göttinnen in jeder Frau«).

Brigid ist die große Göttin der keltischen Iren. Sie wurde später, im Christentum, zur Heiligen und Schutzpatronin Irlands. Sie war die Göttin des Lichts und wurde »Leuchtender Pfeil« oder »die Erhabene« genannt. Ihr Festtag ist der 2. Februar. Sie ist die Göttin der Dichtkunst und der Heilkunst, der Weissagungen und der Goldschmiedekunst. Brigid besitzt Feuerkraft, sie ist die Göttin mit dem Kessel, aus dem sie alles schöpft – Energie, Inspiration, Begeisterung und Kreativität. Sie heilt durch das Wort, die Poesie und durch den Gesang. So entwickelte sie heilsame Klagegesänge für Frauen, die einen geliebten Menschen verloren haben.

Als Göttin des Feuers und der Schmiedekunst steht sie auch für die kämpferische Energie und die Macht der freien Frauen. Ihr Heiligtum war durch eine Hecke begrenzt, durch die kein Mann gehen durfte. Von 19 Jungfrauen wurde ihr heiliges Feuer bewacht (vgl. Patricia Monaghan: »Lexikon der Göttinnen«).

Yansa, die afro-brasilianische Göttin des Sturms, der Rebellion und des Aufbegehrens, genießt höchstes Ansehen. Als mutige Kriegerin wirbelt sie in ihrem Tanz viel Staub auf (vgl. Kaye Hoffman: »Von Göttern besessen«). Auch sie repräsentiert die unbeschwerte, von Verantwortung und Pflichten unbelastete und unbekümmerte Energie der jungfräulichen Göttin, die sich leicht und frei wie der Wind bewegt.

Inanna, die sumerische Himmels- und Mondgöttin in ihrem jungfräulichen Aspekt, ist eine weitere Verkörperung dieser Zeit. Dem Mythos nach überlebt sie, in der Wildnis auf sich selbst gestellt, durch ihre schöpferische Intelligenz, List und Schläue. Sie nimmt ungeniert die Gaben und Fähigkeiten des geistigen, religiösen und kulturellen Lebens von ihrem Vater Enki an. Sie trinkt so lange Bier mit ihm, bis er ihr, schwankend vor Trunkenheit, all seine Gaben schenkt. »Meiner Tochter Inanna werde ich das Hohepriesteramt übergeben! Die Göttlichkeit! Die edle ewige Krone! Den königlichen Thron!« Inanna gibt zur Antwort: »Ich nehme an!« Und sie verschwindet mit all den Gaben, bevor Enki aus seinem Rausch erwacht und sie zurückfordern kann (vgl. Elisabeth Hämmerling: »Mondgöttin Inanna«). Der Mythos der Inanna beschreibt die Göttin in all ihren wechselvollen Gestalten, als Jungfrau, als liebende sinnliche Frau und als die ihre dunkle Seite integrierende mächtige Göttin.

Alltagsrituale

Die Energie dieser Zeit eignet sich besonders gut dazu, sich zu reinigen und zu erfrischen sowie dafür zu sorgen, dass Körper und Geist wieder beweglich werden.

Einerseits fühlen wir uns in dieser Übergangsphase zwischen dem grauen Winter und dem Frühlingserwachen oft schwer, unbeweglich und wie abgeschnitten vom lebendigen Fluss des Lebens. Manchmal leiden wir unter Trägheit, lähmenden Gewohnheiten und Selbstzweifeln, die uns wie dunkle Schatten herunterziehen und unzufrieden werden lassen. Oder wir fühlen uns in unserem Alltag festgefahren und blockiert.

Andererseits ahnen wir die neue, klare Lebensenergie, die wir besonders an hellen und sonnigen Tagen spüren können. In dieser Zeit können uns Reinigungs-, Bewegungs- und auch Segnungsrituale helfen, uns von den zähen Schlacken, den blockierten und stagnierenden Energien und Gedanken, die wie »dunkle Geister« in allen Winkeln in und um uns herum zu sitzen scheinen, zu befreien. So kann das Feuer der Begeisterung und der Zielstrebigkeit wieder in uns entfacht werden, und wir bekommen wieder Mut, uns von einschränkenden Vorstellungen und Lebensmustern zu befreien.

Räucher- und Klangzeremonien

Um die Altlasten zu entsorgen, beginnen Sie damit, Ihr Zimmer, Ihre Wohnung, Ihr Haus, Ihren Arbeitsplatz und sich selbst mit frischer Luft, mit Klängen und mit Düften zu reinigen und zu segnen.

Befreien Sie sich jetzt von all den Dingen, Gegenständen, dem Überflüssigen, dem Gerümpel, das sich in Ecken, Winkeln und Schubladen angesammelt und angestaut hat. Schaffen Sie Platz für das Neue.

Führen Sie im Anschluss an die Aufräumaktion ein *Räucherritual* mit getrocknetem Lavendel oder anderen Blüten, Gräsern, Kräutern oder Harzen durch. Vor allem der Duft des Lavendels hilft dabei, das Alte zu verabschieden und das Neue willkommen zu heißen.

➤ *Zum Räuchern brauchen Sie eine kleine feuerfeste Schale, einige getrocknete Blüten oder Kräuter, die Sie in der Schale zunächst anbrennen. Pusten Sie dann die Flammen aus. Der aufsteigende Rauch des verglimmenden Räucherwerks wird mit einer Feder im Raum verteilt. Sie können aber auch Räucherkohle verwenden, auf der die Kräuter verglimmen.*

Vertreiben Sie zähe und blockierende Energien aus allen Ecken und Winkeln Ihres Hauses, und laden Sie dann neue Kräfte, gute Geister und helle, freundliche und belebende Energien zu sich ein.

Sie können auch sich selbst mit diesem Rauch einhüllen und sich mit der Energie des Räucherwerks verbinden.

Ein weiteres Reinigungs- und Belebungsritual können Sie mit Musik- und Rhythmusinstrumenten durchführen. Dazu verwenden Sie zu dieser Jahreszeit am besten Flöten, Glocken, Klangschalen oder Schellen. Sie können aber auch laut pfeifen oder in die Hände klatschen.

➤ *Öffnen Sie die Fenster und Türen, damit frische Luft und neue Energie hereinkommen können. Gehen Sie mit dem gewählten Instrument durch Ihre Räume. Vertreiben Sie alle stagnierende Energie, vor allem aus den Ecken, indem Sie Krach machen, laut pfeifen, in die Hände klatschen und viel Luft aufwirbeln. So beleben Sie sich selbst und Ihre Umgebung.*

Ein weiteres wirkungsvolles und heilsames Reinigungsritual, das Sie von alten Winterschlacken befreit, ist das *Fasten*, das gut in die nun anbrechende Frühlingszeit passt. In Reformhäusern oder Naturkostläden finden Sie eine große Auswahl an Heilpflanzensäften – Brennnessel, Löwenzahn, Zinnkraut, Artischocke, Sellerie und vieles mehr –, die den Reinigungsprozess unterstützen.

➤ *Nehmen Sie sich vor, mindestens fünf Tage lang mit Tees und Säften zu fasten. Anregungen dazu finden Sie in einschlägigen Fastenbüchern. Falls Sie diese Fastenzeit nicht einhalten können, versuchen Sie zumindest, einige Entschlackungs-, Körner- oder Reistage einzulegen, um Ihren Organismus zu reinigen und zu entlasten. Trinken Sie viel Kräutertee oder frisch gepresste Obst- und Gemüsesäfte.*

Aber auch Saunabesuche, Bewegung im Freien – Walken oder Joggen – helfen, den Kreislauf und die Atmung anzuregen und uns wieder neu zu beleben. Atemübungen, Laufen und Tanzen tun jetzt besonders gut.

➤ *Bewegen Sie sich, sooft es geht, im Freien. Machen Sie Atem-, Bewegungs- und Tanzübungen. Nehmen Sie vor allem die frischen kalten Winde und die Wolken am Himmel wahr.*

Die Visionssuche

Die Phase um Brigid mit ihrer besonderen Energie, die inneren Abstand, kühle Klarheit und Intuition fördert, ist eine sehr günstige Zeit, um eine kleinere oder größere Visionssuche durchzuführen.

Die Visionssuche, die unterschiedlich aufwendig gestaltet werden kann, ist Teil eines Rituals, mit dem wir bewusst Wendepunkte in unserem Leben gestalten können. Wir können die Visionssuche durchführen, wenn große Veränderungen in unserem Leben anstehen, so beim Übergang in das Erwachsenenleben, der Suche nach einer Lebensaufgabe, nach einem Beruf oder, wenn wir wichtige Beziehungen eingehen oder beenden. Auch nach den Wechseljahren, beim Übergang in den Ruhestand oder nach einer schweren Krankheit ist die Visionssuche hilfreich zur Neuorientierung.

➤ *Das Ritual einer Visionssuche kann über einen oder mehrere Tage gehen und folgendermaßen aufgebaut werden:*

- Entscheiden Sie, wie lange Ihre Visionssuche dauern soll, und bitten Sie darum, dass Sie in diesem Zeitraum eine Antwort auf Ihre Fragen erhalten.
- Machen Sie sich bewusst, wo Sie im Moment in Ihrem Leben stehen. Stellen Sie die Frage: Wie geht es weiter? Oder: Was kommt als Nächstes? Lassen Sie dann die Frage los, so, als ob sie Ihre Frage an das Universum abgäben, d.h., denken Sie nicht ständig daran.
- Ziehen Sie sich zurück an einen Ort, an dem Sie allein sein können. Sie können körperlich fasten, also keine feste Nahrung zu sich nehmen, und/oder geistig fasten, indem Sie Fernsehen, Radio, Zeitungen u.Ä. meiden.
- Führen Sie ein Reinigungsritual durch – baden Sie ausgiebig, machen Sie einen Saunabesuch und trinken Sie viel Tee sowie frisches Wasser.
- Schweigen Sie, und versuchen Sie auch, innerlich still zu werden. Lassen Sie Ihre Gedanken los, indem Sie immer wieder innerlich die Silbe »Om« oder die Wörter »Frieden« und »Liebe« denken.
- Gehen Sie dann allein in die Natur, möglichst an einen Ort, der Ihnen nicht bekannt ist. Suchen Sie einen Platz aus, von dem Sie einen weiten Blick haben.
- Versuchen Sie, an nichts Bestimmtes zu denken, und halten Sie sich bereit und bleiben Sie offen für das, was Ihnen begegnet.
- Gehen Sie mit offenen Augen durch die Natur. Vielleicht sehen Sie etwas, was für Sie eine besondere Bedeutung hat. Das kann z.B. ein Stein, eine Feder, eine Wurzel oder ein kleiner Ast sein. Bedanken Sie sich für alles, was Ihnen begegnet.
- Achten Sie auf Ihre Wahrnehmungen, Ihre Einfälle und Ihre Träume an diesem Tag oder in diesen Tagen.
- Schließen Sie die Visionssuche ab, indem Sie all Ihre Wahrnehmungen und Erkenntnisse in ein Tagebuch schreiben, auch wenn Sie vielleicht meinen, dass sich nichts Besonderes ereignet hat. Der Sinn oder die Bedeutung des Erfahrenen erschließt sich manchmal erst in der darauffolgenden Zeit.

Kleinere Visionssuchen, mithilfe derer Sie sich auf das kommende Jahr einstellen können, lassen sich auch als Fantasiereise durchführen.

Frauenfest

Treffen Sie sich mit Freundinnen zum Fest der weißen Frau, zu Ehren der jungfräulichen Göttin. Die Frauen tragen vorwiegend weiße Kleidung und gehen, möglichst an einem kalten, windigen Tag, an dem vielleicht noch Schnee liegt, gemeinsam auf einen Berg, von dem aus ein weiter Blick in die Landschaft möglich ist. Wenn Sie danach zusammen im Warmen sitzen und Tee trinken, sprechen Sie sowohl über die Wahrnehmungen, Gefühle und Gedanken als auch darüber, ob und in welchen Bereichen des Lebens Sie die kämpferische, befreiende und mutige Amazonenkraft spüren, die für Veränderung, Befreiung und Erneuerung sorgt.

Atemübung

Das Feuer der Inspiration

➤ *Suchen Sie sich einen Platz im Haus oder draußen in der Natur, an dem Sie sich gut fühlen. Stellen Sie sich hin, die Beine hüftbreit auseinander, die Knie nicht ganz durchgedrückt. Spüren Sie die Erde unter Ihren Füßen.*
Schließen Sie die Augen, und gehen Sie mit Ihrer Aufmerksamkeit nach innen. Versuchen Sie, einen tiefen Ton im unteren Bauchraum entstehen zu lassen, so, als ob er direkt aus der Erde aufstiege. Summen Sie diesen Ton, und bewegen Sie dabei Ihre Hände, als wollten Sie diesen Ton aus der Tiefe schöpfen und nach oben bringen. Wenn Ihre Arme und Hände sich nach oben strecken, lassen Sie den Ton höher werden und in den Himmel steigen. Machen Sie diese Übung dreimal.
Strecken Sie nun die Arme und Hände nach oben aus, als wollten Sie vom Universum einen feinen, hellen Ton der Inspiration aufnehmen, und ergreifen Sie ihn summend. Lassen Sie den Ton langsam tiefer werden, und senken Sie gleichzeitig Ihre Arme und Hände, als ob Sie die In-

spiration aus dem Universum annähmen und mit auf die Erde, in die Realität und in Ihren Alltag brächten.
Wiederholen Sie auch diesen Übungsablauf dreimal. Bleiben Sie anschließend noch eine kurze Weile still mit geschlossenen Augen stehen, und spüren Sie nach, wie Sie sich jetzt fühlen.

Begegnung mit der Natur

Jetzt ist eine gute Zeit,
den Sonnenauf- und/oder -untergang zu erleben.

➤ *Anfang Februar geht die Sonne morgens gegen 7.50 Uhr auf. Suchen Sie mindestens eine halbe Stunde vor dem Aufgehen der Sonne einen Platz in der Natur auf, an dem Sie den Sonnenaufgang erleben können. Das kann ein Berg, ein freies Feld, eine Brücke oder ein erhöhter Platz sein. Atmen Sie bewusst einige Male tief ein und aus. Spüren Sie die Erde unter Ihren Füßen und die Luft um sich herum. Werden Sie innerlich ruhig, und sammeln Sie sich. Nehmen Sie einfach nur wahr, was um Sie herum geschieht. Beobachten Sie, wie sich der Himmel, die Wolken, die Farben verändern. Achten Sie auf die Luft und die Temperatur, die Sie umgeben. Welche Geräusche können Sie hören, welche Gerüche riechen, welche Böen spüren?*
Nehmen Sie dann das Ereignis, die Wandlung des Lichts, bevor die Sonne sichtbar wird, so intensiv wie möglich wahr. Versuchen Sie zu spüren, wie viel ruhige und beständige Kraft die aufsteigende Sonne hat. Erleben Sie, wie sich das Grau des Zwielichts auflöst und die Schönheit und die Farben des neu-

en Tages sichtbar werden. Lassen Sie sich von der aufsteigenden Sonne inspirieren und anregen.
Wird die Sonnenstrahlung zu intensiv, dann schließen Sie die Augen. Stellen Sie sich vor, dass Sie mit jedem Einatmen die Kraft der aufgehenden Sonne in sich aufnehmen und bei jedem Ausatmen diese Energie zu Ihrem dritten Auge (das ist die Stelle mitten auf Ihrer Stirn) fließen lassen. So beleben Sie Ihre Intuition und geistige Wachheit. Spüren Sie, wie die Sonne Ihnen geistige Frische und klare Kraft gibt.

Versuchen Sie, sich an einem möglichst wolkenlosen Tag vor Sonnenuntergang die Zeit so einzurichten, dass Sie dieses Ereignis bewusst erleben können.

➤ *Gehen Sie zu einem Ort, an dem Sie den Sonnenuntergang erleben können. Warten Sie, bis die Sonne sich dem Horizont zuneigt und dann allmählich verschwindet. Nehmen Sie diesen Vorgang, das Verschwinden des Lichts, innerlich still und so bewusst, wie es Ihnen möglich ist, wahr. Achten Sie auf die Farben des Himmels, das Zwielicht und die zunehmende Dunkelheit. Vielleicht können Sie sogar das Funkeln des Abendsterns oder den Mondaufgang erleben.*

Bewegungsübungen und Tänze

Die Bewegungsübungen und Tänze dieser Zeit haben vor allem den Sinn, die träge und zähe Energie des Winters zu vertreiben. Durch die meist wilden und ekstatischen Bewegungen werden das eigene innere Lebensfeuer und der Lebenswille wieder neu entfacht. Manche Tänze helfen uns auch dabei, unsere mutige, kämpferische und zielgerichtete Seite zu stärken und vor allem das Feuer unserer Begeisterungsfähigkeit zu schüren.

Locker schütteln

➤ *Stellen Sie sich fest auf Ihre Füße, und schütteln Sie all das Verkrustete und Festgefahrene, das Steife und Verhärtete aus Ihrem Kopf, den Schultern, dem Nacken, dem Rücken, den Armen und Händen, den Hüften, den Beinen und den Füßen.*

Lassen Sie vor allem Ihre Sorgen, Zweifel, Vorbehalte und eingefahrenen Vorstellungen los, indem Sie alles durcheinanderschütteln und -rütteln.
Als Musik für diese Übung eignet sich die »Kundalini-Meditation« von Deuter.

Tanz der Yansa

Yansa ist eine afrikanische Göttin in Gestalt einer unbeschwerten jungen Frau; sie verkörpert Leichtigkeit und Lebensfreude. Durch ihren Tanz können wir die Energie der Freiheit und Lebendigkeit in uns spüren und uns mit ihr verbinden. Eine innere Bewegung entsteht durch die Erinnerung an Momente der Kindheit: Momente der Vorfreude, Ungeduld, Lebendigkeit, die aus den Nähten platzt, nicht zu halten ist, Auftrieb wie ein Sack voll Flöhe, Übermut, der in die Luft springen will, keine Manieren kennt, die Formen der Höflichkeit nicht beachtet, sich nicht einengen, aber auch nicht benutzen lässt; eine Lust, die entsteht, wenn man spontanen Impulsen folgt, die Bewegungsfreiheit genießt, sich erlaubt, auf und davon zu springen. Es entsteht ein Gefühl, sich aufzuschwingen, neu anzufangen, Lästiges einfach abzuschütteln. (Vgl. Kaye Hoffman: »Von Göttern besessen«)

Yansa

➤ *Im Anschluss an die Schüttelübung bewegen Sie sich zu einer rhythmischen Musik, die Ihnen Freude macht, im Raum. Verscheuchen Sie alle unangenehmen oder schweren Gedanken, indem Sie mit Ihren Händen und Armen wedeln und Bewegungen des Abschüttelns und des Wegscheuchens machen. Laufen oder rennen Sie immer schneller werdend durch den Raum, machen Sie viel Wind mit Ihren Händen und Armen. Wirbeln Sie die Luft durcheinander, bis Sie sich erleichtert und befreit fühlen sowie neue Energie und Freude in sich spüren können. Stellen Sie sich vor, Sie verbinden sich dabei mit der luftig-jugendlichen Kraft der Göttin Yansa. Fühlen Sie, wie Sie leicht, frei und unbeschwert wie der Wind werden.*

Für diesen Tanz eignet sich die Musik von Rolf Exler: »Yansa«.

Fantasie- und Trancereisen

Bevor Sie auf eine Fantasiereise gehen, tut Bewegung gut, z. B. vorsichtiges und langsames Dehnen und Strecken der Glieder und der Gelenke, um Verspannungen zu lösen und durchlässig zu werden für den Energiefluss im Körper. Sanftes oder festes Abklopfen des ganzen Körpers, von den Füßen bis zum Kopf, unterstützt Sie dabei, wach zu werden, sich besser im Körper zu spüren, mehr »da« zu sein und in der Entspannungsphase nicht so schnell einzuschlafen.

Mentale Visionssuche

➤ *Legen oder setzen Sie sich bequem und entspannt und mit aufrechter Wirbelsäule hin. Schließen Sie die Augen, und verabschieden Sie sich für eine Weile von Ihrer alltäglichen Welt. Spüren Sie, wie Ihr Atem ruhig und gleichmäßig wird.*
Stellen Sie sich dann vor, Sie gehen an einen Ort hoch oben auf einem Berg. Sie können dort die Göttin Brigid treffen, die Sie an diesem von hohen Hecken geschützten Ort am heiligen Feuer erwartet und willkommen heißt. Begrüßen Sie sie, und setzen Sie sich zu ihr.
Es ist die Zeit der ersten Dämmerung vor dem Sonnenaufgang. Nehmen Sie wahr, wie die dunklen Schatten, die Sie umgeben, sich allmählich lichten, wie es heller wird und wie die Sonne am östlichen Horizont aufgeht. Warten Sie, bis es hell und klar geworden ist, und spüren Sie die erfrischende Kraft des Neubeginns.
Bitten Sie die Göttin Brigid, die Inspiration in Ihnen neu zu entfachen und Ihnen dabei zu helfen, Ihre Vision für die Zukunft zu finden. Schließen Sie jetzt, am Feuer sitzend, Ihre Augen, und schauen Sie nach innen und gleichzeitig weit in die Zukunft. Lassen Sie vor Ihrem inneren Auge die Bilder entstehen, die Ihnen zeigen, wohin Ihre Reise gehen wird, und lassen Sie alles zu, was von allein geschieht.
Nach einer Weile öffnen Sie wieder die Augen. Sie sitzen immer noch am Feuer bei der Göttin, die jetzt sanft Ihre Stirn berührt. Sie spüren eine neue Klarheit und Zuversicht. Bedanken Sie sich bei der Göttin für ihre Unterstützung, und verabschieden Sie sich. Sie können ihr dazu etwas schenken, was Sie bei sich haben.

Begeben Sie sich nun auf den Rückweg. Spüren Sie, wie Ihr Atem ein- und ausfließt, bewegen Sie sanft Ihre Glieder, und seien Sie wieder wach im Hier und Jetzt. Willkommen in Ihrer Wirklichkeit!

Reise zum inneren Kind

➤ *Legen oder setzen Sie sich entspannt hin, atmen Sie tief durch, und verabschieden Sie sich für eine Weile von der Außenwelt.*

Stellen Sie sich vor, Sie bewegten sich rückwärts in der Zeit, bis Sie in Ihrer Kindheit ankommen. Sie sehen den Ort, die Straße, das Haus oder die Wohnung, wo Sie als kleines Mädchen/kleiner Junge gelebt haben. Gehen Sie durch die Räume, und sehen Sie die Menschen, die in dieser Zeit bei Ihnen waren.

Lassen Sie sich Zeit, alles in Ruhe anzuschauen. Vielleicht erblicken Sie sich selbst, das Kind, das Sie einmal waren, sehen, wo es sich gern aufhält, womit es spielt und wie es sich fühlt.

Machen Sie sich bewusst, wie einmalig und wunderbar dieses Kind ist. Nehmen Sie behutsam Kontakt mit ihm auf. Sie können es ansprechen oder still abwarten, ob es sich Ihnen nähern möchte. Vielleicht möchte es Ihnen etwas zeigen oder Sie etwas fragen. Sie als erwachsene Frau/erwachsener Mann können ihm eventuell Mut machen, falls es verzagt ist. Oder Sie spüren etwas von seiner Lebendigkeit, Kreativität und Stärke.

Falls es Ihnen schwerfällt, Kontakt mit ihm aufzunehmen, dann bitten Sie die Göttin Artemis, Ihnen beizustehen. Artemis ist die mutige Beschützerin der Kinder. Sie wird Ihnen dabei helfen, dieses Kind, das Sie einmal waren, liebevoll anzunehmen und zu Ihnen zu nehmen, damit Sie ganz, lebendig und heil werden.

Danken Sie Artemis für ihre Unterstützung. Geben Sie ihr zum Abschied ein Geschenk, das Sie für sie mitgebracht haben. Nehmen Sie dann das wiedergefundene innere Kind achtsam mit in Ihr heutiges Leben. Atmen Sie tief durch, und seien Sie wieder ganz wach in Ihrer Gegenwart.

Heilsame Analogien

Hier finden Sie einen Überblick über die Bereiche und Formen, in denen sich die Energien der Brigid-Zeit ausdrücken können. Suchen Sie die Orte auf, wenn Sie mehr von der Energie der Brigid-Zeit in Ihrem Leben brauchen. Oder nehmen Sie, falls Ihnen die hier aufgeführten Analogien im Alltag begegnen, diese Begegnungen als Hinweis auf die dahinterliegende Thematik des Neubeginns und Aufbruchs des Vorfrühlings.

Energie

Luft und Feuer – vom Windhauch bis hin zu kalten Stürmen; das Feuer der Inspiration und die Kraft der aufgehenden Sonne

Zeit

Die Morgendämmerung, in der die Kraft des neu erwachten Lichts die »Angstgespenster« der Dunkelheit vertreibt; der späte Winter und das beginnende Frühjahr; die Zeit des Keimens

Orte

Nordosten; ein windiger, eiskalter oder schneebedeckter Berggipfel; die luftige Höhe über den Wolken, die einen Überblick, Distanz und Weitblick ermöglicht

Themen

Aufbruch, Neubeginn, Inspiration, Klarheit, Freiheit, Freiheitskampf, Intellektualität, aufgenommen werden in eine neue Gruppe

Farben

Weiß – als Symbol für Reinheit und Klarheit; Silbrig – für den jungen Mond; alle Pastelltöne – helles Gelb, Grün, Blau und Türkis

Mineralien – Bergkristall, Türkis, Aquamarin

Der klare Bergkristall, der aussieht wie gefrorenes Eis, hilft, die inneren Visionen in den Alltag zu bringen. Spirituell fördert er Klarheit und Neutralität, verbessert die Wahrnehmung und das Verstehen. Er stärkt uns dabei, einen eigenen Standpunkt zu finden, und fördert die Entwicklung, die unserem innersten Wesen entspricht. Seelisch hebt er tiefe Erinnerungen ins Bewusstsein, hilft, Probleme auf einfache Weise zu lösen und verloren geglaubte Fähigkeiten wiederzubeleben. Mental bringt er Selbsterkenntnis und hilft, vermeintliche geistige Grenzen zu überwinden. Auf körperlicher Ebene vitalisiert er kalte, taube und gelähmte Stellen, harmonisiert die Gehirnhälften, stärkt die Nerven und regt die Drüsentätigkeit an. Er schenkt Energie, senkt Fieber, lindert Schmerzen und Schwellungen, Übelkeit und Durchfälle. (Vgl. Michael Gienger: »Die Steinheilkunde«)

Der Türkis bewirkt Schutz und Abgrenzung bei Belastungen, fremden Einflüssen und Angriffen. Er hilft bei Müdigkeit und Erschöpfung, macht innerlich ruhig und fördert gleichzeitig die Intuition und die Kraft, das eigene Leben zu meistern. Der Türkis, in dem sich Grün und Himmelblau verbinden, wird als heiliger Stein angesehen.

Der Aquamarin, der klare, hellblaue bis meergrüne Stein, steht in Verbindung mit Uranus und verhilft zu klaren Visionen. Er fördert Weitblick und Voraussicht und unterstützt uns darin, neue Wege zu erkennen und zu gehen. Er gibt Ausdauer und Zielstrebigkeit und fördert unser geistiges Wachstum.

Tiere – Schwan, Libelle, Falke

Die Tiere, die die Energien dieser Zeit in sich tragen, sind alle flugfähigen Geschöpfe, vor allem die Vögel. Sie werden als geistige Helfertiere und Boten der Götter und Göttinnen betrachtet, die uns helfen, einen Überblick zu bekommen. Wasservögel können uns mit den Gefühlen und dem Unbewussten verbinden. In alter Zeit wurden in vielen Kulturen Vogelgöttinnen als weise und intelligente Schöpferinnen des Lebens verehrt. Viele Schamanen verwendeten und verwenden Vogelfedern oder Vogelmasken bei ihren geistigen Flügen in die Anderswelt, um zu höheren Ebenen von Wissen und Weisheit zu gelangen. (Vgl. Irene Dalichow: »Krafttiere – Boten der Göttin«)

Der Schwan ist ein Symbol für die Seele des Menschen und die Kraft der Verwandlung. Das hässliche junge Entlein wandelt sich zum majestätisch schönen Schwan. Er ist Mittler zwischen den Menschen und den Wesen der anderen Wirklichkeit, der Welt der Feen und Elfen. Jugendliche weibliche Anmut sowie Schönheit und Liebe sind die Themen, an die uns der Schwan erinnern kann. Er war das Krafttier der Göttin Brigid und der Barden, die sich durch ihn Inspiration für ihre Gedichte und Lieder wünschten. (Vgl. Anja Senser/Klaus Lang: »Heilbuch der Druiden«)

Die Libelle mit ihren zarten, in allen Farben schimmernden Flügeln wird als Zauber- oder Elfenwesen angesehen. Sie ist die Überbringerin von Lichtbotschaften oder Erinnerungen aus der anderen Wirklichkeit.

Der Falke kann sehr hoch fliegen und bekommt auf diese Weise einen maximalen Überblick. Deshalb steht er für einen scharfen Beobachtungssinn und für ein erhabenes, edles, aufmerksames und waches Sein. Falken gelten als Symbol für die aufgehende Sonne. Ihre vollständig ausgebreiteten Flügel wurden bei den Ägyptern oft auf Schmuckstücken dargestellt.

Bäume und Sträucher – Birke, Ahorn, Haselnuss

Die Birke (*Betula pendula*) mit ihrer weißen Rinde und den kleinen, hellgrünen Blättchen wurde im Norden Europas und bei den Kelten als heiliger Baum der großen Göttin verehrt. Birkenrinde wird zur Behandlung von rheumatischen Erkrankungen und zum Anregen des Stoffwechsels verwendet. Die lichte und jugendliche Ausstrahlung der Birke bringt Licht und Fröhlichkeit in die Seele. Birkenkraft unterstützt bei der Suche nach einer leichten, selbstbewussten und fröhlichen Einstellung zu sich selbst und zum Leben.

Der Ahorn (*Acer platanoides*) ist ein sommergrüner Baum mit starken Ästen und scharf zugespitzten Blättern, der ebenfalls leicht und anmutig wirkt. Im Herbst erstrahlt das Laub des Ahorns in vielen Farben – von Gelb über Orange bis hin zu Rubinrot. Die geflügelten Samen lassen sich vom Wind weit tragen. Das leichte Laub des Ahornbaumes verrottet besonders gut und wird damit zur Nahrung für das Pflanzenreich. Aus dem Holz des Ahorns werden Musikinstrumente gefertigt. Als Heilmittel war der Ahorn sowohl den amerikanischen Ureinwohnern als auch Hildegard von Bingen bekannt, die ihn bei Fieber und bei Geschwüren und Schwellungen als kühlendes Mittel verwendeten.

Ahornkraft gibt Leichtigkeit, feurige Lebensenergie und unterstützt bei Neuanfängen.

Die Haselnuss (*Corylus avellana*) ist ein vielstämmiger Strauch, der eine breite Krone und herzförmige, behaarte Blätter hat. In vielen Sagen und Märchen taucht die Haselnuss auf. Ihre biegsamen Zweige werden als Wünschelruten benutzt, um Wasseradern und Erdstrahlen zu finden. Haselnusssträuchern sagt man nach, dass sie Erdstrahlen anziehen, weshalb sie in die Nähe der Häuser gepflanzt wurden, um diese vor Blitzen zu schützen. Die Kelten weihten die Haselnuss der weißen Göttin und brachten sie in Verbindung mit den Geschenken Weisheit und Fruchtbarkeit. Die Haselnuss hat eine enorme Regenerations- und Wuchskraft, eine kraftvolle, jugendliche und dennoch auch beschützende Ausstrahlung. Die Blätter und die Rinde wirken gefäßverengend, blutstillend und fiebersenkend. Haselnüsse enthalten viele Mineralien, Öle und Vitamine. Haselnusskraft schenkt uns Vertrauen, dass sich alles zum Guten wendet. (Vgl. Gisela Preuschoff: »Die heilende Kraft der Bäume«)

Heilpflanzen – Beifuß, Lavendel, Hopfen, Baldrian

Die Heilpflanzen dieser Zeit tragen zur Beruhigung des Nervensystems bei und unterstützen die Kreativität.

Beifuß (*Artemisia vulgaris*) ist der Göttin Artemis geweiht. Er steht für Schutz und Heilung, aber auch für Kreativität und Selbstausdruck. Ein Tee aus frischen Blättern und Blüten des Beifußes unterstützt die innere Klarheit und die mentale Stärke. Vor allem aber hilft er Mädchen bei Menstruationsbeschwerden. Getrockneter Beifuß, auf Räucherkohle verbrannt, hilft uns, wenn wir über die Blockierung unserer schöpferischen Kraft meditieren, und unterstützt uns dabei, neue Ideen und Visionen zu finden. (Vgl. Elisabeth Brooke: »Kräuter helfen heilen«)

Lavendel (*Lavandula angustifolia*) hat einen hohen Gehalt an ätherischen Ölen. Sein Duft wirkt einerseits belebend und erfrischend, andererseits beruhigt er das Nervensystem und wird vor allem bei Schlaflosigkeit, Unruhe und Verspannungen eingesetzt. Bei Kopfschmerzen oder Migräne hilft z. B. ein heißes Bad mit Lavendelöl. Lavendelblütentee am Abend oder einige Lavendelblüten in einem Stoffbeutel unter dem Kopfkissen helfen beim Ein- und Durchschlafen und halten böse Träume fern. Der Rauch von getrockneten Lavendelblüten wird zur Reinigung sowie zur Förderung der Konzentration und bei der Meditation verwendet. Er hilft, neue Ideen und Visionen zu empfangen. Lavendel macht mutig und klar und wird beim Anfang einer neuen Unternehmung verwendet.

Hopfen (*Humulus lupulus*) ist ein rechtsdrehendes Schlinggewächs, von dem die weiblichen Blütenstände verwendet werden. Er wirkt beruhigend bei nervöser Erregung und leichten Depressionen, aber auch bei Unruhe, Angstzuständen und Schlafstörungen.

Baldrian (*Valeriana officinalis*) wächst an feuchten Standorten. Seine Wurzel wird im September ausgegraben und getrocknet. Bei nervösen Reizzuständen werden Baldriantropfen verabreicht, ebenso bei krampfartigen Schmerzen und bei Schlaflosigkeit. (Vgl. M. Pahlow: »Das große Buch der Heilpflanzen«)

Speisen und Getränke

Milch und Milchprodukte als erste Nahrung der Neugeborenen und der Kinder; Getreideprodukte; alle Wintergemüse wie Kartoffeln, Karotten, Sauerkraut, Sellerie, Lauch

Düfte

frisch, leicht, blumig; Zitronengras reinigt und erneuert, erfrischt und belebt; Süßgras duftet wie frisches Heu, außerdem macht es beim Räuchern die Atmosphäre hell und licht.

Instrumente und Musik

Windspiele, Flöten, Schellen, Glocken, Blasinstrumente und elektronische Musik; Klassik: A. Corelli, T. Albinoni

Gestaltung eines Festes

Das Jahreskreisfest zum 2. Februar
Das Lichtfest Brigid

Dieses Mondfest wird in der kalten Jahreszeit Ende Januar oder Anfang Februar zur zunehmenden Mondsichel gefeiert. Da wir uns heute eher am Kalender als am Mondstand orientieren, feiern wir dieses Fest am Abend des 1. oder 2. Februars.

Nordosten
Brigid ☽

Auf dem Jahreskreis befindet sich das Brigid-Fest im Nordosten. Es markiert sowohl den Übergang von der Nacht zur Morgendämmerung als auch den Übergang vom kalten Winterfrost zu den ersten Frühlingsahnungen. Es ist die Zeit des ersten Keimens. Die zugeordneten Elemente sind die Luft in ihrer frischen und befreienden Form sowie das Feuer in seiner inspirierenden und erneuernden Form.

Dieses Fest steht für den Neuanfang, und so werden zu dieser Zeit auch neue Mitglieder in die Gruppen der alten Natur- oder Hexenreligionen aufgenommen. Junge Mädchen, die ihre erste Menstruation erleben, treten nun, wie über eine Schwelle, in den Kreis der fruchtbaren Frauen ein. (Beim Lammasfest, das diesem Fest auf dem Jahreskreis genau gegenüber-, im Südwesten, liegt, geht es dann um die abnehmende Mondsichel und den Austritt aus dem Kreis der fruchtbaren Frauen.)

Bei den Kelten wurde dieses Fest Imbolc genannt. Nach ihrem Zeitverständnis war es der Beginn des Frühlings. Weiße Gewänder und weiße Kerzen, die bei diesem Fest vorherrschen, sind Symbole für die Verehrung des Lichts und der Reinheit. Sanft und dennoch kraftvoll drückt sich in diesem Frühlingsritual die erwachende Lebenskraft aus.

Die christliche Kirche hat ihre Feste immer in die Nähe der alten, vorchristlichen Feste gelegt. Doch die ursprüngliche Bedeutung der Feste, die von vielen Generationen gefeiert worden waren, wurde im Sinne der neuen, christlichen Religion abgeändert und mit neuen Inhalten überlagert. So wurde z. B. aus der dreifaltigen und starken Göttin Brigid die heilige Bridget oder Brigit, die brave Tochter eines Druiden, die zum Christentum übertrat, sich taufen ließ und ein Kloster gründete. Das ursprüngliche Fest der großen Göttin der Heilkraft, Dicht- und Schmiedekunst wurde in der katholischen Kirche zu Maria Lichtmess. Der Lichtcharakter wurde zwar beibehalten, doch die unabhängige und machtvolle, inspirierende und intellektuelle Kraft der großen Göttin ging verloren.

Wir können heute folgende Schwerpunkte setzen:

- Erneuerung, Belebung, Klärung und Heilung durch die Kraft des Feuers und der Luft
- Zugang zur ungestümen, mutigen, kindlichen oder jugendlichen Energie in uns selbst finden
- Suche nach einer kleinen Vision, nach neuen Ideen und Projekten für dieses Jahr
- Suche nach einer großen Vision, nach neuen Zielen oder Neuorientierung, wenn wir nach Verlusten und Krankheit, nach Phasen von Stagnation und Unfreiheit unser Leben neu gestalten wollen
- Die inspirierenden, weitsichtigen und visionären Göttinnen erfahren

Beispiel für eine Feier

Im Folgenden beschreibe ich die Gestaltung eines Festes, so, wie es von uns Frauen vorbereitet und durchgeführt wurde.

In der Mitte des Raumes, in dem wir das Jahreskreisfest feierten, lag ein weißes Tischtuch mit acht bestickten Ecken. Im Nordosten, der Richtung des Brigid-Festes, lagen getrocknetes, weißes Schleierkraut, Schwanenfiguren, weiße und blaue Federn, ein Türkis und eine Glasschale mit vielen kleinen Bergkristallen (die am Ende des Abends von den Frauen zur Erinnerung mitgenommen wurden). Im Osten lagen verschiedene weiße und graue Vogelfedern, gelbe Steine, Zitrin und Calcit, und eine Klangschale. Im Südosten waren eine Räucherschale, eine amerikanische Gänsefeder zum Verteilen des Rauches und ein Karneol. Im Süden lagen eine große weiße Kerze, Rubine und ein roter Jaspis.

Im Südwesten befanden sich ein silberfarbener Hämatit und ein Tablett mit vielen weißen Teelichtern (die später von den Frauen ebenfalls mitgenommen wurden). Im Westen waren eine blaue Glasschale mit Meersalzwasser, Muscheln und Lapislazuli. Im Nordwesten lagen ein Obsidian sowie Eiben-, Thuja- und Efeuzweige. Im Norden waren ein Bergkristall, ein Mistelzweig und ein bearbeiteter grüner Speckstein, der eine Frühlingsgöttin darstellte. Im Mittelpunkt stand auf einem Silbertablett eine hellgelbe Primel, und um sie herum lag ein silbrig-weißes Band. Dieser Mittelpunkt markierte das Zentrum, den Geist oder das göttlich-heilige Element.

Das Reinigungs- und Segnungsritual wurde mit Lavendel und Süßgras ausgeführt. Dann ging die blaue Meerwasserschale im Kreis herum, und die Frauen benetzten mit ihrem Ringfinger ihr drittes Auge, mitten auf der Stirn, um sich besonders auf ihre Intuition oder eine neue Sicht nach innen und außen einzustimmen.

In der ersten Runde erzählten die Frauen davon, was ihnen zurzeit in der Natur begegnete und wie sie sich fühlten: Schneeglöckchen, Haselstrauch, Weidenkätzchen, Wildgänse, Schwäne und Rehe; mehr Licht und Helligkeit; kalter Wind; ein Gefühl des nahtlosen Übergangs vom Winterschlaf zur Frühjahrsmüdigkeit, die Ahnung des Frühlings, Neugier und Vorfreude auf das Neue.

Im Vortrag sprach ich über die Themen Neuanfang, Klärung und frische Energie. Zum Schwerpunkt des Abends wurde die Kraft unserer Kindheit und Pubertät. Und so begaben wir uns nach einer kurzen Atem- und Entspannungsübung auf eine Fantasiereise zu dem Kind, das wir einmal waren.

Dieses innere Kind, mit seiner Lebendigkeit und Eigenwilligkeit, ist bei vielen von uns verschüttet worden, oft in schmerzlichen Prozessen der Anpassung an die Wünsche und Vorstellungen unserer Eltern und der Umwelt. Und wir haben im Erwachsenenalter oft Mühe, uns wieder anzuschließen an diese einmalige und besondere Kraft unseres inneren Wesens.

Nach der Fantasiereise erzählten die Frauen im Erfahrungsteil, welche Bilder und Erinnerungen in ihnen aufgestiegen waren. Viel Schwe-

res, viel Schmerz und viel Trauer über die Erfahrungen der Kindheit tauchten auf, aber auch Bilder von Kraft, Kreativität, Eigensinn und Mut.

Danach bewegten wir uns zu einer leichten, anregenden Musik im Raum und schüttelten das Schwere von uns ab. Allmählich fanden wir durch den Tanz der Luftgöttin Yansa wieder zu unserer lebendigen Energie.

Anschließend zogen wir uns warm an und gingen hinaus in den winterlichen Garten. Wir fassten uns bei den Händen und schritten, wie in einer Prozession, langsam, bedächtig und schweigend durch den dunklen Garten. Wir spürten die frostige Kälte und die klare Luft, die uns umgaben, sahen den dunklen Nachthimmel, das Sternenfunkeln und den Mond, hörten die unablässigen Verkehrsgeräusche, vor allem die Flugzeuge in der Luft. Wir versammelten uns um die Feuerschale, in der zu dieser Zeit das Regenwasser zu Eis erstarrt war und in deren Mitte wir eine weiße Kerze gestellt hatten, und bildeten einen Kreis. Eine Frau schlug ein Tamburin an, und wir tanzten erst langsam, dann immer ausgelassener und fröhlicher, mal links-, mal rechtsherum um die Eisschale, und sangen die Kinderlieder, die uns gerade einfielen.

Als Nächstes machten wir draußen im Dunkeln, jede für sich allein, eine Atem- und Energieübung. Wir stellten uns vor, wie bei jedem Einatmen die Flamme der Inspiration wie ein heller Lichtstrahl durch unser

Scheitel-Chakra oben auf der Schädeldecke in uns einfloss und unser inneres Feuer neu entfachte.

Dann stellten wir uns noch einmal rund um die Eisschale ganz eng in einem Kreis zusammen, summten und wiegten uns sanft und gingen nach einer Weile, wiederum schweigend, zurück in den warmen, hell erleuchteten Raum.

Drinnen spürte jede Frau der Erfahrung, die sie gerade gemacht hatte, in einer stillen Meditation nach. In der anschließenden Mitteilungsrunde sprachen die Frauen über das, was sie am meisten beeindruckt hatte, und jede zündete ein Teelicht an als Symbol für die Kraft und Hoffnung, die sie von dem Abend mitnehmen wollte.

Wichtig waren für uns Frauen an jenem Abend folgende Dinge: Eine hatte in der Kälte die innere Wärme gespürt; eine andere hatte das Silberlicht des Mondes hinter den Zweigen der Tanne gesehen und sich dem Mond ganz nah gefühlt; eine hatte in der kalten Winterluft Klarheit und Freiheit erlebt; eine weitere hatte die erdigen Gerüche und den Kräuterduft wahrgenommen, der unter unseren stampfenden, tanzenden Füßen entstanden war; eine hatte beim gemeinsamen Wiegen im Kreis wohlige, wortlose Verbundenheit gefühlt; eine hatte die Belebung im Kreis und Dankbarkeit für die Tamburinmusik empfunden; eine andere hatte erfahren, dass allein zu stehen angenehm war bei dem dennoch starken Gefühl, zur Gruppe zu gehören; eine hatte in den warmen Händen der Frauen viel Energie und im Kreis Geborgenheit gespürt; eine Weitere hatte kindliche Freude empfunden, als wir miteinander im Kreis sangen und tanzten; eine hatte im Tanz, bei dem wir uns unter Sternengefunkel und Flugzeugblinken im Kreise drehten, das Chaos erlebt, das dann von allein seine Ordnung fand.

Nach der Mitteilungsrunde ließen wir die Schale mit den kleinen Bergkristallen und die Teelichter im Kreis herumgehen, und jede Frau nahm sich einen Stein und ein Teelicht zur Erinnerung an den Abend mit nach Hause.

Zum Abschluss des Rituals zum Brigid-Fest fassten wir uns noch einmal an den Händen, verbeugten uns tief vor der Mitte, dankten all den Anwesenden und den guten Energien, die uns begleitet hatten. Eine Frau hatte Salbeitee mitgebracht, und so saßen wir noch eine Weile zusammen, tranken den Tee und redeten miteinander.

Die Zeit um die Frühlingstagundnachtgleiche

Der Frühlingsbeginn am 21. März
Gleichgewicht und Wachstumskraft

Jahreszeit: Frühling

Die Tage werden nun spürbar länger, und auch die Wärme der Sonne wird allmählich intensiver. Jetzt geht die Sonne bereits morgens um 6.25 Uhr auf; der Sonnenuntergang ist erst um 18.35 Uhr. Die Zeit der Helligkeit ist von 9 bis 10 Stunden auf 12 Stunden angewachsen, die Dämmerung mit eingerechnet, ist es jetzt ca. 14 Stunden am Tag hell (zur Erinnerung: Im Dezember beträgt die Sonnenzeit nur ca. 8 Stunden pro Tag). Jetzt sind der Tag und die Nacht gleich lang.

An dieser Stelle im Jahreskreis geht die dunkle Jahreshälfte in die helle über. Tag und Nacht, Helligkeit und Dunkelheit halten sich zwar gerade die Waage, sie befinden sich in Balance, und dennoch ist dies eine sehr spannungsgeladene Zeit. Es ist eine Zeit des Kampfes zwischen den Kräften des Winters, der noch nicht zu Ende ist, und denen des Frühlings, der sich nicht aufhalten lässt. Und auch dieser Gleichgewichtspunkt ist, wie wir noch sehen werden, nur von kurzer Dauer, denn die Bewegung der Sonne geht unaufhaltsam weiter in Richtung Wachstum – mehr Wärme, mehr Licht, mehr Sonnenstunden. Der Sonnenbogen zieht sich nun zunehmend höher über den Himmel, und er vergrößert sich: Der Ort, an dem die Sonne aufgeht, verschiebt sich immer weiter nach Nordosten, und der Ort, an dem sie untergeht, wandert in Richtung Nordwesten.

In diesen Frühlingstagen wird das Osterfest gefeiert (Ostara). In manchen Gegenden wird in der Nacht zum Ostersonntag ein Osterfeuer angezündet. Bei uns ist es Brauch, bunte Eier, Schokolade und Osterhasen zu verschenken.

Häufig regnet es in dieser Zeit, hinzu kommt das Schmelzen von Schnee und Eis, und so erleben wir jetzt oft Überschwemmungen. Es ist so, als ob die Erde zu Beginn des Frühlings gut mit Wasser versorgt werden müsste, damit die aufkeimenden Samen sich nähren, wachsen und durch die Erdkrume brechen können. Jetzt ist die Zeit, in der die Säfte in den Bäumen steigen und die Blatt- und Blütenknospen kurz vor dem Aufbruch stehen. In den Gärten und Parkanlagen können wir neben dem ersten Grün das Aufblühen von Frühlingsblühern und Sträuchern erleben. Auch wir können jetzt den Energieschub spüren, der aus der Erde hinauf ans Licht drängt. Das Aufsteigen der Lebenskraft und Lebensfreude ist jetzt besonders deutlich zu spüren.

Astrologische Sichtweise

Nach der astrologischen Betrachtungsweise befinden wir uns zu dieser Zeit am Übergang vom Sternzeichen Fische ♓, einem Wasserzeichen, dessen Planetenherrscher der Neptun ist, zum Sternzeichen Widder ♈, einem Feuerzeichen mit dem Mars als Planetenherrscher.

Bei den Fischen geht es um die Thematik des Loslassens, der Auflösung im Wasser (Gefühl) und durch das Wasser. Das Leben endet in den Urgewässern des Meeres, und ein neuer Zyklus kann beginnen. Der Tierkreis endet mit den Fischen und beginnt wieder neu mit dem Widder. In manchen Kulturen wird jetzt das Neujahrsfest gefeiert.

Der Widder steht für die feurige Yang-Energie des Neubeginns, für Vitalität und Selbstvertrauen. Es geht sowohl um die sexuelle Potenz als auch um die Kraft, sich durchzusetzen, die eigene Energie auszudrücken, eigenständig und eigenwillig zu sein, als Pionier voranzugehen, neu zu beginnen und neue Dinge zu wagen. Es ist das Zeichen für den Durchbruch, für das Dasein in der Welt.

Menschliche Entwicklung

Auf der Ebene der menschlichen Entwicklung ist dies die Zeit des jungen Erwachsenen. Früher galt man erst mit 21 Jahren als volljährig. Viele Frauen nutzen heute die Möglichkeiten dieser Phase: Wissen zu erwerben, zu studieren, eine fundierte Ausbildung zu absolvieren und sich im Beruf zu etablieren und weiterzuentwickeln.

Doch diese Zeit verlangt von jungen Frauen eine oft schmerzliche Anpassungsleistung an die Regeln und Normen der patriarchalisch geprägten Gesellschaft. Einige junge Frauen erleben jetzt die Widersprüchlichkeit der Gesellschaft: Einerseits konnten und sollten sie während der Schulzeit eigenständig denken, leistungsorientiert, erfolgreich, durchsetzungsfähig und auf eine selbstbewusste Berufsplanung hin orientiert sein. Doch um geliebt und anerkannt zu werden in ihren privaten Beziehungen, von einem Partner oder im Freundeskreis, sollen junge Frauen andererseits immer noch in erster Linie einfühlsam sein, sich in die Gedanken und Bedürfnisse anderer hineinversetzen können, freundlich und zurückhaltend sein. Sie sollen bereit sein, andere zu umsorgen und zu versorgen. Und sie sollen den Schönheitsidealen entsprechen. Sind sie nach gängigem Maßstab zu unabhängig, zu selbstbewusst oder zu ehrgeizig, werden sie leicht ausgegrenzt, als egoistisch und unweiblich diffamiert. So wird größtenteils von jungen Frauen insgeheim immer noch erwartet, dass sie sich und ihre eigenen Bedürfnisse zurücknehmen, dass sie den Männern auf allen Gebieten, auch in Beruf und Karriere, den Vortritt lassen und ihr Selbstwertgefühl vor allem daraus beziehen, dass sie besonders gut aussehen und einen möglichst erfolgreichen Mann an ihrer Seite haben.

Viele Frauen heirateten früher mit Anfang zwanzig, bekamen ihre ersten Kinder und übernahmen Familienaufgaben. In den letzten Jahrzehnten hat sich jedoch vieles verändert. Die meisten Frauen heiraten erst sehr viel später oder überhaupt nicht. Die Suche nach einem Lebenspartner oder einer Lebenspartnerin gestaltet sich zunehmend schwierig. Mehrere kürzere oder längere Liebesbeziehungen, auf die immer wieder Trennungen folgen, sind heute keine Seltenheit, genauso wie die Erfahrung, über längere Phasen allein zu leben. Auch der Zeitpunkt der ersten Geburt hat sich bei vielen Frauen auf die Zeit zwischen Mitte 30 und Anfang 40 verschoben.

Thema dieser Lebensphase ist die vollständige Integration der jungen erwachsenen Frau oder des jungen Mannes in die Gesellschaft mit all ihren Normen und Werten. Es geht darum, das Wissen und eigene Ideen und Wertvorstellungen kreativ und mutig in den jeweiligen Lebensbereich einzubringen.

Göttinnen und Mythen

Die Göttinnen dieser Zeit sind die Frühlings- und Vegetationsgöttinnen, die nun wieder aus ihrem totenähnlichen Winterschlaf erwachen und neues Wachstum auf die Erde bringen. Sie werden mit Musik und Tanz, vor allem mit Reigentänzen, begrüßt. Die Göttinnen der Vegetation werden um ihren Segen und um Fruchtbarkeit für die Erde und alles Leben darauf gebeten.

Die junge, freie, intelligente und anmutige Göttin

Eine dieser uralten Göttinnen ist die Vogelgöttin, die als Spenderin des neuen Lebens angesehen und in matriarchalischen Kulturen verehrt wurde. Zu ihr gehört das Ei als Symbol der Fruchtbarkeit.

Die Göttinnen dieser Zeit sind intelligent, strategisch begabt und kreativ. Sie verfügen über vielfältiges Wissen und drücken es in Theorie und Praxis, im Handwerk und in der Kunst aus. Außer für das Kunsthandwerk (Spinnen, Weben, Töpfern) waren die Göttinnen des Frühlings auch für die Goldschmiedekunst, die Rechts- und Staatslehre und die Heilkunst zuständig. Die römischen Grazien z.B. waren Göttinnen, die den Menschen Kunst, Tanz, Musik, Schönheit, Anmut, Freude und Liebe brachten. Der Archetypus ist in dieser Phase die kreative Künstlerin und die rational denkende Wissenschaftlerin, die ihr Wissen klug im Alltag anwendet.

Die römische Minerva oder die griechische Athene sind die klugen, scharfsinnigen und weisen Göttinnen der Kriegs- und der Handwerkskunst sowie der Handarbeit. Sie stehen vor allem für geistige Fruchtbarkeit, Wissensvermittlung, Klugheit und Kreativität, außerdem für die Anwendung des Wissens im Alltag, für rationales Denken und die Herrschaft des Willens und der Intelligenz über die Triebe. Sowohl im Handel und in der Politik als auch in der Heilkunst zeigen sich ihre Kenntnisse. Minerva und Athene, die Göttinnen, die hellsichtig und weise sind, die sich mit der Kraft der Eule verbinden, wurden einst in diesen Frühlingstagen geehrt.

Die Fähigkeiten Athenes, ihre Scharfsinnigkeit und Rationalität, wurden in der von Männern und den Vätern regierten Welt besonders geschätzt, weshalb sie als »Vatertochter« bezeichnet wurde. Es entstand der Mythos, Athene wäre dem Kopf ihres Vaters Zeus entstiegen und deshalb ganz auf der Seite der Männer. Weiterhin wurde ihr nachgesagt, sie hätte dazu beigetragen, dass das neue patriarchalische Recht über das ältere Mutterrecht gestellt wurde.

Die germanische Freya, mächtige Frau und Gebieterin, ist die freie Seite der Liebes- und Muttergöttin Frigg. Freya ist die Anführerin der Walküren. Sie trägt einen federbesetzten Umhang über ihrer zauberkräftigen Halskette aus Bernstein und fährt in einem von Katzen gezogenen Wagen durch den Himmel. Manchmal reitet sie auch auf einem riesigen Eber mit goldenen Borsten. Sie war zum einen die Göttin des Todes und der Unterwelt und zum anderen die Göttin der Sexualität und der irdischen Fruchtbarkeit. Nachdem sie in der dunklen Hälfte des Jahres die Unterwelt durchreist hat, erwacht sie aus ihrem totenähnlichen Winterschlaf und kehrt zurück ins Leben. So steht sie für das wiederkehrende Leben und die wiederkehrende Fruchtbarkeit. Freya gilt als Beschützerin der freien Frauen, und an Freitagen wird ihrer gedacht.

Die germanische Ostara, die dem Osterfest seinen Namen gab, ist die Göttin des strahlenden Lichts und des wiedererwachten Frühlings. Sie erneuert das Leben und bringt neues Wachstum. Ostara ist die Göttin der Reinheit, die weiße Lilie ist ihre Blume. Ihre heiligen Tiere sind der Marienkäfer und der Hase, beides Symbole für Glück und Fruchtbarkeit. Ostara zieht mit ihrem Wagen, vor den Hasen gespannt sind, am frühen Morgen, von Osten kommend, über die Lande und weckt die Lebenskraft der Erde und der Menschen.

Alltagsrituale

Die Zeit, in der wir uns eher nach innen gewendet und mit inneren Themen und Visionen beschäftigt haben, endet jetzt, und wir beginnen, uns wieder mehr nach außen zu orientieren und der realen Welt zuzuwenden.

In dieser Jahreszeit können wir vor allem die Vögel wahrnehmen, die jetzt ihre Nester bauen und zu brüten beginnen. Ihr Gesang, bereichert durch die Stimmen der zurückgekehrten Zugvögel, ist in den Frühlingstagen bis etwa Mitte Juni besonders intensiv am frühen Morgen und am Abend zu hören.

Jetzt locken uns die ersten warmen Sonnenstrahlen und die wärmere Luft hinaus ins Freie. Oft haben wir in den angenehm warmen Sonnenstunden Lust, etwas im Garten zu tun, vertrocknetes Laub oder Pflanzenreste wegzuräumen, den Boden zu bearbeiten, um den aufkeimenden Pflanzen Raum zu schaffen, und selbst neu zu säen und zu pflanzen.

Die Knospen der Bäume brechen allmählich auf, und zu dem frischen, hellen Grün kommen weiße, gelbe und rosa Blüten hinzu. Meist spüren wir in uns – trotz der Frühjahrsmüdigkeit, die uns manchmal bremst und blockiert – eine neue Energie, eine neue Kraft wachsen. Wir haben Lust, hinauszugehen, die milde Luft und die Wärme sowie die Sonne zu genießen und den Duft der blühenden Bäume wahrzunehmen. Und wir verspüren Lust, wieder aktiver zu werden und etwas zu tun.

Die Energie dieser Zeit gibt uns Kraft, etwas Neues zu beginnen, uns hinauszuwagen und anzufangen. Wenn wir offen und sensibel sind für die Energien in der äußeren Welt und die Impulse aus unserem Inneren, können wir mit dieser Kraft fließen. Häufig verspüren wir in diesen Frühlingstagen das dringende Bedürfnis, unsere Wohnungen und Häuser, vor allem die Fenster, zu putzen. In dieser Zeit bietet es sich auch an, die Garderobe durchzusehen, die warmen Wintersachen wegzupacken und leichtere Kleidung, die in den Tiefen der Kleiderschränke aufbewahrt war, zu lüften und bereitzulegen für den Frühling. Früher wurde übrigens zum Osterfest im Frühling – genauso wie auf der anderen Seite des Jahrskreises, zum Herbstbeginn, der oft mit dem Kirchweihfest in Verbindung stand – neue Kleidung angeschafft.

- *Machen Sie in dieser Zeit einen Kleidungscheck. Was passt noch? Was soll neu angeschafft werden? Was kann von den Wintersachen weggepackt oder auch weggegeben werden?*
- *Gestalten Sie Ihren Hausputz einmal ganz bewusst im Einklang mit dem Frühlingsaufbruch. Fließen Sie mit der Energie des Frühlings, spüren Sie, wie Ihre Energie erwacht, und setzen Sie diese Energie in Aktivität um. Genießen Sie den Duft, die Klarheit und die Frische einer geputzten Umgebung.*

In früheren Bräuchen wurde nach der Säuberung des Hauses ein Segnungsritual durchgeführt, indem mit einem frischen grünen Zweig – meist von einer Birke –, der in Salzwasser getaucht wurde, alle Eingänge des Hauses besprengt und damit gesegnet und vor negativen Einflüssen geschützt wurden.

Machen Sie sich bewusst, dass die alltägliche Hausarbeit – Aufräumen, Putzen, Kochen, Spülen, Waschen – untrennbar mit dem Leben verbunden ist. Alles, was lebt, ist in ständiger Bewegung; es braucht Nahrung, macht Unordnung, schafft Chaos und Schmutz. Gerade ist die Küche aufgeräumt und sauber, schon ist sie wieder schmutzig – denn wenn die nächste Mahlzeit zubereitet wird, ist die schöne Ordnung dahin. Erst, wenn etwas tot ist, macht es keine Unordnung und keinen Schmutz mehr.

Wenn wir die Hausarbeit aus diesem Blickwinkel sehen, können wir ihren tieferen Sinn erkennen. Er besteht darin, dass mit ihr tagtäglich das Leben erhalten und weitergeführt wird. Hausarbeit ist demnach eine vielfältige und bedeutsame Arbeit, die Wertschätzung verdient. Und sie kann uns ein Gefühl der Verbundenheit mit all unseren Vormüttern geben, die das Leben bis zu uns weitergegeben und durch ihre tägliche Arbeit erhalten haben. In diesem Sinne kann uns die oftmals auch von uns Frauen geschmähte und entwertete Hausarbeit, die zum größten Teil Frauenarbeit war und ist, ein Gefühl von Erdung geben und uns vielleicht sogar Freude machen, wenn wir sie achtsam und bewusst ausführen.

Die Frühlingszeit gibt uns auch neue Energie, z. B. alte, ungesunde Gewohnheiten zu verändern und frischen Wind in unsere Ernährung zu bringen. Häufig spüren oder bemerken wir den Winterspeck oder die Schlacken, die wir im Winterhalbjahr angesammelt haben – vor allem, wenn wir die Frühjahrsgarderobe anprobieren –, und haben das Bedürfnis, sie loszuwerden.

Ernährungsumstellung und Bewegung

In der Frühlingszeit lassen sich besonders gut Reinigungs- und Entschlackungskuren durchführen. Fasten macht Sie leichter und sensibler, Sie nehmen intensiver wahr, was Sie wirklich brauchen und was Ihnen guttut.

➤ *Befreien Sie sich von alten Schlacken. Das gelingt am besten bei abnehmendem Mond und indem Sie viel trinken, einige Fastentage einlegen und sich dann mit frischem Grün, mit Kräutern, Obst- und Gemüsesäften verwöhnen.*

In diese Zeit passen besonders gut Kuren mit frischen Brennnesseln und Bärlauch. Doch auch Sauerampfersuppe, Löwenzahn- und Spinatsalat haben jetzt Saison.

Ging es seit dem Brigid-Fest vorwiegend um das Entschlacken, so geht es ab dem Frühlingsbeginn um das Wiederaufbauen mit gesunden Kräutern und frischem Grün, das uns jetzt besonders reichlich umgibt. Auch in unserer Lebensführung können wir die Energie des Neubeginns gut nutzen, indem wir damit beginnen, besser für uns zu sorgen.

➤ *Bewegen Sie sich so, wie es Ihnen Freude macht. Gehen Sie spazieren, fahren Sie Rad, walken oder joggen Sie.*

Ausdruck von Kreativität

Manche Frauen haben übertriebene Vorstellungen davon, was Kreativität ist. Sie glauben an die Richtigkeit dessen, was in unserer Gesellschaft verbreitet wird: Kreativ seien nur außergewöhnliche und herausragende Menschen. Doch kreativ, schöpferisch, sind wir durch alles, was wir täglich neu erschaffen. Kreativ können unsere Gedanken sein – wenn wir das, was uns begegnet, mit dem verknüpfen, was wir bisher erlebt und erfahren haben, und wir damit zu einer neuen Erkenntnis gelangen. Kreativ sind wir auch, wenn wir ein Kochrezept oder einen gewohnten Arbeitsablauf abwandeln und etwas Neues daraus entstehen lassen.

Kreativität entsteht immer dann, wenn wir uns ganz auf unsere Entdeckungs- und Experimentierfreude einlassen, wenn wir mit ganzem Herzen bei einer Sache sind und es wagen, unsere Gefühle, Vorstellungen oder Ideen auszudrücken und sie Gestalt annehmen zu lassen.

➤ *Nehmen Sie ein weißes Blatt Papier und zwei verschiedenfarbige Pastellkreiden, eine in die linke, die andere in die rechte Hand. Schließen Sie die Augen, atmen Sie tief ein und wieder aus, spüren Sie ganz tief in sich hinein. Beginnen Sie, mit geschlossenen Augen Ihre Stimmung, die innere Haltung, die Sie jetzt im Moment in sich fühlen, nach außen auf das Papier fließen zu lassen. Lassen Sie zu, dass Sie einfach eine Weile nur Ihre Hände zeichnen lassen – Ihr Kopf, Ihre Pläne haben Sendepause. Nach einer Weile öffnen Sie Ihre Augen wieder und lassen sich überraschen von dem, was ohne Ihre Planung und Kontrolle entstanden ist. Meist drückt das »Gekritzel« oder »Geschmiere«, wie Sie es vielleicht nennen würden, sehr treffend Ihren inneren Zustand aus.*

➤ *Färben Sie gekochte Eier mit bunten Farben. Besonders rot gefärbte Eier sind ein Symbol für die wiedererwachte Lebensenergie. Sie können die gefärbten Eier auch mit einem Filzstift bemalen, z. B. mit Zickzacklinien, Spiralen oder Kreisen, die als Glücks- und Fruchtbarkeitssymbole gelten, und sie dann verschenken.*

- *Wenn Sie zu Ostern backen, dann können Sie die Eier, anstatt sie aufzuschlagen, auch ausblasen. Dazu wird auf beiden Seiten des rohen Eis vorsichtig mit einer Nadel ein Loch in die Schale gestochen, dann pusten Sie durch ein Loch in das Ei, damit der Inhalt auf der anderen Seite herauskommt. Die ausgeblasenen Eier können dann mit bunten Filzstiften bemalt und an einen Frühlingsstrauß oder in die Zweige von Sträuchern im Garten gehängt werden.*

- *Backen Sie aus Hefeteig süße Osterbrote. Oder füllen Sie kleine Blätterteigtaschen mit Marmelade, Äpfeln, Nüssen und Rosinen. Oder formen Sie in Anlehnung an die alten Traditionen Spiralen, Zöpfe und Kränze, die Sie mit gehackten Nüssen oder Mohn bestreuen können.*

- *Drücken Sie Ihre Kreativität in unterschiedlichen Formen aus:*
  - Setzen Sie sich für Ihre Ideale ein, oder engagieren Sie sich für persönliche, soziale oder politische Ziele.
  - Wenn Sie die wilde, kämpferische, freiheitsliebende Amazonenkraft in sich spüren, finden Sie einen Weg, sie auszudrücken.
  - Stellen Sie sich im Beruf oder im Privatleben neuen Aufgaben.
  - Beginnen Sie eine Aus- oder Fortbildung – erwerben Sie das Wissen und die Fähigkeiten, die Sie für Ihre Weiterentwicklung benötigen.
  - Belegen Sie einen Mal-, Sprach- oder Tanzkurs.
  - Schreiben Sie Ihre Ideen, Gefühle oder Erlebnisse in ein Tagebuch, oder versuchen Sie, Verse zu schreiben.
  - Renovieren Sie Ihre Wohnung, tapezieren oder streichen Sie, was immer nach Ihrer Vorstellung Erneuerung benötigt.
  - Nähen Sie sich ein neues Kleid, oder schneidern Sie neue Vorhänge für Ihre Wohnung.
  - Probieren Sie eine kunsthandwerkliche Tätigkeit aus, etwa das Arbeiten mit Speckstein oder Ytongstein.
  - Legen Sie im Garten eine Feuerstelle an, und fassen Sie sie mit acht Steinen für die Eckpunkte des Jahreskreises ein. Sie können an dieser Stelle zu den Festen ein Feuer entzünden oder dort kochen und grillen.

Aktiv werden und handeln

Jetzt ist eine gute Zeit, mit all den Veränderungen zu beginnen, die Sie sich vorgenommen haben. Fangen Sie an, Ihre Ideen, Wünsche und Träume zu realisieren, auch wenn es manchmal schwer ist, die eigene Trägheit oder Unsicherheit zu überwinden.

Zusätzlich schwächen wir uns oft mit inneren Monologen: »Da wird ja sowieso nichts draus.« »Das ist viel zu schwierig.« Oder wir spielen das »Ja, aber ...«-Spiel mit uns selbst: »Ich würde ja so gern, aber es geht aus diesen oder jenen Gründen nicht.« Unterbrechen Sie als Erstes diesen Kreislauf. Hören Sie auf, sich selbst zu verunsichern, sich ihre Ideen auszureden. Denn wenn Sie sich endlich davon überzeugt haben, dass Sie rein gar nichts bewegen können, geraten Sie unweigerlich in das Gefühl, ein hilfloses Opfer der Umstände zu sein. Und als solches geben Sie dann gern den Menschen in Ihrer Umgebung – Ihren Eltern, dem Partner, den Kollegen, den Kindern, der Regierung oder Ihrem Schicksal – die Schuld an Ihrer Misere.

Es gehört viel Ehrlichkeit, Mut und Kraft dazu, sich aus dieser inneren Opferhaltung wieder zu befreien und das Risiko einzugehen, aktiv zu werden und zu handeln. Dazu gehört auch, für unser Handeln die Verantwortung zu übernehmen und zu den Konsequenzen zu stehen. Jede, die handelt, macht natürlich auch Fehler. Doch aus jedem Fehler können wir mehr lernen, als wenn wir uns nur in Gedanken ausmalen, wie wir etwas irgendwann einmal perfekt und erfolgreich hinbekommen könnten.

Die Zeit ist jetzt besonders günstig für neue Vorhaben, denn die aufsteigende, aufbrechende Energie, die uns überall in der Natur umgibt, unterstützt die Realisierung.

Frauenfest

Treffen Sie sich mit Ihren Freundinnen zum Fest der gelbgrünbunten Frau, um die klugen, kreativen, intellektuellen und kunstfertigen Göttinnen zu ehren.

Alle Frauen kleiden sich dazu in Pastellfarben oder in zartgrüne Töne und bringen zu diesem Fest etwas mit, was ihre Kreativität ausdrückt oder ihre intellektuellen oder handwerklichen Fähigkeiten belegt. Das

können bemalte Eier, selbst gebackenes Brot, ein frischer Salat, ein Gedicht oder eine Geschichte sein, ein Zeugnis oder Zertifikat über eine erfolgreiche Aus- oder Weiterbildung, eine Dokumentation ihrer Arbeit, ein gemaltes Bild, ein selbst genähtes Kleid oder ein detaillierter Plan für ein neues Projekt.

Legen Sie zunächst Ihre Produkte in die Mitte, und stellen Sie dann reihum Ihre Werke vor. Sprechen Sie aus, was Sie bisher gelernt und geleistet haben und was Sie in diesem Jahr neu lernen, erreichen und verwirklichen wollen.

Atemübung

Vogelschwingen

➤ *Stellen Sie sich aufrecht und entspannt hin. Schließen Sie die Augen, und atmen Sie ruhig ein und aus. Die Arme hängen locker am Körper herunter, die Handflächen zeigen nach innen in Richtung der Oberschenkel. Heben Sie dann die Hände seitlich im Zeitlupentempo nach oben, bis sich Ihre Handrücken über dem Kopf treffen. Bleiben Sie einige Atemzüge lang so stehen. Führen Sie anschließend die Hände in großem Bogen langsam nach unten, bis Sie wieder in der Ausgangsstellung angelangt sind. Wiederholen Sie diese Übung dreimal. Bleiben Sie dann noch eine Weile ruhig stehen, und spüren Sie der Energie nach, die in Ihnen erwacht ist. (Angelehnt an die Kum-nye-Übungen von Tulku Tarthang: »Selbstheilung durch Entspannung«)*

Begegnung mit der Natur

Gehen Sie bei den milden Temperaturen hinaus ins Freie. Genießen Sie die ersten warmen Sonnenstrahlen auf der Haut, und tanken Sie die Energie der Sonne. Bewegen Sie sich so, wie es Ihnen Freude macht. Achten Sie vor allem auf die Luft, die Sie umgibt.

Einen Baum besuchen

➤ *Machen Sie einen Spaziergang. Achten Sie auf Ihren Atem, die Luft, die Wolken und die Erde unter Ihren Füßen. Lassen Sie Ihre Gedanken los, und versuchen Sie, in der Erfahrung des Augenblicks zu bleiben.*
Wenn Sie einen Baum sehen, der Sie anspricht, dann stellen Sie sich zu ihm und nehmen Kontakt mit ihm auf. Sie können ihn dazu zunächst einfach nur anschauen. Wie ist seine Rinde? Wie ist der Boden, in dem er wurzelt, und wie seine Äste? Wenn Sie den Eindruck haben, dass es sich für Sie und den Baum stimmig anfühlt, dann berühren Sie ihn sacht. Was können Sie in seiner Nähe fühlen? Welche Energie, welcher Geruch geht von ihm aus? Bleiben Sie eine Weile still bei dem Baum stehen oder sitzen, und achten Sie auf das, was in Ihnen vorgeht. Welche Gedanken oder Gefühle tauchen in Ihnen auf? Nach einer Weile verabschieden Sie sich von dem Baum. Bedanken Sie sich für alles, was Ihnen in seiner Gegenwart bewusst geworden ist.
Wenn es Ihnen Freude macht, die Ausstrahlung der Bäume zu entdecken, dann machen Sie es sich zur Gewohnheit, den Bäumen ein Geschenk mitzubringen. Das kann ein schöner Stein, eine Blüte, ein buntes Band sein, oder es können bunte Zöpfe aus Wollfäden sein, in die Sie gute Wünsche eingeflochten haben.

Bewegungsübungen und Tänze

Der Ausgleich der widersprüchlichen Kräfte dieser Zeit – auf der einen Seite der Aufbruch der Energie und auf der anderen Seite die niederdrückende Trägheit und Müdigkeit – wird durch die Achterschleife erfahrbar gemacht. Sie ist gleichzeitig das Symbol für die Unendlichkeit sowie für das immer wiederkehrende Werden und Vergehen. Durch die Bewegung der Achterschleife lassen sich die Energien der polaren Kräfte zu einem ineinanderschwingenden Energiefeld verbinden. Der Achtertanz oder der Tanz der unendlichen Schleife, bei dem die widersprüchlichen Energien integriert und ausgeglichen werden, hat eine spannungsmildernde Wirkung auf Körper, Seele und Geist und ist aus diesem Grund sehr heilsam.

Aber auch Tänze, bei denen wir stampfen und mit denen wir die Energie der Erde scheinbar aufwecken, die wir dann in uns aufnehmen können, passen gut in die Zeit. Reigen- oder Kreistänze, die wir gemeinsam mit anderen tanzen, geben uns ein Gefühl der Verbundenheit mit den anderen Menschen und lassen uns in dieser Zeit des Übergangs zum Frühling die Verbindung mit Himmel und Erde und der ganzen Welt deutlich spüren.

Achtertanz oder Tanz der unendlichen Schleife

➤ *Stellen Sie sich aufrecht hin, schließen Sie die Augen, und lockern Sie Ihren Körper. Beschreiben Sie nach einer langsamen Musik langsam Kreise und liegende Achten, und zwar mit dem Becken, den Schultern, den Händen und Armen, dem Kopf oder auch der Nase, je nachdem, worauf Sie gerade Ihre Aufmerksamkeit richten.*

Hierbei geht es darum, sich sanft zu bewegen und allmählich dem Körper die Führung zu überlassen. So können Sie den Ausgleich der Energie des Hin-und-Herschwingens, die unendliche Verbindung von Unten und Oben, Links und Rechts, im ganzen Körper spüren.

Als Musik eignen sich langsame und fließende Musikstücke (besonders gut geeignet ist Jabrane Mohamed Sebnat: »Meditation der Himmelsrichtungen: Nr. 8, die unendliche Bewegung«).

Tanz des Ossain – leicht werden wie ein Blatt

Bei diesem Tanz geht es um die Energie des Wachsens. Wachstum erfordert Geduld und lässt uns erfahren, dass alles seine Zeit hat. Die Energie fließt bei diesem Tanz von der Erde aufwärts, durchströmt, nährt und füllt den Körper allmählich mit Wachstumskraft.

Die Vorstellung, ein Baum zu sein, in dem die Säfte nach oben steigen bis in die unzähligen Blätter, die einerseits fest mit den Ästen verbunden sind und die sich andererseits leicht, flirrend und schaukelnd im Wind bewegen, lässt ein sanftes, zum Himmel strebendes Strecken entstehen. Die Fingerspitzen nehmen, wie die Blätter am Baum, die Energie der Sonne auf und lassen sie, wie in einem Kreislauf, wieder zurück in die Wurzeln fließen. (Vgl. Kaye Hoffman; Musik Rolf Exler: »Von Göttern besessen«)

➤ *Bewegen Sie Ihre Hände und Finger leicht und flatternd in die Höhe, strecken Sie, wie ein Baum, Ihre Blätter dem Sonnenlicht entgegen. Stellen Sie sich vor, wie Sie – genährt von der Sonne, der Luft und dem Kosmos – die Energie wieder nach unten in Ihre Wurzeln fließen lassen.*

Fantasie- und Trancereisen

Wachsen

➤ *Setzen oder legen Sie sich entspannt hin, atmen Sie tief aus und wieder ein, und lassen Sie los. Bei jedem Atemzug können Sie spüren, wie Sie sich tiefer entspannen und sich ein Wohlgefühl in Ihnen ausbreitet.*
Stellen Sie sich vor, Sie wären ein Samenkorn, das tief in der Erde ruht. Sie spüren, wie Sie ganz langsam aus Ihrem tiefen Winterschlaf erwachen. Jetzt ist die Zeit zum Wachsen gekommen. Vorsichtig beginnen Sie, sich zu strecken, auszubreiten, die Schale um Sie herum bricht auf. Ihre Wurzeln recken sich tief in die Erde hinein, die Sie hält und mit allen Nährstoffen versorgt, die Sie brauchen.
Ein feiner Keim treibt nach oben in Richtung der Sonnenwärme, und Sie spüren, wie sich Ihre ersten grünen Blättchen entfalten. Und so, wie Ihre Blätter und Stängel immer weiter nach oben schießen und sich kräftig recken, genauso kräftig wachsen auch Ihre Wurzeln, geben Ihnen festen Halt und versorgen Sie mit der Nahrung, die Sie brauchen.
Genießen Sie das Gefühl, sich auszubreiten, groß zu werden und sich zu entfalten. Spüren Sie, wie gut es ist, die zu werden, die Sie sind.
Lösen Sie sich dann allmählich von diesen Bildern, und kommen Sie zurück in Ihr Alltagsbewusstsein.

Vogelkraft erleben

➤ *Setzen oder legen Sie sich entspannt und mit aufrechter Wirbelsäule hin. Achten Sie auf Ihren Atem, und lassen Sie alles Überflüssige los. Fühlen Sie sich von der Erde getragen, und spüren Sie, wie Sie sich immer mehr entspannen.*
Stellen Sie sich nun vor, Sie befänden sich in einer weiten Landschaft und schauten den Vögeln zu. Lassen Sie einen ganz bestimmten Vogel allmählich immer deutlicher werden. Was ist das für ein Vogel? Ist es ein kleiner, ein großer? Wo lebt er? Was macht er?
Stellen Sie sich dann vor, dass der Vogel zu Ihnen kommt und Sie auf seinen Flug mitnimmt oder dass Sie sich in diesen Vogel verwandeln. Lassen Sie sich die Zeit, zu spüren, wie es ist, in den weiten Himmel zu fliegen, vom Wind getragen zu werden und die Erde von oben zu sehen.

Wie fühlt es sich an, frei wie ein Vogel zu sein? Nehmen Sie sich Zeit für diese Vorstellung.
Stellen Sie sich dann allmählich darauf ein, zurück auf die Erde zu kommen. Sie landen ganz sanft auf der Erde. Bedanken Sie sich bei dem Vogel, der Ihnen diese Erfahrung ermöglicht hat, indem er Sie in seine Welt mitgenommen hat, und verabschieden Sie sich.
Nehmen Sie jetzt Ihren Körper wieder wahr, so, wie Sie gerade hier sind. Atmen Sie tief durch, dehnen oder strecken Sie sich. Zum Schluss öffnen Sie die Augen: Seien Sie willkommen im Hier und Jetzt.

Das Element Luft im Osten – Luftmeditation

➤ *Achten Sie bewusst auf die Luft, die Sie umgibt und die Sie atmen. Entspannen Sie sich, schließen Sie die Augen, und stellen Sie sich das Element Luft in allen möglichen Formen vor: als leichten Wind, kalten Sturm oder wilden Orkan, als eine warme Brise oder einen milden Lufthauch. Stellen Sie sich vor, Sie verbänden sich mit dem Element Luft und würden zur Luft. Wie fühlt es sich an, Luft zu sein? Was erleben Sie? Wie geht es Ihnen?*
Bedanken Sie sich bei der Luft für die gemachte Erfahrung, und lösen Sie sich dann wieder von Ihren inneren Bildern. Nehmen Sie Ihren Körper wahr, und kommen Sie erfrischt und gestärkt in Ihre Gegenwart zurück.

Heilsame Analogien

Hier vorgestellt finden Sie einige Bereiche, in denen sich die Energien der Aufbruchzeit des Frühlings ausdrücken können. Sie sollen eine Anregung für Sie sein, sich selbst auf die Suche nach dem Ausdruck der Kräfte der Zeit zu machen. Die Tiere und Pflanzen, die ich hier nenne, sind nur als Beispiele zu verstehen.

Energie

Feuer, Erde, Luft und Wasser – das harmonische Zusammenspiel aller Elemente; die Feuerkraft des Neubeginns, des Aufbruchs und Durchbruchs; die nährende und stabile Kraft der Erde; die befreiende und leichte Kraft der Luft und die Wasserkraft zur Ernährung des Neuen

Zeit

der Sonnenaufgang und der Beginn des Frühlings; die Zeit des Wachsens

Orte

der Osten, einsame Landschaften, weite Ebenen, aber auch Fjorde und steinige Hänge sowie knospende Streuobstwiesen und frisch bestellte Felder

Themen

Frühlingserwachen; mehr Sonne und Wärme; Ideen in die Tat umsetzen; Wissen erwerben; Kreativität; Wendung nach außen

Farben

Alle bunten und leuchtenden Farben, die die Vielfalt der Natur verkörpern: Grün in allen Schattierungen – von Gelbgrün über Silbriggrün bis zu Dunkelgrün –, aber auch Gelb, Orange, Rot und Violett

Mineralien – Chrysopras, Calcit und Bernstein

Der Chrysopras ist ein grüner Heilstein, der schon von Hildegard von Bingen zur Entgiftung eingesetzt wurde. Körperlich regt er außerdem die Entschlackung an, hilft bei Hautkrankheiten und fördert die Fruchtbarkeit. Spirituell vermittelt er die Erfahrung, Teil eines größeren Ganzen zu sein. Er soll zudem den Gerechtigkeitssinn fördern und zur Wahrheitssuche anregen. Er hilft seinem Träger, diese Suche mit Geduld zu betreiben. Auf seelischer Ebene schenkt er dem Träger Vertrauen in sich selbst und befreit von belastenden Bildern aus der Kindheit. Mental hilft er bei der Überprüfung, ob die eigenen Handlungen im Einklang mit höheren Idealen stehen.

Der gelbe Calcit wirkt entwicklungsbeschleunigend und hilft damit seinem Träger, aus von Stagnation geprägten Situationen herauszufinden und Ideen in die Tat umzusetzen. Weiterhin verleiht er Selbstvertrauen und Standfestigkeit. Bernstein fördert ein sonniges, selbstbewusstes Wesen. Er macht spontan und aufgeschlossen, vermittelt Fröhlichkeit und Sorglosigkeit. Er fördert die Kreativität und den Selbstausdruck. (Vgl. Michael Gienger: »Die Steinheilkunde«)

Tiere – Amsel, Eule, Hase, Schaf und Widder

Die Amsel verzaubert uns mit ihrem Gesang und lässt uns mit den zeitlosen spirituellen Wahrheiten in Kontakt kommen. Sie will uns daran erinnern, dass nur das harmonische Zusammenwirken aller Kräfte und Elemente Vitalität und Gesundheit bringt.

Die Eule steht für Aufmerksamkeit, Beobachtungsgabe und Objektivität. Sie ist ein Symbol für Weiblichkeit, für die Nacht und für den Mond. Viele Heilerinnen betrachten die Eule als ihr Krafttier, denn Eulen sind von jeher die Begleiterinnen der weisen Frauen. Sie geleiten ihren Schützling von einer in eine andere Welt oder in eine andere Zeit. Tod und Wiedergeburt, Ende und Neuanfang sind die Themen, die die Eule ankündigt. Eulen waren Athene zugeordnet, der Göttin der Weisheit im antiken Griechenland.

Der Hase ist ein Symbol für die Göttin, für Weiblichkeit und für Fruchtbarkeit. Er verkörpert Glück und inneres Gleichgewicht, Schnelligkeit und Intuition, Wiedergeburt und Unsterblichkeit. Er erinnert uns daran, den Zyklen der Jahreszeiten zu vertrauen und uns nicht durch zu viel Ängstlichkeit und Vorsicht selbst zu verunsichern.

Das Schaf steht für Geduld, Wärme und Geborgenheit. Außerdem ist es ein Symbol für Sanftmut, Friedfertigkeit, Fruchtbarkeit und Nahrung. Schafe schenken uns Milch, Wolle und Fleisch. Das männliche Schaf, der

Widder, steht zudem für Stärke und Durchsetzungskraft, sexuelle und erotische Potenz, für Stabilität und Erdung, außerdem für die Kraft, neue Projekte in die Tat umzusetzen. (Vgl. Anja Senser/Klaus Lang: »Heilbuch der Druiden«)

Bäume und Sträucher – Weide, Buche und Eberesche

Die Weide (*Salix alba*) braucht feuchte Böden und wächst überall auf der Welt. Weiden haben eine unbändige Wachstumskraft und stehen für Fruchtbarkeit und die Wiedergeburt der Natur im Frühling. Sie blühen sehr früh und sind für die Bienen eine erste Nahrungsquelle. Aus den elastischen Zweigen werden Körbe und Besen hergestellt. Die Rinde wurde zu Heilzwecken verwendet; sie enthält Salicin, das fiebersenkend, harn- und schweißtreibend, schmerzstillend und keimtötend wirkt. Um die Weide ranken sich viele Sagen von weisen Frauen und Hexen, die unter den silbrigen Blättern tanzten. Weidenkraft verbindet die Wasser- und die Erdkraft und hilft uns, uns zu regenerieren, weiterzuentwickeln und zu wachsen. Edward Bach (Bach-Blütentherapie) empfahl die Weide für Menschen, die sich vom Schicksal benachteiligt fühlen: Sie fördert die innere Entwicklung dahingehend, dass diese Menschen lernen, die Verantwortung für sich selbst zu übernehmen.

Die Buche (*Fagus sylvatica*) mit ihrer glatten Rinde und ihrem hellgrünen Laub wirkt majestätisch und wird manchmal als die Mutter der Wälder bezeichnet. Bucheckern sind eine beliebte Nahrung für Schweine, die wiederum die heiligen Tiere der großen Göttin waren. Buchen haben eher flache Wurzeln, in sie soll der Blitz nicht so häufig einschlagen wie in andere Bäume. Ihr Holz wird gern im Haus- und Möbelbau verwendet, aber auch als Brennholz geschätzt. Buchenblättertee hilft bei Verbrennungen und Erfrierungen und bei Hautausschlägen. Buchen verbreiten einen feinen Duft und Kühle. Edward Bach setzte die Essenz der Hainbuche bei Menschen ein, die geistig erschöpft sind: Sie finden durch sie wieder zu geistiger Frische. Bei Menschen, die zu kritisch sind, setzte er die Essenz der Rotbuche ein: Sie verhilft ihnen zu mehr Toleranz und Mitgefühl.

Die Eberesche (*Sorbus aucuparia*) ist mit ihren orangeroten Beeren der Lieblingsbaum der Amseln. Sie wirkt leicht und licht und galt als Symbol für das Wiedererwachen der Natur im Frühling. Sie wurde von den Kelten

und den Germanen als Glücksbringer betrachtet sowie als Schutzbaum, der auch bei Blitzen Obdach bot. Verwendet werden ihre Blüten als Mittel gegen Husten und ihre Beeren wegen ihres hohen Vitamin-C-Gehalts. Die Ebereschenkraft schenkt Wachstum, Fruchtbarkeit und neue Energie. (Vgl. Gisela Preuschoff: »Die heilende Kraft der Bäume«)

Heilpflanzen – Löwenzahn, Wermut, Ingwer, Mönchspfeffer, Brennnessel

Löwenzahn (*Taraxacum officinale*), der von vielen Menschen als Unkraut angesehen wird, ist ein wichtiges Heilkraut bei rheumatischen Beschwerden und bei Gicht. Im Frühjahr werden vor allem die Blätter des frischen Löwenzahns verwendet, entweder klein geschnitten als Brotbelag oder in Form von Salat. Die Wurzeln können ausgegraben und für die Zubereitung von Tees getrocknet werden. Löwenzahn enthält viele Vitamine, Mineralien und Bitterstoffe, er wird zur Anregung von Niere und Leber eingesetzt. Für eine blutreinigende und entschlackende Frühjahrskur werden sowohl der frische Saft der Blätter als auch Tee aus getrockneten Wurzeln verwendet.

Wermut (*Artemisia absinthium*) ist eine Heilpflanze: Ein Tee aus seinen frischen Blättern und Blüten entgiftet und stärkt das Immunsystem. Er verleiht Tapferkeit, Wagemut und neue Lebensfreude und hilft dabei, Gefühle, vor allem Zorn, auszudrücken. Getrocknetes Wermutkraut, als Talisman unter der Kleidung getragen, schützt und verleiht Mut; ins Feuer geworfen, zieht es hilfreiche Geister an.

Ingwer (*Zingiber officinale*) als Gewürz oder Tee verabreicht, wärmt und öffnet. Er stärkt das Selbstbewusstsein, schenkt Motivation und Vitalität.

Mönchspfeffer (*Vitex agnus-castus*) reguliert den Monatszyklus, fördert die Fruchtbarkeit, hilft bei prämenstrueller Migräne und in den Wechseljahren.

Brennnessel (*Urtica dioica*) fördert das Feuerelement und damit Aggressionen, Wut sowie Durchsetzungsvermögen. Sie aktiviert zudem die Willenskraft und die innere Kriegerin. In Form von Tee aus frischen oder getrockneten Blättern wird Brennnessel vor allem zur Anregung der Ausscheidung und zur Entgiftung eingesetzt. (Vgl. Elisabeth Brooke: »Kräuter helfen heilen«)

Speisen und Getränke

Ingwer-, Brennnessel- und Wermuttee, alle frischen grünen Blätter, Löwenzahn, Sauerampfer, Bärlauch, Spinat, grüne Soßen und Suppen, Eier, Hefeteiggebäck, scharfe Gewürze wie frische Zwiebeln, Knoblauch, Pfeffer und Chili

Düfte

intensiv, stimulierend, anregend und wärmend; Basilikum zur Reinigung von Räumen und der Aura schenkt Mut und innere Stärke; Hyazinthe hilft, Ideen in die Tat umzusetzen, Altes loszulassen, sich zu »erden« und zu stärken.

Instrumente und Musik

Tamburin, Harfe, Xylophon, Klavier, Andenflöte; bolivianische und italienische Musik sowie Klassik: P. Tschaikowsky, F. Liszt, F. Chopin

Gestaltung eines Festes

Das Jahreskreisfest zwischen dem 21. und dem 23. März
Die Frühlingstagundnachtgleiche

Osten
Frühlings-equinox

Dieses Sonnenfest, das den Aufbruch der Kraft im Frühling ehrt, wird zwischen dem 21. und dem 23. März gefeiert. Auf dem Jahreskreis befindet sich das Fest im Osten.

Es markiert den Sonnenaufgang, den neuen Morgen und den Frühling. Die Energie wendet sich jetzt nach außen in die Welt und manifestiert sich in kreativem Schaffen. Der Gegenpol dieses Festes ist der Herbstbeginn auf der gegenüberliegenden Seite des Jahreskreises, an dem sich die Energie wieder mehr nach innen, hin zum Verarbeiten aller Erfahrungen wendet. Das zugeordnete Element ist in erster Linie die Luft, die sich in den wärmer werdenden Frühlingswinden zeigt. Doch vor allem geht es jetzt um das harmonische Zusammenwirken aller Elemente.

Bei den traditionellen Festen zu dieser Zeit wurden einst die feurigen, männlichen und phallischen Kräfte in der Natur begrüßt, denn: Es ist die Zeit des Wachsens. Die christliche Kirche hat zum Zeitpunkt dieses Festes, das eben ursprünglich das Erwachen der Natur ehrte, das Osterfest gelegt, bei dem es um das Mysterium des Todes und der Wiederauferstehung von Jesus geht.

Das Wort »Ostern« ist abgeleitet vom Namen der heidnischen Frühlingsgöttin Ostara oder Eostre, deren symbolische Gaben – bunte Ostereier, süße Osterbrote und Osterhasen – zu diesem Fest heute noch gern verschenkt werden und an die alten heidnischen Überlieferungen erinnern. Als Symbole für Fruchtbarkeit waren den alten Göttinnen sowohl der Hase als auch das Ei heilig. Wie das Samenkorn hatte das Ei eine besondere Bedeutung, denn in seinem Inneren verborgen liegt der Keim des neuen Lebens. Vor allem das rote Ei war ein Symbol für die von der Göttin neugeborene Lebenskraft. Mit roter Farbe bemalt und mit Schlangen-, Zickzacklinien und Spiralen versehen, die das kosmische Lebensmuster darstellen, soll das Ei die Schöpfungsenergie anziehen und den Besitzerinnen neues Leben schenken.

In manchen Gegenden werden heute noch große Osterfeuer angezündet, die der Reinigung und dem Verbrennen des Alten dienen. Ein anderer Brauch ist es, am frühen Ostermorgen aus einer Quelle frisches Wasser zu schöpfen, denn es soll der Überlieferung nach eine besondere Heilkraft haben und zum Schutz vor Krankheiten dienen.

Auch hat sich in vielen Gegenden noch die Tradition des Gebildebrotbackens als Frühlingsbrauch erhalten. Heute werden allerdings eher Osterbrote, Osterhasen oder Osterlämmer gebacken, früher hingegen waren es – als Ausdruck der Fruchtbarkeit und des ewigen Lebens – vulvaähnliche Formen, Zöpfe, Kreise und Spiralen. Backen galt in matriarchalischen Kulturen als heilige und magische Handlung: Es verkörpert den Transformationsprozess, in dem sich auf rituelle Weise Unsichtbares manifestieren kann. (Vgl. Zariah Voigt: »Ritual und Tanz im Jahreskreis«)

Wir können dieses Fest heute mit folgenden Schwerpunkten feiern:

- aus der Schwere und Müdigkeit zur Kraft des Neubeginns gehen
- Träume und Visionen in die reale Alltagswelt bringen
- Zugang zur Energie der Natur finden (knospende Bäume und fliegende Tiere)
- die eigene Kreativität freilegen und entfalten
- Rationalität und Intelligenz weiterentwickeln
- die vitalen und kreativen, das Wachstum fördernden jungen Göttinnen erfahren

Beispiel für eine Feier

Es folgt nun wieder – zu Ihrer Inspiration – die Beschreibung einer Feier, wie ich sie im Kreise anderer Frauen begangen habe:

In der Mitte unseres Kreises lag an diesem Abend ein grünes Tuch. In der Ecke des Ostens, dem Platz für die Frühlingstagundnachtgleiche, lagen viele Vogelfedern, eine Eulenfigur, gelbe Steine – Citrin, Bernstein, Calcit –, eine Räucherschale mit Kräutern – Süßgras und Wermut. In der Südostecke waren eine Flöte, Schellenstäbe, Rosenquarz und Karneol platziert. In der Ecke des Südens befanden sich eine orangefarbene Kerze, orange und rote Steine – Rubin und Granat – und eine Zimbel. In der Südwestecke waren ein Xylophon, Rasseln, dunkelrote Steine – Blutsteine und Tigerauge. In der Ecke des Westens befanden sich eine Duftlampe, Muscheln, blaue und weiße Steine – Achat, Lapislazuli und Sodalith. In der Nordwestecke lagen eine Trommel, Rasseln, Schellenbänder und schwarze Steine – Obsidian, Onyx und Schörl. In der Ecke des Nordens waren eine Schale mit Sand, in der bunte Eier, Steine und ein weißes Teelicht vom letzten Fest platziert waren, sowie Amethyst, Bergkristall und Malachit. In der nordöstlichen Ecke waren wieder Schellenbänder, zudem Schwanenfiguren, weiße und türkisfarbene Steine sowie eine Flöte. Im Mittelpunkt stand ein Tablett, darauf Primeln, Forsythienblüten und Immergrün.

Das Reinigungs- und Segnungsritual wurde an diesem Abend mit Süßgras, das eine klärende und feine Schwingung hinterlässt, und dem herben Wermut, der unseren Mut anregt, durchgeführt.

In der ersten Runde erzählten die Frauen davon, was ihnen in dieser Zeit in der Natur begegnete und wie sie sich gerade fühlten: Die Farben kehren wieder zurück; Vogelgezwitscher; mehr Leben; Wechselbäder – Regen, Sonne, Kälte; Lebensfreude beim Walken im Wald; Hirsche und Wildschweine am frühen Morgen im Wald; morgens und abends noch angenehm hell; Blumenzwiebeln gepflanzt, Vorfreude auf Wärme und Blühen; neuer Schwung und Lust am Fahrradfahren – aber auch: letztes Jahr mehr Frühlingsgefühle, diesmal immer noch Trägheit.

Im Vortrag ging es um das Spüren der widerstreitenden Kräfte, der Lethargie und Schwere einerseits und der aufsteigenden Lebenslust andererseits, sowie um das Umsetzen von Wünschen in die Realität und um die leichte Energie der Lüfte. An diesem Abend kristallisierten sich die Themen »Ausgleichen der Energie« und »leicht werden wie ein Vogel« als Schwerpunkte heraus. Nach einer kurzen Entspannungsübung begaben wir uns im Erfahrungsteil auf eine Fantasiereise zur Kraft der Vögel. Als Musik hatten wir Deuter ausgewählt. Die Erfahrungen, die die Frauen dabei machten, waren sehr unterschiedlich: Schwan und Adler tauchten auf, aber auch eine Möwe und ein Pelikan, eine Amsel und ein Storch – der weithin sichtbar und dessen Geklapper überall zu hören war –, Gänse, eine Taube, ein Habicht, ein Rotkehlchen und ein Specht. Die Bilder in der Fantasiereise hatten den belebenden und oft Staunen erzeugenden Eindruck hinterlassen, dass es schön wäre, ein Vogel zu sein und sich von der Lebensweise der Vögel inspirieren zu lassen.

Draußen im Garten tanzten wir zu einer ruhigen Andenflötenmusik verschiedene Kreistänze mit einfachen Schrittfolgen, mal linksherum, mal rechtsherum, so, wie es sich in der Gruppe gerade ergab.

Langsam und schweigend gingen die Frauen anschließend durch den Garten, jede für sich allein. Jede hatte ein Instrument als Begleiter/-in auf ihrem Weg bei sich und ging zu der Ecke, der Pflanze, der Wasserstelle oder dem Baum, die/der ihre Aufmerksamkeit gerade besonders angezogen hatte. Manche lehnten sich an einen Baum, andere entlockten ihren Instrumenten leise oder laute Klänge, manche summten oder sangen, und jede hatte Zeit, sich dem zuzuwenden, was ihr gerade wichtig war.

Nach einer Weile versammelten wir uns wieder im Raum zu einer stillen Meditation. In der folgenden Mitteilungsrunde erzählte eine jede, was sie im Garten erlebt hatte: Einer Frau war eine Wasserpflanze ins Auge gefallen. So, wie diese sich vom Wasser tragen ließ, hatte es das Bedürfnis in ihr ausgelöst, nicht mehr so perfekt sein zu wollen und lieber mit dem Wasser zu fließen. Eine andere war zu einer Linde gegangen; sich an diese anzulehnen, hatte sie ihre Stärke spüren lassen. Bei einer weiteren hatte die Dunkelheit ein Gefühl von Abenteuerlust ausgelöst. Eine der Frauen hatte Ängstlichkeit verspürt, als sie mit den Instrumenten Töne machen wollte, sie hatte niemanden stören wollen. Als sie dann mit der rechten Hand die Rassel geschwungen hatte, war ihr das nur mit Anstrengung gelungen, mit der linken war es wiederum ganz leicht gegangen. Sie wollte sich diese Erfahrung mit in den Alltag nehmen. Einer anderen waren Regentropfen und Kühle begegnet; sie hatte einen Baum nass und kalt erlebt, Wassertropfen von einem blühenden Ast geschlürft – es hatte geschmeckt wie Honigwasser. Da waren plötzlich Selbstzweifel aufgetaucht: Darf ich wirklich tun, was ich will? Bei einer Frau war das Bild des Vogels hängen geblieben, und sie hatte das Gefühl von Freiheit gespürt. Es hatte bei ihr die Lust ausgelöst, eine Weiterbildung und Neues zu beginnen.

Als Abschlussritual nahm sich jede Frau ein Instrument und experimentierte damit zunächst leise für sich. Nach einer Weile schwollen die Töne an, und allmählich entstand ein gemeinsamer Rhythmus, ein Lied, das sich anhörte, als wolle es die Frühlingskraft in uns oder in der Natur aufwecken und hervorlocken.

Die Erfahrung, dass jede für sich eine eigene Melodie entstehen ließ, die sich dann ganz von allein einfügte in eine gemeinsame Musik, berührte uns sehr. Wir dankten dem Leben, den Anwesenden, den guten spirituellen oder göttlichen Kräften, die uns umgaben, mit einer tiefen Verbeugung für den Abend.

Die Zeit um Beltane

Das Freudenfest zum 1. Mai
Sinnlichkeit und Lebensfreude

Jahreszeit: Frühsommer

Die Sonne geht nun morgens gegen 5.55 Uhr auf und um ca. 20.45 Uhr (mitteleuropäische Sommerzeit) wieder unter. Die Dauer der Sonneneinstrahlung ist auf knapp 15 Stunden angewachsen. Und wenn wir die Dämmerungszeit hinzuzählen, dann ist es täglich sogar etwa 17 Stunden lang hell.

Die Natur zeigt sich im anbrechenden Monat Mai in herrlichen Farben. Grüntöne in allen Schattierungen – vom zarten, frischen Maigrün bis zum dunklen, satten Laubgrün – sind zu sehen. Viele Blumen, Sträucher und Bäume blühen jetzt in bunter Pracht. Der Duft der unterschiedlichen Blüten liegt in der Luft. Blaue Glyzinien ranken sich ums Haus, weiß-rosa Magnolien und rote oder weiße Kastanien sind zu sehen, ebenso Maiglöckchen, Gänseblümchen und Flieder.

Es ist warm draußen, die Sonne hat an Kraft zugenommen und verleitet dazu, hinauszugehen und die farbenprächtige Fülle mit allen Sinnen zu genießen.

Alle Sinne werden in dieser Zeit angesprochen. Das Sehen der bunten Farben, das Riechen der Blütendüfte, das Schmecken des jungen frischen Grüns der Kräuter, das Hören der Vogelstimmen und summenden Insekten, das Spüren der lauen Luft und der Wärme der Sonnenstrahlen. Es liegen Verlockung und Verführung in der Luft und die Sehnsucht nach Vereinigung und Fruchtbarkeit.

Der alte Brauch, in den Mai zu tanzen, wird in vielen Gegenden auch heute noch gepflegt. Manchmal wird ein Maibaum aufgestellt, der mit bunten Bändern geschmückt ist und ein Symbol für Fruchtbarkeit und Lebenslust darstellt.

Jetzt beginnt auch wieder die geheimnisvolle Zeit, in der wir in der Abenddämmerung die Feen und Pflanzengeister spüren und wahrnehmen können, die in den Gärten, auf Wiesen oder Waldlichtungen tanzen. Das Buch von Jeanne Ruland »Feen, Elfen, Gnome« gibt viele Anregungen, wie und wo wir mit den Naturgeistern in Kontakt kommen können.

Astrologische Sichtweise

Das Beltane-Fest ist mitten im Sternzeichen Stier ♉, einem Erdzeichen mit der Planetenherrscherin Venus, angesiedelt. In diesem Zeichen geht es darum, Frieden zu schließen, zur Ruhe zu kommen und das Leben zu genießen. Kunst, Ästhetik und Handwerk sind diesem Zeichen genauso zugeordnet wie Körperlichkeit, Schönheit und Sinnlichkeit. Nach der eher kämpferischen und aggressiv-aufbrechenden Yang-Kraft des Widders geht es jetzt um die Yin-Kraft, das rezeptive Aufnehmen, Annehmen und das Genießen der Freuden des Lebens. Das Leben in seiner überquellenden Fülle wird im Hier und Jetzt erfahren und gelebt. Venus steht für die lustvolle, weibliche Sinnlichkeit, Schönheit und Sexualität.

Menschliche Entwicklung

Auf der Ebene der menschlichen Entwicklung entspricht diese Zeit der Lebensphase von Mitte zwanzig bis Mitte dreißig. Für Frauen ist die Lebenswende um dreißig oftmals eine kritische Zeit, denn sie spüren das Ticken der biologischen Uhr. Die Angst vor dem Älterwerden taucht auf, und bei vielen wird nun die Kinderfrage akut. Jüngere Frauen setzen sich in dieser Phase intensiv und realistisch mit ihren Vorstellungen und Wünschen und ihren unterschiedlichen Lebensentwürfen auseinander: voll oder teilweise berufstätig sein, allein oder in einer Beziehung leben, mit oder ohne Kinder, alleinerziehend oder als Ehefrau und Mutter. Nicht wenige Frauen erleben diese Zeit als krisenhaft und fühlen sich überfordert, wenn sie solch folgenreiche Entscheidungen, wie zum Beispiel ein Kind zu bekommen, ganz bewusst treffen sollen. Denn in der heutigen Gesellschaft bedeutet diese Wahl für Frauen immer noch, dass sie sich auf Jahre hinaus entweder gegen ihre berufliche Weiterentwicklung oder für eine immense Arbeitsbelastung entscheiden. Mütter erfahren nur wenig Unterstützung, wenn sie beides, Beruf und Kinderbetreuung, unter einen Hut bekommen wollen.

Häufig verändert sich in dieser Zeit auch der Freundeskreis, denn die Interessen und Lebensumstände der Frauen, die sich für eine Partnerschaft und ein Kind entscheiden, gehen in eine andere Richtung als die

Interessen und Lebensumstände der kinderlosen Frauen. Die Möglichkeit, sich zwischen Beruf und Kind oder für Beruf und Kind zu entscheiden, wird oft als schwere Bürde empfunden und löst viele Ängste aus: Treffe ich die richtige Wahl? Werde ich die Konsequenzen tragen können?

Oft finden Frauen erst in diesem Lebensalter den Mut, zu sich selbst zu stehen, sich selbst, so wie sie sind, anzunehmen, sich als schön und weiblich zu erleben und sich nicht mehr so abhängig zu machen von den gängigen Schönheitsidealen und den Wünschen ihrer Partner und der Umwelt. Viele finden in dieser Zeit einen neuen Zugang zu ihrem Körper, zu ihrer eigenen, ganz besonderen Sinnlichkeit und Sexualität sowie zu ihren eigenen Wünschen und Bedürfnissen. Diese Zeit ist für viele Frauen eine Hochphase, in der sie vielfältige Erfahrungen machen und ihr Begehren und ihre Leidenschaft, ihre Lust und Liebe, Erotik und Lebendigkeit mit allen Sinnen auskosten.

Göttinnen und Mythen

Die Göttin in ihrer jungfräulichen, weißen Gestalt transformiert sich nun zur lustvollen, sinnlich-erotischen roten Göttin der Liebe und der Leidenschaft. Der Archetyp ist die Liebende, die für sexuelle Ekstase, Leidenschaft und die zügellose Potenz der Göttin steht. Ihr Symbol ist der volle Mond.

In den Überlieferungen geht es in dieser Phase um die heilige Hochzeit, die im Göttinnenkult gefeiert wurde. Es geht um gegenseitiges Begehren, um Sinnlichkeit und sexuelle Lust, um Geben und Nehmen, um Verschmelzung und Fruchtbarkeit. Die kraftvolle, lustvolle Göttin, die sich mit einem ebenbürtigen Gott vereinigt und neues Leben hervorbringt, ist Sinnbild dieser Zeit.

Der römischen Göttin Flora wird in den Tagen vom 1. bis zum 3. Mai gedacht. Alle Blüten und Blumen, deren Düfte zu den Gottheiten aufsteigen, stehen unter ihrem Schutz. Sie ist die Göttin der Blumen und der üppigen Vegetation. Flora wurde aber auch als Göttin der Freiheit, der Erotik und der Sexualität verehrt. In ihrem Kult wurde der nackte weibliche Körper verehrt, vor allem die Schönheit der Vulva und der weiblichen Geschlechtsorgane. Die Nacktheit und die unbekümmerte Leidenschaft

stehen unter ihrem Schutz, genauso wie die Promiskuität, die Liebe zu unterschiedlichen Partnern sowie die Prostitution. Flora ist die Hüterin der Sinnlichkeit und der Fruchtbarkeit; sie lässt sich nicht einsperren oder gar an eine Ehe binden.

Astarte steht ebenfalls für freizügige Sexualität. Sie liebt, ohne Früchte zu tragen, und zieht mit Feuer und Schwert in den Krieg. Sie symbolisiert als Abendstern die Göttin des Verlangens. Ihre Pflanzen sind der rote und weiße Akazienbaum und die Zypresse, ihre Tiere die Löwin, die Schlange und die Taube.

Die römische Venus ist die Göttin der Liebe, der Schönheit und der Ästhetik, des Genusses und der Heiterkeit. Rosen und Myrten sind ihre Lieblingspflanzen. Sie ist die Schöpferin aller Dinge, ist sowohl Garten- und Frühlingsgöttin als auch die Göttin, die Sinnlichkeit, Begehrlichkeit, sexuelle Leidenschaft und die Liebe in uns erweckt. Venus schenkt uns die Gabe, unsere Weiblichkeit und Schönheit wahrzunehmen und sie stolz zu genießen. Sie lässt unsere Leidenschaft und unser Begehren entflammen und fördert damit die Fortpflanzung und das Weitergeben des Lebens über Generationen hinweg. Sie steht für die Liebe, dafür, sich selbst annehmen und lieben zu können, denn dies ist Voraussetzung dafür, dass wir auch andere zu lieben vermögen. Sie erinnert uns daran, dass freie Liebe uns wachsen lässt und uns kreativ macht, dass sie uns unser innerstes Potenzial und das der anderen entfalten lässt.

Die griechische Aphrodite ist die Göttin, die aus der Verschmelzung des Samens des Gottes Uranus mit den Wellen des Meeres entstanden ist. Sie wird auch »die Schaumgeborene« genannt; das Meer ist ihre Heimat, und die Muschel ist ihr Symbol. Sie ist eine Göttin der Liebe und der Fruchtbarkeit. Sie steht für die Frau, die sich nimmt, was sie will, und die liebt, wen sie will. Sie gebar viele Kinder von unterschiedlichen Liebhabern, obwohl sie mit Hephaistos verheiratet war. Sie steht für Sinnlichkeit

und Freizügigkeit und ist eine Verkörperung der Liebe, die sich nicht einschränken lässt, die sich frei entfaltet und die ständig neues Leben hervorbringt. Der Wunsch, zu erkennen und erkannt zu werden, ist das, was Aphrodite erzeugt. Führt dieser Wunsch zu körperlicher Intimität, so können daraus eine Schwangerschaft und neues Leben entstehen. Ist die Vereinigung eine Vereinigung des Geistes, des Herzens oder der Spiritualität, dann entsteht neues Wachstum auf der psychologischen, gefühlsmäßigen oder spirituellen Ebene. (Vgl. Jean Shinoda Bolen: »Göttinnen in jeder Frau«)

Inanna ist die Göttin der Liebe und der Fruchtbarkeit in ihrer Vollmondphase. In der orientalischen Liebespoesie ist der Mond in seiner Fülle das Urbild weiblichen Liebreizes. Im Garten der Liebe erlebt sie mit ihrem Geliebten Dumuzi die Wonnen einer Liebe, bei der Geben und Nehmen, männliche und weibliche Energien, gleich stark sind, sie erregen sich und stillen einander im stetigen Wechselspiel. Die Heilige Hochzeit der Liebesgöttin mit ihrem Geliebten lässt Himmel und Erde, Mensch und Tier und die Pflanzenwelt an ihrer Schöpfungskraft teilnehmen. Die Liebesumarmung ist heilig, die religiöse Erotik ist verwoben mit dem Alltagsleben. Die Vollmondenergie verlangt völlige Hingabe an die verändernde Kraft der Liebe und Sexualität. (Vgl. Elisabeth Hämmerling: »Mondgöttin Inanna«)

Alltagsrituale

Auch wir verspüren in dieser Phase des Jahres häufig eine neue Lebenslust und Lebensfreude, sind offen für sinnliche und sexuelle Reize und haben das Bedürfnis, mehr von uns und unserem Körper zu spüren und zu zeigen. Wir lassen das Spiel von Verführung, Lust und Begehren im Einklang mit der Schwingung dieser Zeit leichter zu.

Der Drang nach Vereinigung, Ganzheit und Vollendung kann sich sowohl in einer leidenschaftlichen Liebe ausdrücken, auf deren Verwandlungskraft wir uns ganz einlassen, als sich auch in der sexuellen Ekstase mit einem Liebespartner oder einer -partnerin zeigen sowie sich in Fruchtbarkeit offenbaren, nämlich, wenn wir das Leben weitergeben und ein Kind zeugen. Oder wir nutzen diese lebendigen und kraftvollen Energien, um uns kreativ auszudrücken und unsere geistigen Projekte ins Leben zu bringen.

Der unterschiedliche Umgang mit diesen Energien zeigt deutlich die Verschiedenheit der Menschen: Manche sehnen sich von ganzem Herzen nach einer großen Liebe und nach Partnerschaft; manche nach einem Kind; anderen dagegen sind diese Wünsche fremd, und sie suchen nach einem leidenschaftlichen künstlerischen Ausdruck ihres inneren Potenzials.

In dieser sehr einladenden und anregenden Zeit haben wir häufig das Bedürfnis, hinauszugehen in die Natur und sie mit allen Sinnen aufzunehmen und zu genießen.

➤ *Hören, sehen, riechen, tasten und schmecken Sie die Atmosphäre um sich herum. Machen Sie ganz bewusst einen Spaziergang oder eine Fahrradtour, oder genießen Sie die Schönheit und Pracht eines Parks oder eines Gartens.*
Schmücken Sie Ihr Zuhause mit Blüten und frischen Düften. Verwöhnen Sie sich, Ihre Familie oder liebe Gäste mit einem üppigen und köstlichen Mahl aus all den frischen Zutaten, die Sie nun auf dem Wochenmarkt bekommen können. Oder bereiten Sie eine Maibowle aus frischem Maikraut zu.

Die Schaffung eines heiligen Raumes – Einen Garten gestalten

Gestalten Sie Ihren Garten oder Balkon so, dass er ein heiliger und damit heilsamer Raum wird. Bitten Sie Flora oder Venus um eine glückliche Hand bei Ihren gärtnerischen Unternehmungen, und pflanzen Sie diesen Göttinnen zu Ehren Rosen und Lilien an. Achten Sie insgesamt auf eine duftende und abwechslungsreiche Bepflanzung. Geben Sie den von Natur aus wachsenden Pflanzen und Kräutern genauso viel Raum wie den kultivierten. Achten Sie darauf, welche Pflanzen sich in welcher Gemeinschaft und an welchem Standort wohlfühlen sowie welche Farben und Blattformen miteinander harmonieren.

Wenn Sie Blumenelfen, Feen und Elementarwesen in Ihren Garten einladen wollen, dann sorgen Sie ...

... für einen stillen Platz, von dem aus Sie Ihren Garten genießen können, z.B. einen Pavillon oder eine Bank zum Ausruhen und Nachdenken;

... für eine Wasserstelle – in Form eines Brunnens, eines Teiches oder eines kleinen Wasserbeckens; es kann auch eine Vogeltränke sein –, die an die lebendige Kraft des Wassers erinnert;

... für ein Windspiel, Glöckchen, Windräder oder bunte Bänder, die Sie in die Bäume hängen und die Ihnen die Anwesenheit des Luftelements signalisieren;

... für eine Feuerstelle, z.B. einen Terrassenkamin, an dem Sie Feuerzeremonien durchführen oder Essen zubereiten können, aber auch Petroleumlaternen, Kerzen oder Fackeln, mit deren Hilfe Sie das Feuerelement erleben können;

... für Skulpturen oder Steinfiguren, die Ihnen bestimmte Stimmungen und Qualitäten vermitteln, z.B. Göttinnen, Menschen, Tiere, Engel, Buddhas oder Figuren, die Sie z.B. aus Ytongsteinen leicht selbst machen können;

... für einen Jahreskreis, den Sie aus neun Steinen legen, oder eine Sonnenuhr, mit der Sie bildlich die zeitlichen Veränderungen und den Kreislauf der Natur erleben und nachvollziehen können;

... für einen Torbogen, der Ihnen die Erfahrung ermöglicht, von einer zu einer anderen Ebene oder Welt zu gehen;

... für einen Altar, an dem Sie über die Natur und das Leben um Sie herum meditieren und Ihren Dank darbringen können, oder einen Platz, an dem Sie Speisen oder Getränke als Geschenke für all die guten Geister hinstellen können, die sich in Ihrer Umgebung aufhalten.

Kräuterkreis

Sie können auch eine Kräuterspirale anlegen, die sich an einem kleinen Hügel, den Sie aus Sand und Steinen gestalten, nach oben windet. Oder Sie pflanzen unterschiedliche Küchenkräuter in einem Kräuterkreis.

Beide, der Kreis und die Spirale, haben eine besondere heilsame Wirkung und Ausstrahlung, die durch den Duft der Kräuter noch unterstützt wird. Eine besondere Energie entsteht auch, wenn sich am Fuß der Kräuterspirale eine kleine Wasserstelle befindet, die die Pflanzen im unteren Bereich mit Verdunstungsfeuchtigkeit versorgt. Dorthin passen dann gut Baldrian, Pfefferminze, Schnittlauch, Petersilie, Sauerampfer und Melisse. Weiter oben pflanzen Sie am besten Kräuter, die Trockenheit und Hitze vertragen: Basilikum, Wermut, Dill, Borretsch, Salbei, Thymian, Majoran, Rosmarin und Ysop.

➤ *Stellen Sie eine Gartenskulptur her. Besorgen Sie sich dazu aus dem Baumarkt einen Ytongstein. Das sind besonders leichte Steine, die sich mit einer groben Feile, einem großen Schraubenzieher, einem Meißel, einem Spachtel oder mit einem stabilen Messer bearbeiten lassen. Zeichnen Sie mit Bleistift ein Motiv auf den Stein, und kratzen, schaben, feilen Sie Vertiefungen, Linien, Symbole hinein – was immer Ihnen einfällt.*

Wichtig ist, dass Sie zu Ihrem Schutz Arbeitshandschuhe tragen und dass Sie im Freien arbeiten, denn bei dieser Arbeit fällt ziemlich viel Staub an.

Lassen Sie Ihrer Intuition und Kreativität freien Lauf, und erleben Sie mit allen Sinnen die Heilkraft, die ein Garten oder bearbeitete Steine ausstrahlen können.

Schutzstern

Die Farben Rot und Grün haben in dieser Zeit eine besondere Bedeutung. Rot ist die Farbe des Blutes, des Menstruationsblutes, das in manchen Fruchtbarkeitsritualen auf die Erde gegossen wurde, um sie fruchtbar zu machen. Es hat eine besondere magische Kraft und wird von mancher Frau dazu verwendet, einen starken Schutzzauber für sich und die Menschen, die sie liebt, zu wirken.

➤ *Einige Tropfen Menstruationsblut in Form eines Fünfsterns, auch Hexenstern genannt, auf die Schwelle oder den Eingang zum Grundstück, Garten oder Haus getupft, soll vor ungebetenen Gästen schützen.*

Baderitual

- *Gönnen Sie sich ein ganz besonderes Baderitual: Schmücken Sie dazu Ihr Bad mit bunten Blütenblättern und Kerzen. Nehmen Sie sich ganz viel Zeit, Ihre Sinne mit dem Duft von Blütenbadezusätzen oder Duftölen anzuregen. Rose, Lavendel, Jasmin, Orangenblüten – was immer Ihnen zusagt. Verwenden Sie Körperlotionen oder Massageöle, die nicht nur Ihre Haut verwöhnen, sondern auch Ihren Geruchssinn betören. Massieren und streicheln Sie Ihre Haut ganz bewusst und zart, und schenken Sie Ihrem Körper Ihre ungeteilte, liebevolle Aufmerksamkeit.*
- *Machen Sie sich bewusst, welche Aufgaben Ihre Haut erfüllt: Sie ist ein empfindsames und hochsensibles Organ, das Sie mit der Umgebung verbindet und Ihnen viele Informationen vermittelt durch das Ertasten von rau und weich, spitz und kantig, glatt und seidig, das Spüren der Temperaturen warm und kalt und vieles mehr. Sie sorgt zudem für den Temperaturausgleich und die Atmung, grenzt Sie nach außen ab, schützt Sie und zeigt Ihre äußere Form. Seien Sie also liebevoll und zärtlich zu Ihrer Haut und zu Ihrem Körper, und akzeptieren Sie ihn, wie er ist.*
- *Schauen Sie in einen Spiegel. Blicken Sie in Ihre Augen, und betrachten Sie Ihren nackten Körper. Versuchen Sie, sich liebevoll so anzunehmen, wie Sie sind, in Ihrem ganz individuellen, einmaligen, weiblichen Körper. Sagen Sie sich selbst, dass Sie einzigartig und schön sind und dass Sie, und zwar sofort, damit beginnen, sich sich selbst gegenüber liebevoll und wertschätzend zu verhalten.*

Frauenfest

Treffen Sie sich mit Ihren Freundinnen zum Fest der roten Frau, zu Ehren der roten, sinnlich und lebensfrohen Göttin. Alle Frauen kleiden sich zu diesem Fest in der Farbe Rot (in allen Schattierungen). Jede bringt ihre Lieblingsmusik mit, nach der getanzt werden kann. Machen Sie ein Feuer, tanzen Sie mit den rot gekleideten Frauen um das Feuer herum. Sprechen Sie über Ihre Erfahrungen mit Liebe, Lust und Leidenschaft, über Liebhaberinnen oder sexuelle Erfahrungen, und erleben Sie sich selbst sinnlich, lebendig, frech und lebensfroh.

Atemübung

Den Vollmond umarmen

- *Stellen Sie sich aufrecht hin, die Füße hüftbreit auseinander, die Knie locker. Legen Sie Ihre Hände wie zu einer Schale vor Ihren Bauch. Stellen Sie sich einen großen vollen Mond vor, an dessen äußerer Rundung Sie mit dem Einatmen die Hände nach oben führen. Schauen Sie nach oben, wenn Ihre Hände sich über Ihrem Kopf wieder treffen. Beim Ausatmen lassen Sie wieder Ihre Hände am äußeren Rand des großen runden Mondes entlangfahren, bis sie sich wieder unten vor Ihrem Bauch treffen. Legen Sie Ihre Handflächen auf eine Körperstelle, die die Energie des Vollmondes jetzt gut gebrauchen kann.*

Begegnung mit der Natur

Feuerkraft erfahren

Das Feuer symbolisiert die Kraft und Wärme der Sonne, die sich nun auf dem Weg zu ihrer größten Fülle befindet.

- *Machen Sie ein Feuer in Ihrem Garten oder an einem dafür geeigneten Platz. Schauen Sie in die Flammen, beobachten und füttern Sie das Feuer mit trockenen Ästen und Zweigen, die beim Frühlingsschnitt Ihrer Sträucher oder Bäume angefallen sind. Sie können auch getrocknete Blumensträuße oder Kräuter vom vergangenen Jahr ins Feuer werfen. Nehmen Sie den Geruch der Kräuter oder des Holzes wahr, wenn sie verbrennen.*
- *Trauen Sie sich, übers Feuer zu springen. Nehmen Sie Ihren Mut zusammen, überwinden Sie mögliche Ängste, und erleben Sie, wie Sie für einen Moment durch die Luft fliegen, wie die Hitze um Sie herum ist, wie Ihre Unsicherheit und Ängstlichkeit verbrennen, wie neue Freude und Lebensenergie in Ihnen erwachen.*

Vom Feuer können wir viel lernen: Es benötigt Brennstoff – Papier, Pappe, Holz, Kohlen und Sauerstoff. Es hat eine transformierende, verwandelnde Kraft. Wir können mit seiner Hilfe Nahrung zubereiten, z.B. sie kochen oder auf der Glut grillen. Es ist lebendig, wechselt ständig seine

Form – mal knistert es, und die Funken sprühen, mal lodern die heißen Flammen, und die rot aufleuchtende Glut verbreitet ihre behagliche Wärme.

Aber Feuer hat auch eine andere Seite: Außer Kontrolle geratenes Feuer kann gefährlich werden und zu einer gewaltigen zerstörerischen Kraft anwachsen.

Auch wir brauchen ein gutes Maß an Feuerkraft und Energie in uns. Haben wir zu wenig Feuer, sind wir müde, kraftlos, starr und kalt; haben wir zu viel davon, sind wir aufbrausend, aggressiv, wütend und explodieren leicht.

Bewegungsübungen und Tänze

Für diese Übungen und Tänze geeignet sind stampfende Rhythmen, z. B. Trommelrhythmen, und Bauchtanzmusik, die Sie mitten im Bauch, im Becken und in den Hüften spüren können. Es sollten Rhythmen sein, die Sie dazu anregen, sich zu dehnen und zu wiegen, das Becken kreisen und wippen zu lassen und sich ganz sinnlich selbst zu spüren.

Bauchtanz

➤ *Stellen Sie sich aufrecht hin, mit lockeren Knien, und spüren Sie den Boden unter Ihren Füßen. Dehnen und strecken Sie sich, und lockern Sie Ihre Muskeln.*
Verlagern Sie dann Ihr Gewicht von einem Fuß auf den anderen, und lassen Sie dabei Ihre Hüften hin und her schwingen. Beschreiben Sie nun mit Ihrem Becken einen kleinen Kreis. Wenn Sie dabei Ihre Arme und Hände locker nach oben strecken, können Sie noch intensiver wahrnehmen, wie Ihre Hüften, Ihr Bauch und Ihr Becken kreisen.
Machen Sie zunächst kleine und langsame Bewegungen, die Sie dann allmählich größer werden lassen. Wenn Ihnen diese Übung guttut, dann legen Sie sich eine Bauchtanzmusik auf, und bewegen Sie sich dazu. Wenn Sie wollen, können Sie sich auch ein Tuch um die Hüften binden, um sie noch besser zu spüren.
Wenn Ihnen diese Art des Tanzens zusagt, empfehle ich Ihnen: Machen Sie einen Bauchtanzkurs! Dabei geht es in erster Linie darum, dass Sie sich selbst besser spüren, mit Ihrer eigenen Sinnlichkeit und Weiblichkeit in Kontakt kommen, und dann erst darum, sich zu zeigen und in Kontakt mit anderen zu kommen.

✶ *Tanzen Sie nackt zu einer Musik, die Ihre leidenschaftliche Energie anfeuert, und gestatten Sie sich, wild und ekstatisch zu tanzen.*

Tanz des Exú – Wege öffnen durch Unverschämtheit

Bei Exú fließt die Energie von der Erde durch die Füße und die schlackernden Knie in die Beine und das Becken, das locker zu schwingen beginnt. Exú gibt sich vulgär, frech und unverschämt und stellt damit Kontakt her zu den Trieben und Impulsen, die oft verschüttet sind. (Vgl. Kaye Hoffman; Musik: Rolf Exler: »Von Göttern besessen«)

➤ *Tanzen Sie Exús Tanz, indem Sie Unbekümmertheit und Unerschrockenheit, Lebenslust und Frechheit zum Ausdruck bringen. Suchen Sie sich eine schnelle, pulsierende Musik, und erlauben Sie sich Becken- und Hüftbewegungen, die obszön und ungewohnt sind. Strecken Sie die Zunge oder den Po heraus, und befreien Sie sich von der Vorstellung, brav sein und eine gute Figur machen zu müssen. Spüren Sie, wie Sie sich mit diesen Bewegungen wieder an Ihre elementare Lebenslust anschließen, um dann, irgendwann, in ein tiefes, befreiendes Lachen auszubrechen.*

Fantasie- und Trancereisen

Ein Besuch bei Aphrodite

➤ *Setzen oder legen Sie sich bequem und mit gerader Wirbelsäule hin. Atmen Sie tief aus und wieder ein, und schließen Sie die Augen. Stellen Sie sich vor, wie Sie in einem wunderschönen Garten Aphrodite, die Göttin der Liebe, treffen. Sie erinnert Sie daran, dass die Liebe das Wichtigste und Höchste im Leben ist.*

Beim nächsten Atemzug lassen Sie um sich herum einen Kreis entstehen, in dem Sie geschützt sind. Stellen Sie sich vor, wie sich dieser Kreis nun allmählich mit Liebe füllt, und zwar so, wie Sie sich die Liebe vorstellen: beglückend, wärmend, erregend, leidenschaftlich, sanft, kraftvoll, dauerhaft, nährend, heilend – wie immer Ihre Vorstellungen und Wünsche sind.

Spüren Sie, dass Sie sich in der Mitte dieses Kreises befinden, und nehmen Sie die Energie der Liebe durch alle Poren auf, bis in die kleinsten Zellen Ihres Körpers und Ihrer Seele. Öffnen Sie sich der Liebe. Lassen Sie sie in sich herein, bis Ihr Herz erfüllt ist und Sie sich angenehm wohlig und satt fühlen.

Bedanken Sie sich bei der Göttin Aphrodite, die Ihnen hilft, die Liebe zu spüren, verabschieden Sie sich von ihr, und lassen Sie ihr ein Geschenk da. Atmen Sie nun einige Male tief ein und wieder aus, öffnen Sie die Augen, und spüren Sie, wie Sie wach und wohltuend gestärkt in Ihrer Gegenwart ankommen.

Blicken Sie sich nach dieser Übung im Spiegel tief in die Augen, und fühlen Sie die unendliche Liebe in sich.

Ein Krafttier finden – Schamanische Reise

Legen Sie eine Kassette oder CD mit 15 Minuten Rassel- oder Trommelmusik bereit (z. B. die Aufnahmen von Felicitas D. Goodman oder Michael Harners »Shamanic Journey Solo and Double Drumming«).

- *Machen Sie es sich bequem, schließen Sie die Augen, und stellen Sie sich darauf ein, eine Reise in die untere Welt zu machen. Stellen Sie sich den Eingang zu einer Höhle oder eine Wendeltreppe vor, die Sie tief in die Erde führt.*
  Lassen Sie während der Rassel- oder Trommeltrance alle Bilder zu, die vor Ihrem inneren Auge auftauchen. Nehmen Sie Ihre Umgebung bewusst wahr.
  Achten Sie vor allem darauf, welches Krafttier Ihnen begegnet. Sie erkennen Ihr Krafttier daran, dass es Ihnen dreimal begegnet. Haben Sie es getroffen, können Sie es etwas fragen, z. B., wenn Sie in einer Sache nicht weiterwissen oder wenn Sie Unterstützung im Alltag benötigen.

Ganesha-Stein

  Am Ende der 15 Minuten verabschieden Sie sich, bedanken sich und gehen den Weg zurück, den Sie gekommen sind. Wenn die Trommelmusik endet, sind Sie wieder wach im Hier und Jetzt.
  Schreiben Sie auf oder malen Sie, was Ihnen begegnet ist, und beschäftigen Sie sich mit dem Wesen des Tieres, das Ihnen als Krafttier erschienen ist. (Weitere Hinweise zur Arbeit mit Krafttieren finden Sie bei Jeanne Ruland: »Krafttiere begleiten Dein Leben«)

Heilsame Analogien

Hier vorgestellt finden Sie einige Bereiche, in denen sich die Energien rund um Beltane ausdrücken können. Sie sollen eine Anregung für Sie sein, sich selbst auf die Suche nach dem Ausdruck der Kräfte der Zeit zu machen. Die Tiere und Pflanzen, die ich hier nenne, sind als Beispiele zu verstehen – selbstverständlich könnten hier noch viele andere aufgeführt werden.

Energie
die sinnliche Kraft der Erde und des Feuers

Zeit
der Vormittag, an dem die Sonnenkraft ihrem Höhepunkt zustrebt; der Frühsommer, in dem die Natur mit ihrer Wachstums- und Blühfähigkeit zu explodieren scheint. Jetzt ist die Zeit des Blühens.

Orte
blühende Gärten, Äcker, Waldlichtungen, Blumenwiesen und Bäume, sanfte Hügel

Themen
Lebendigkeit, Sinnlichkeit, Liebe, Harmonie, Sexualität, Lebensfreude, Partnerschaft, Schwangerschaft und Gebären

Farben
warme Rot- und Grüntöne, Orangerot, Terrakotta, alle Farben von Blüten und Blumen

Mineralien – Malachit, Rosenquarz, Karneol, Thulit, Rubin
Der grüne Malachit ist ein Frauenstein, der den Göttinnen Venus, Aphrodite und Freya geweiht ist. Er fördert den Sinn für Freundschaft, Sinnlichkeit, Ästhetik und Schönheit. Er macht das Leben intensiver, regt Träume und Erinnerungen an, lässt unterdrückte Gefühle und Bedürfnisse aufsteigen und fördert ihren Ausdruck. Er verstärkt die Beobachtungsgabe und das Lernvermögen. Er entgiftet die Leber und lindert rheumatische Beschwerden.

Der zart rosafarbene Rosenquarz macht sanft und zugleich bestimmt. Er ist ein Stein, der Liebe und Harmonie fördert. Er stärkt Empfindsamkeit und Einfühlungsvermögen, stärkt Selbstliebe, Romantik und Liebesfähigkeit, hilft bei sexuellen Schwierigkeiten und wirkt fruchtbarkeitsfördernd.

Der orangerote Karneol vermittelt Standfestigkeit, Hilfsbereitschaft und Gemeinschaftssinn. Er hilft, realistisch zu sein und Probleme zu lösen. Er stimuliert die Fortpflanzungsorgane, fördert die Fruchtbarkeit und stärkt die Liebe.

Der Thulit, dieser rosa oder rötliche Stein, regt die Lebenskraft an, schenkt Stärke und Mut, fördert die Kreativität. Seelisch begünstigt er Lust, Sinnlichkeit und Sexualität, unterstützt uns dabei, das Leben in vollen Zügen zu genießen und in Gefühlen zu schwelgen. Mental stärkt er Neugier und Erfindungsgabe. Körperlich steigert er die Fruchtbarkeit und hilft bei Erkrankungen der Geschlechtsorgane.

Der rote Rubin fördert Lebensfreude, Lebendigkeit und Leidenschaft. Er regt zu aktiver Sexualität an und steigert die Vitalität. Er stärkt das Selbstwertgefühl und den Mut, die eigenen Wünsche zu leben. Er belebt, führt zu spontanem, impulsivem, kraftvollem Denken und Handeln. (Vgl. Michael Gienger: »Die Steinheilkunde«)

Tiere

Die folgenden Tiere lehren uns die Prinzipien dieser Zeit. Wir können Kontakt zu ihnen aufnehmen und sie um Rat und Führung bitten:

Die Taube steht für Frieden und Liebe, für Orientierungssinn, Leistungsfähigkeit und das Überbringen von Nachrichten. Sie ist den Liebesgöttinnen zugeordnet und verkörpert deshalb Liebe, Erotik und Sexualität. Die Taube gilt außerdem als Botin für lang ersehnte gute Nachrichten.

Der Pfau ist ein Sinnbild für üppige, prunkvolle Schönheit, für Selbstbewusstsein und Ästhetik. Die »Augen« auf den Pfauenfedern wurden als Symbol für Beobachtungsgabe und Weisheit betrachtet. Der Pfau erinnert uns daran, dass wir mehr darauf achten, Schönheit und Selbstwertgefühl zu entwickeln.

Der Hirsch und das Reh symbolisieren jeweils Spiritualität, Fruchtbarkeit, Kreativität und Wiedergeburt. Ihre Stärke in Verbindung mit Sanftmut, Freundlichkeit und Grazie lassen sie zu Boten der Veränderung werden. Wenn sie unsere Wege kreuzen, können sie Boten sein, die uns auf neue Bereiche, das Betreten von Neuland oder die Geburt von neuen Plänen oder Ideen hinweisen. (Vgl. Irene Dalichow: »Krafttiere – Boten der Göttin«)

Die Katze ist ein weibliches Symbol für Freiheit, Sinnlichkeit und Unabhängigkeit. Sie ist verspielt, zärtlich und geschmeidig, und sie ist eigenwillig. Sie kann sich gut entspannen und sucht sich ganz eigenständig ihre Ruheplätze im Haus. Darüber hinaus ist sie auch eine gute, aufmerksame Jägerin, die fast spielerisch Beute macht und sich mit ihren scharfen Krallen wehren kann.

Bäume und Sträucher

Die Bäume, in denen sich die Energie dieser Zeit besonders ausdrückt, sind der Apfelbaum, die Linde und der Kirschbaum.

Der Apfelbaum (*Malus domestica*) ist ein uralter Kulturbaum, der über die ganze Erde verbreitet ist. Die weißrosa Blüten verströmen einen feinen Duft, genauso wie die reifen Äpfel. Die Germanen glaubten, dass Apfelbäume die Lieblingsbäume der Götter seien, weshalb in sie kein Blitz einschlüge, und pflanzten sie nahe an die Wohngebäude. Äpfel galten als Symbol des Lebens, der Vollendung, der Liebe, Schönheit und Fruchtbarkeit, außerdem des Paradieses und der Erneuerung des Lebens. Viele Mythen berichten von goldenen Äpfeln, die der großen Göttin gehörten und für ewiges Leben, Glück und Gesundheit stehen. Die Heilkraft der Äpfel beruht auf ihrem Gehalt an Vitaminen, Mineralstoffen, Pektin und Fruchtzucker. Sie senken den Cholesteringehalt des Blutes, wirken harntreibend und helfen bei Rheuma, Gicht, Blasen- und Nierenleiden; bei Durchfällen sollen sie fein gerieben verabreicht werden. Äpfel spenden Lebensenergie, schenken Lust und Liebe. Die Kraft des Apfelbaums fördert die spirituelle Liebe, Aufrichtigkeit und Erkenntnis durch Erfahrung.

Die Linde (*Tilia cordata*) hat noch heute ihren Platz in Dörfern und Städten. Ihre Blätter sind herzförmig, und sie hat ein weiches Holz, das sich gut zum Schnitzen eignet. Während der Blüte verströmt sie einen lieblichen Duft. Unter der Linde trafen sich Liebespaare, in ihrer Nähe wurden Versammlungen abgehalten, und oft wurde unter ihrem Blätterdach getanzt. Sie ist ein Baum der Liebe und des Schutzes für die Menschen. Heilkräftig sind vor allem die Blüten, die bei Erkältungskrankheiten als Tee aufgebrüht werden. Lindenblütentee hilft auch bei Entzündungen und bei Magen-Darm-Infekten. Die Kraft der Linde stärkt die Liebe, das Mitgefühl und das Verständnis für den Partner.

Der Kirschbaum (*Prunus avium*) leuchtet im Frühling mit unzähligen weißen Blüten, die einen zarten Duft verströmen. Er wird dem Mond und den Frauen zugeordnet. Bei der Geburt eines Mädchens wurde oft ein Kirschbaum gepflanzt, denn er ist Symbol für Schönheit, Anmut, Freude und Fruchtbarkeit. Die Kirsche ist die süße Frucht der Verführung. Kirschsaft wird als Mittel gegen fiebrige Infektionen und bei verdorbenem Magen getrunken. Früher wurde das Harz des Kirschbaums als Mittel gegen Husten verwendet. Kirschen enthalten viele Mineralstoffe und Vitamine und stärken die Abwehrkraft. Die Kraft des Kirschbaums fördert Nähe, Vertrauen und das Gefühl der Fülle.

Heilpflanzen – Frauenmantel, Eisenkraut, Ysop

Frauenmantel (*Alchemilla vulgaris*) ist die Pflanze der Alchimistinnen. Der Tau, der sich auf ihren großen, weichen Blättern niederschlug, wurde gesammelt, weil man ihm zuschrieb, reich an mystischen Eigenschaften zu sein. Frauenmanteltee hilft bei Menstruationsstörungen, unterstützt die Heilung bei Erkrankungen der weiblichen Geschlechtsorgane und fördert die Fruchtbarkeit. Er ist eine Hilfe bei Ängsten, bei Blockaden der Kreativität und löst alten Schmerz auf. Als Ritual: Geben Sie getrocknete Blätter des Frauenmantels auf Räucherkohle, und meditieren Sie einige Minuten über das oder träumen Sie von dem, was sich verändern oder fruchtbar werden soll.

Eisenkraut (*Verbena officinalis*) ist ein Heilmittel für das Nervensystem; es schenkt Erleichterung bei Verkrampfungen, Schlafstörungen, Ängsten und Leberleiden. Eisenkrauttee hilft, große Trauer, Erschöpfung oder traumatische Erlebnisse zu überwinden und zu heilen. Eisenkraut beruhigt und schützt, schenkt Festigkeit und inneres Gleichgewicht. (Vgl. Elisabeth Brooke: »Kräuter helfen heilen«)

Dem Ysop (*Hyssopus officinalis*) wird eine reinigende Wirkung zugesprochen; er wirkt heilend bei Infektionen des Nasen- und Rachenraums und bei Halsbeschwerden. Bei Ängsten und Problemen, sich selbst wertzuschätzen und anzunehmen, unterstützt er das Selbstvertrauen. Als Tee hilft er, festen Boden unter die Füße zu bekommen. Das getrocknete Kraut kann zum Räuchern und Meditieren verwendet werden, um die Selbsterhaltungs- und Überlebenskraft zu erwecken, die am Ende der Wirbelsäule im Wurzel-Chakra schlummert.

Speisen und Getränke

Honig, Kuchen, Konfekt, Erdbeeren, Spargel, Bowle, Sekt

Düfte

fruchtig, blumig, anregend, u. a. Veilchen, Maiglöckchen, Pfingstrosen, Jasmin und Flieder; Ylang Ylang – fördert die Liebe und die Sinnlichkeit und das Loslassen von negativen Gefühlen wie Angst und Eifersucht; Jasmin – schenkt geistigen und emotionalen Frieden, dabei regt er die Lebens- und Liebesenergie an; Zimt – gibt Konzentration, öffnet zwischenmenschliche Kommunikationsebenen und das Herz, löst Blockaden im Bereich von Geben und Nehmen auf.

Instrumente und Musik

Trommeln, Rasseln, Schalmeien, arabische und mittelalterliche Musik; Klassik: Liebeslieder, Opern, Operetten, G. Verdi, G. Puccini

Gestaltung eines Festes

Das Jahreskreisfest in der Nacht zum 1. Mai
Beltane

Südosten
Beltane

Beltane oder Walpurgis ist das bekannteste der acht Jahreskreisfeste. Dieses Mondfest wird zum vollen Mond Anfang Mai gefeiert. Auf dem Jahreskreis befindet sich das Fest im Südosten. Es markiert den hellen Vormittag, der auf die Mittagshitze zugeht, und den Frühsommer, in dem die Natur sich in der zunehmenden Wärme explosiv entfaltet, wächst und blüht.

Es ist die Zeit des Blühens. Das zugeordnete Element ist die Erde mit ihrer immensen Wachstumskraft.

Bei beiden Mondfesten (zum vollen und zum dunklen Mond) sind die »Zauberkräfte« besonders intensiv wirksam, die uns dabei helfen können, uns in andere Wesen zu verwandeln. Mithilfe von Trancereisen können wir jetzt besonders leicht in die Gestalt von Pflanzen, Tieren, Steinen oder Elementen schlüpfen, um damit unseren Erfahrungs- und Bewusstseinshorizont zu erweitern.

Bei den Kelten war Beltane der Beginn des Sommers. Dieses Fest bildet den Gegenpol zu Samhain, dem Fest auf der gegenüberliegenden Seite des Jahreskreises mit den Themen Vergehen und Tod. Ursprünglich ging es bei Beltane, das uns auch als Walpurgis bekannt ist, um Lust, Erotik, Sinnlichkeit und Sexualität. Und es ging um die heilige Hochzeit der Göttin und des Gottes, die für die Fruchtbarkeit und das Weitergeben des Lebens standen. Alle bäuerlichen, aber auch die viehzüchtenden Traditionen brauchten die Fruchtbarkeit der Erde, der Tiere und der Menschen, um zu überleben. Deshalb hatte dieses Fest einen hohen Stellenwert als Freuden-, Blumen-, Tanz- und Fruchtbarkeitsfest.

Die christliche Kirche hatte große Schwierigkeiten, dieses sinnenfrohe Fest, das die Nacktheit und die freizügige Sexualität als spirituelle und religiöse Erfahrung achtet, in das Kirchenjahr zu integrieren.

Und so diffamierte und bekämpfte sie all die Menschen, die dieses alte Fest weiterhin feierten, als Hexen und Hexenmeister. Als heidnisch und höchst gefährlich wurden all die Frauen und Männer gebrandmarkt und verfolgt, die sich nicht an die strengen moralischen Regeln der christlichen Kirche hielten und weiterhin den heiligen Kreis, die Jahreszeiten und die Natur achteten und nach der überlieferten Tradition lebten. Auch die Frauen, die über heilkundiges Wissen verfügten, die sich auskannten mit Verhütung, Schwangerschaft und schmerzloser Geburt, mit der Gesunderhaltung von Mensch und Tier, wurden als Hexen bezeichnet und von den christlichen Kirchenmännern zu Beginn der Neuzeit zwischen dem 16. und 18. Jahrhundert zu Tausenden gefoltert und verbrannt. Viele Frauen, die als Schamaninnen, Heilerinnen, Priesterinnen, Zaunreiterinnen und Hebammen mit Ritualen und Zeremonien, Magie und Heilkräutern heilten, ereilte dieses grausame Schicksal.

Das Beltane- oder Walpurgisfest wird heute wieder von vielen Frauen gefeiert. Sie knüpfen damit an die alte Frauen- und Hexentradition an; zum einen erinnern sie damit an das Unrecht, das unseren Ahnen geschehen ist, und zum anderen lassen sie dadurch die Kraft unserer Ahnen wiederauferstehen.

Der Mai galt früher als besondere Zeit für die Lust, die unter freiem Himmel genossen wurde. So wie im Christentum die Faschingszeit eine Zeit ist, in der aus den strengen moralischen Regeln kurzfristig ausgebrochen wird, galt in der vorchristlichen Zeit der Mai als die Zeit der ungezügelten Leidenschaft, die den Göttinnen und Göttern der Fruchtbarkeit geweiht war und in der die Sexualität ungeniert gelebt werden konnte. Kinder, die – auch mit anderen Partnern – zu Beltane gezeugt wurden, wurden in bestehende Beziehungen integriert. Es waren Kinder, die im Geist eines göttlichen Prinzips, aus heiliger Lust und Leidenschaft, aus der Sehnsucht des Lebens nach sich selbst, entstanden waren.

Symbol dieser Zeit der Vereinigung ist der Maibaum, der an vielen Orten auch heute noch aufgestellt wird. Er wird mit Bändern, Kränzen und Blumen geschmückt und repräsentiert den Phallus, der in Mutter Erde gepflanzt wird, um ihren Schoß zu befruchten.

Zu diesem Fest gehört ein großes Feuer, denn es symbolisiert die lebenerneuernde und Leben spendende Wärme und Energie der Sonne. Paare, die sich Kinder wünschen, sollen nach altem Brauch zu Beltane gemeinsam übers Feuer springen, um fruchtbar zu werden.

Wir können heute folgende Schwerpunkte setzen:

- die Schöpfungskraft und die Liebe neu beleben, vor allem die Liebe zu uns selbst
- Zugang finden zu unserer weiblichen Sinnlichkeit, Erotik und Lust, zu Begehren und Sexualität
- heilende Orte und Orte der Begegnung erschaffen und gestalten
- durch ein Krafttier die Verbindung zu unseren animalischen Kräften herstellen
- eine Beziehung zu den Göttinnen der Sinnlichkeit, Leidenschaft und Fruchtbarkeit aufbauen

In der Zeit des Beltanefestes haben wir eine gute Möglichkeit, unsere eigene Sinnlichkeit zu finden oder wiederzufinden. Wir können sie entfalten, indem wir uns mit der lustvollen Wildheit der roten Mondfrau oder den Hexen- und Zauberinnenkräften verbinden. Diese können uns dabei helfen, unsere Weiblichkeit und Sexualität, unsere Schöpfungskraft und Kreativität selbstbewusst zu erleben. Die Energien, die zur Zeit dieses Festes zu spüren sind, unterstützen die Kraft zum Gestaltwandel, die Fähigkeit, sich magisch mit den Kräften von Tieren oder Pflanzen zu verbinden, sich in religiöser Ekstase in sie zu verwandeln.

Beltane-Kreis

Beispiel für eine Feier

In der Mitte unseres Kreises lag an diesem Abend eine Samtdecke mit vier roten und vier grünen Feldern. Dabei standen die roten für die Sonnenfeste und die grünen für die Mondfeste. Im Südosten, dem Ort für das Beltanefest, waren die Figur einer Vogelgöttin, eine Pfauenfeder, Maikraut, Gänseblümchen, Rosenquarz, Karneol und Malachit angeordnet. Im Süden befanden sich eine orangerote Kerze in einem Buchsbaumkranz mit rotem Band sowie eine Rassel, rote und weiße Steine. Im Südwesten standen Holunderzweige, Hämatit, eine Göttinnenfigur mit ihren unterschiedlichen Aspekten – als Mädchen, junge Frau, Mutter und Großmutter. Der Westen war geschmückt mit einer Muschelschale mit Räucherwerk, Zimt und Räucherstäbchen, blauen Steinen und einem Farnblatt. Im Nordwesten befanden sich ein Schlangensymbol, Efeuranken, eine Meeresgöttin und schwarze Steine. Auf dem Tuch verstreut lagen darüber hinaus viele Löwenzahnblüten, Kerriablüten und Gänseblümchen. Im Norden lagen ein Kastanienzweig und eine Kristallschale mit Krokantbonbons, Bergkristall und Amethyst. Im Nordosten hatten wir weiße Federn, eine Eulenfigur, ein Schellenband, einen Birkenzweig und Türkise platziert. Im Osten lagen bunte Eier, Federn, Schöllkraut, Citrin und Calcit. In der Mitte des Kreises befanden sich eine gelbe Glasschale mit Glyzinienblüten, Magnolienblüten, roten Rosen, Stiefmütterchen,

Vergissmeinnicht, Immergrün, Silbertalerblüten, Lungenkraut, Haselnusszweigen, Veilchen und Gänseblümchen.

Für das Eröffnungs- und Reinigungsritual verwendeten wir eine Mischung aus getrockneten Kräutern und Blüten: Lorbeer, Mistel, Zeder, Salbei, Lavendel, Wacholder, Maikraut, Zimtstange, Beifuß, Klettenlabkraut, Eibe, Rosmarin, Linde, Rose und Weihrauch.

In der ersten Runde sprachen die Frauen davon, welche Themen sie mit dem Fest verbanden: Es hat etwas ekstatisch Lustvolles, ich möchte mich gern einschwingen in diese Energie; ich trauere dem Frühling nach, der schon vorbei ist, denn jetzt kommt die heiße Phase; heute habe ich kein Bedürfnis nach anstrengendem Hexentanz, ich erwarte die Naturenergie und die guten Geister; in mir ist die Freude auf den Garten; ich kenne es zwar als wildes Hexenfest mit Freundinnen, wobei wir ums Feuer tanzten, habe aber wenig Hintergrundwissen; ich bin gerade gestresst, bin aber auch neugierig, was passieren wird mit den Frauen; Tanz in den Mai ist mir bekannt, doch es ist etwas Neues, mit Frauen zu feiern; ich habe viel gearbeitet und jetzt Lust auf Gammeln, auf Frauenpower und Energie; als Kind habe ich gewusst von der Hexennacht, heute bin ich einfach gespannt auf das, was kommt.

Im Vortrag erzählte ich davon, wo das Fest einzuordnen ist im Kreis der acht Feste, und von seinen Inhalten: Blühen, Ausdruck, Sinnlichkeit, Erotik, Sexualität, die rote Mondgöttin, die freie Lustvolle – ein Fest mit einem Ausdruck, der von der Kirche nicht so leicht übernommen werden konnte wie die anderen Feste. Und die daraus folgende Verdammung der Frauen, die Verteufelung der Lust, das Domestizieren der Frau durch die Hexenverfolgung, die Ängste, die uns heute noch nachhängen. Heute das Wiedererinnern des alten Wissens durch Trancereisen in die andere Wirklichkeit. Weiterhin erzählte ich von den Feen, den grünen Wesen, der Kraft der Erde und des Feuers und davon, wie wir uns mit ihnen verbinden können.

Im Erfahrungsteil tanzten wir uns zu einer Musik warm, die zum Hüpfen, Springen und breitbeinigen Stampfen einlädt. Dazu eignet sich z.B. mittelalterliche Musik, Bauchtanz- oder afrikanische Trommelmusik. Dabei wird die Aufmerksamkeit auf die Beine, die Oberschenkel, das Becken, den Bauch und die Hüften gelenkt.

- *Spüren Sie die Kraft Ihrer Beine und die Beweglichkeit Ihres Körpers. Lassen Sie Ihr Becken schwingen, und vergessen Sie, leichtfüßig und zierlich zu sein. Lassen Sie zu, dass Sie mit dem ganzen Fuß stampfend auftreten, hoch hüpfen und springen, breitbeinig wieder landen. Schlurfen Sie über die Erde, und klopfen Sie immer wieder mit den Füßen wild auf die Erde, so, als wollten Sie die Kraft der Erde erwecken. Lassen Sie zu, dass Sie ins Schwitzen kommen und Ihr Atem schneller wird. Wenn Sie spüren, dass Ihnen heiß wird, dann stellen Sie sich vor, wie die Kraft und das Feuer der Erde über Ihre Füße und Beine in Ihr Becken aufsteigen. Sammeln Sie diese intensive Feuerkraft in Ihrem Zentrum, in Ihrem Bauch. Ein Feuer, das Sie wärmt und erhitzt, das mit der Zeit so stark wird, dass es aus Ihrer Mitte wie ein leuchtender Feuerschein ausstrahlt.*
- *Experimentieren Sie mit der Vorstellung, dass mitten aus Ihrem Bauch ein heller Lichtstrahl wie ein Scheinwerfer hervordringt, mit dem Sie in alle Richtungen leuchten können. Bewegen Sie sich mit diesem Bild vor Augen durch den Raum. Begegnen Sie den anderen mit Ihrer sinnlich-feurigen Ausstrahlung, die direkt aus Ihrem Zentrum strahlt. Wie fühlen Sie sich dabei?*

Manchen Frauen hatte diese Übung sehr gutgetan. Sie hätten noch viel länger mit dieser Vorstellung herumgehen können, sich zeigen können mit ihrer Feuerkraft und Ausstrahlung. Anderen war es etwas peinlich, sich breit zu machen, laut zu stampfen, zu schwitzen und keuchend zu atmen.

Draußen war es an diesem Abend ziemlich kühl. Eine Frau hatte in der Zwischenzeit ein Feuer im Garten angezündet, und es loderte schon hoch, als wir hinauskamen. Jede von uns nahm ein Instrument mit nach draußen: Rasseln, Trommeln, Schellenbänder, Glocken, Regenstäbe, eine Ozean- und eine Schamanentrommel. Es war zunächst noch hell, erst ganz allmählich ging die Sonne unter, und es wurde kühl und feucht. Schließlich wurde der Mond am Nachthimmel sichtbar.

Die Frauen standen zunächst schweigend um das Feuer, umkreisten es dann langsam mit den Instrumenten und erzeugten dabei allmählich immer lauter, schneller und wilder werdende Rhythmen und Gesänge. Das Gras duftete würzig unter unseren stampfenden, hüpfenden und tanzenden Schritten. Nach einer Weile begannen einige Frauen, Anlauf zu nehmen und durch die hoch lodernden Flammen zu springen, was von den anderen jedesmal mit Freudengeschrei und Gejohle begleitet wurde. Die Hitze des Feuers, seine reinigende und brennende Kraft, war zu spüren und später die angenehm wärmende rote Glut in der Dunkelheit, als die nächtliche Kühle heraufzog.

Zurück im Raum spürten wir vor allem die Hitze im Körper, den Schweiß auf der Stirn und den Geruch des verbrannten Holzes in den Kleidern und in den Haaren.

In der Mitteilungsrunde berichteten die Frauen über die Erfahrungen, die sie im Laufe des Rituals gemacht hatten; dabei ging es um: Ängste überwinden und losspringen; Reinigung; Altes wegbrennen; erhitzt werden; die reinigende Kraft der hohen Flammen um sich spüren und in sich aufnehmen; Entrückung, in Trance geraten durch den monotonen Trommelrhythmus; viel Energie im Kreis der unterschiedlichen Frauen spüren; eingetaucht in die Glut sein, mit ihr atmen, sie in sich aufnehmen; sich voller Kraft und Zufriedenheit empfinden; die Dunkelheit und den feuchten Geruch der Erde erleben; erfahren, wie beim Springen alles in Bewegung gerät, wie das Herz spürbar klopft; sich selbst Mut machen: Du schaffst es!; das Gefühl: Heute möchte ich mein Kind gezeugt wissen; Baumwesen und Elfen spüren; die Glut wie einen Vulkan wahrnehmen, Energie der Frauen erleben; das Feuer in sich brodeln fühlen, tiefe Eindrücke; sich ausgebrannt, müde und hungrig fühlen; Übelkeit vom Rauch; alle ihre Geliebten; 50 Jahre leben und lieben: Ich bereue nichts!

Im Abschlussritual beendeten wir den Abend, indem wir die Schale mit den süßen Krokantbonbons herumgaben und uns die Süßigkeiten schmecken ließen. Nach dem Gefühl von Entrücktsein draußen beim Feuer kamen wir langsam wieder im normalen Leben an. Dieser Abend hatte eine besondere, wunderbar stärkende und verbindende Kraft.

Zum Abschluss gaben wir noch Orakelkarten aus. Es waren Karten, auf denen Feengestalten abgebildet sind und ein Satz dazu geschrieben steht. Jede Frau zog sich eine Karte, beschrieb dann das Bild, das sie sah, und las den Satz vor, der auf der Karte stand. Bei manchen war die Aussage sehr hilfreich und weiterführend, bei anderen nicht.

Die Zeit um die Sommersonnenwende

Der Sommerbeginn am 21. Juni
Höchste Sonnenkraft und Wendepunkt

Jahreszeit: Sommer

Die Sonne, die Helligkeit und die Stunden des Lichts erreichen zur Sommersonnenwende ihren höchsten Stand. Die Sonne geht morgens gegen 5.00 Uhr auf und abends gegen 21.30 Uhr unter; dunkel wird es sogar erst gegen 22.00 Uhr. Somit ist es in unseren mitteleuropäischen Breiten 17 Stunden am Tag hell und nur 7 Stunden dunkel.

Und obwohl wir gerade erst den Beginn des Sommers wahrnehmen, die warmen bis heißen Sonnentage erleben, uns auf den Urlaub freuen, Eis essen oder schwimmen gehen, befinden wir uns nun schon am Ende der Aufwärtsbewegung des Sonnenlichts – und damit am Wendepunkt. Der längste Tag und die kürzeste Nacht des Jahres sind gleichzeitig der Beginn der Umkehrbewegung. Bis zur Sommersonnenwende wurden die Tage kontinuierlich länger, ab hier werden die Tage wieder ständig kürzer. Der Höhepunkt der Herrschaft des Lichts ist zugleich der Anfang ihres Niedergangs, der Beginn für das langsame und dennoch stetige Zurückgehen, Zurücknehmen und Wenigerwerden.

Doch zunächst beginnt die Zeit, in der die Sonne ihr stärkstes Feuer und ihre größte Kraft entfaltet. Wir fühlen uns angeregt, vitalisiert und voller Energie. Meist genießen wir die zunehmende Helligkeit und Wärme, den blauen Himmel und einen leichten, frischen Sommerwind. Manchmal brauen sich Gewitterwolken zusammen, die mit Regen, Blitz und Donner der oftmals entstehenden Schwüle ein Ende bereiten. Für viele Familien beginnt nun die Urlaubszeit, denn die Kinder bekommen ab den Juni- und Julitagen Sommerferien.

Bisher sind die Pflanzen vor allem in die Höhe gewachsen, jetzt geht es ins Volumen, in die Ausdehnung, das Fruchtansetzen und das Reifen um den Kern herum. Aus den Blüten reifen jetzt Früchte – Gemüse und Obst können allmählich geerntet werden. Jetzt ist die Zeit, in der wir die Fülle der Früchte, die uns die Natur schenkt, genießen.

In der Luft liegt, wenn die ersten Wiesen gemäht sind, ein wunderbarer Duft nach frischem Heu. Bei den Blumen sind es die Farben Gelb, Orange, Rosa und Rot bis hin zu Violett und Blau, die die Kraft dieser Zeit besonders intensiv ausdrücken: Glockenblumen, Rosen, Johanniskraut, Margeriten, Mohn- und Kornblumen stehen jetzt in Blüte.

Astrologische Sichtweise

Astrologisch befinden wir uns bei der Sommersonnenwende im Übergang von Zwillinge ♊, einem Luftzeichen mit dem Merkur als Planetenherrscher, zum Sternzeichen Krebs ♋, einem Wasserzeichen mit dem Mond als Planetenherrscher. Bei Zwillinge geht es um Leichtigkeit und Neugier, um Lernen und Erkundenwollen. Kommunikation, Kontakt mit anderen und intellektueller Austausch sind weitere Themen dieses Zeichens.

Im Sternzeichen Krebs geht es um die Wendung nach innen, zu den Gefühlen, und die seelische Auseinandersetzung mit allen Erlebnissen. Im Mittelpunkt stehen auf der einen Seite das empfindsame und bedürftige Kind und auf der anderen Seite die nährende und beschützende Mutter. Die Aufgabe ist, diese Anteile in uns wahrzunehmen, anzunehmen und zu leben.

Die Zeit des Sommers, in der sich die größte Hitze entwickelt, beginnt in einem Wasserzeichen. Die intensivste Kraftentfaltung der Sonne bahnt sich an, und allmählich ist auch ihre destruktive Seite zu ahnen. Aus der Leben spendenden Kraft der Sonne, die alles wachsen und gedeihen, fruchten und reifen lässt, wird allmählich die zerstörerische Kraft des Verbrennens und des Verdorrens. Genau jetzt tritt die Sonne in das Wasserzeichen Krebs ein und erinnert damit daran, wie wichtig auch die andere Seite, der Gegenpol, ist – hier das Wasser, die kühlende Nacht und die Mondkräfte.

In dieser Zeit des Reifens und der Fülle, in der die Ernte von vielen Früchten beginnt, erleben wir die üppige, reiche und verschwenderische Seite der Natur, die uns nährt und erhält und uns Reichtum und Wohlstand schenkt.

Menschliche Entwicklung

Auf der Ebene der menschlichen Entwicklung ist dies die Zeit unserer Lebensmitte, die Phase von Ende dreißig bis Ende vierzig. Für Frauen, die sich für Kinder entschieden haben, sind diese Jahre ausgefüllt mit ihren mütterlichen Verpflichtungen. Vielen bringt das langjährige Zusammensein mit einem Partner, einer Partnerin oder das Leben mit Kindern die große Erfüllung ihres Lebens. Andere stöhnen unter der Last der gesellschaftlich nicht anerkannten, vielfältigen Arbeit als Hausfrau und Mutter und sehnen sich zurück in ihren Beruf.

Es sind auch die Jahre, in denen wir uns zum Zenit, dem Höhepunkt unseres Schaffens, aufschwingen. Oft beginnen wir Anfang Vierzig noch einmal mit etwas Neuem. Manche entscheiden sich jetzt erst oder noch einmal für ein Kind, andere beginnen eine Weiterbildung, orientieren sich beruflich um und wagen neue Projekte. Es ist, als würden wir uns in diesen Jahren mit ganzer Kraft aufmachen, um uns auf unsere größtmögliche Sonnenkraft, Ausstrahlung und Reife hinzubewegen.

Die Frauen, die ihre Kinder früh bekommen haben, nehmen nun nach einer Zeit des Mutter- oder Hausfrauendaseins häufig wieder eine bezahlte Arbeit an oder steigern die Stunden ihrer Berufstätigkeit. Andere stellen sich neuen beruflichen Herausforderungen. Sie übernehmen mehr Verantwortung, sind selbstsicherer und unabhängiger. Manche wechseln die Arbeitsstelle, sowohl, um ihre bisherigen Erfahrungen besser bündeln und einbringen zu können, als auch, um Neues hinzuzulernen.

Bei vielen Frauen beginnen im Alter von Mitte bis Ende vierzig die Wechseljahre. Sie erstrecken sich in der Regel über einen Zeitraum von sieben Jahren und sind erst abgeschlossen, wenn die Menstruation endgültig ausbleibt. Diese Umstellungszeit der Hormone bringt einen immensen Energieschub, eine Feuerkraft, die aufschießt und zu Hitze- und Gefühlswallungen führt. Das Spektrum der Gefühle reicht dabei von schäumenden Wutausbrüchen und aufschießenden Energieschüben über Unsicherheiten, Wankelmut und Ängste bis hin zu großer Empfindsamkeit und Tränenausbrüchen, ähnlich wie in der Pubertät. Außerdem beginnt nun die längere oder kürzere Zeit des Abschiednehmens von der Phase der Fruchtbarkeit oder der Mutterrolle. Für nicht wenige Frauen ist dies mit Wehmut und tiefer Trauer verbunden, denn das unwiderrufliche Vergehen der Lebenszeit wird nun deutlich spürbar. Manche Frauen leiden in dieser

Mutter

Veränderungsphase unter Depressionen, Unruhezuständen und Schlaflosigkeit. Für andere dagegen ist die Veränderung mit Erleichterung verbunden: Sie begrüßen das Ausbleiben der oft als lästig empfundenen Regelblutungen und genießen die neue Freiheit.

Im Alter von 49 Jahren, das sind sieben mal sieben Jahre, beginnen Frauen, sich auf den Übergang in einen neuen Lebensabschnitt einzustellen. Die Zeit der Mütterlichkeit, der Versorgung anderer, endet allmählich, und neue Themen und eigene Bedürfnisse treten in den Vordergrund. Manche Frauen wenden sich nun verstärkt der Heilung ihrer psychischen Wunden und der Erfüllung eigener, oft lange aufgeschobener Wünsche zu. Viele beschäftigen sich mit Fragen nach dem Sinn des Lebens. Sie setzen sich mit psychologischen, philosophischen und spirituellen Themen auseinander und leben mehr in der Gegenwart. Manchmal bedeutet dies auch, dass sie sich für den Schutz der Natur, der Umwelt, für ein einfacheres Leben und für mehr Menschlichkeit in der Gesellschaft einsetzen.

Göttinnen und Mythen

Die Sommergöttinnen verkörpern die partnerschaftlichen und mütterlichen Göttinnen. Die zunehmend in Licht und Hitze erstrahlende feurig-heiße Sonnengöttin, die einerseits Leben erhält und andererseits Leben zerstört, steht zu dieser Zeit in enger Verbindung mit ihrem Gegenpol, der kühlenden, nährenden Mondgöttin. Diese ist die Herrin der Nacht und steht mit allen Formen des Wassers in Verbindung: Tau, Regen, Bächen, Flüssen, stillen klaren Seen und dem Meer. Zur Macht der Sonnengöttin in ihrem roten Aspekt der größtmöglichen Entfaltung kommt jetzt die Macht der roten Vollmondgöttin, die mütterlich für ihre Kinder sorgt, sie nährt und schützt, sie umsorgt und ihnen Geborgenheit gibt, damit sie sich entfalten können.

Dies ist also die Zeit der voll entfalteten roten Sonnen- und Mondgöttin in ihrem leidenschaftlichen, feurigen, jetzt aber vor allem mütterlich-nährenden und schützenden Aspekt. Es ist dieser Archetyp der Göttin als Mutter, die ihre Erfüllung einerseits in einer verlässlichen Beziehung zu ihrem Partner und noch mehr in der Schwangerschaft und Mutterschaft sieht.

Frauen, die diesem Archetypus nahestehen, finden ihre Erfüllung darin, andere zu umsorgen und zu pflegen. Sie sind voller mütterlicher Fürsorge für alle Menschen, die sie lieben: die Kinder, die Kranken und Schwachen, die Familie und die Angehörigen. Sie sorgen sowohl für die Nahrung des Körpers als auch für die der Seele und des Geistes.

Die Göttinnen dieser Zeit sind die großen Muttergöttinnen, die Göttinnen der Fülle und des Überflusses. Die ägyptische Isis, die indische Lakshmi, die römische Juno, die griechische Hera und die germanische Frigg repräsentieren den Mutterarchetypus.

Die germanische Frigg, die mit der Sonnenwende in Verbindung steht, wird als die mütterliche Seite der freizügigen Liebhaberin Freya gesehen. Frigg ist eine ruhige und wissende Göttin, die als mild, vertrauensvoll und liebend beschrieben wird. Sie lebt in einem Sumpfschloss am Meer. Die Vögel, die ihr zugeordnet werden, sind der Habicht und der Falke, mit deren Federn sie sich schmückt. Frigg liebte vor allem ihren Sohn Balder, den sie vor allem Ungemach im Leben schützen wollte und der dennoch verwundet und getötet wurde.

Eine andere Göttin dieser Zeit ist die indische Lakshmi, die als Göttin des Glücks, des Reichtums und der Fülle verehrt wird. Sie wird auf einer Lotosblüte im Wasser dargestellt und erinnert an die Verbindung der Erde mit dem befruchtenden Wasser. Der Lotos ist das Sinnbild für spirituelle Erleuchtung. Die Kuh ist Lakshmis heiliges Tier, sie ist ein Symbol für Fülle und Überfluss. Lakshmi wird als Leben spendende Kraft betrachtet, die auch ihren Gemahl mit Lebensenergie versorgt.

Die ägyptische Isis ist bekannt durch den Mythos: Nachdem ihr Gefährte Osiris von seinem Bruder Seth getötet, zerstückelt und in alle Winde zerstreut wurde, sucht und sammelt sie überall die Teile seines Körpers. Sie setzt ihn dann mit ihren magischen Heilkräften wieder zusammen; nur seinen Penis kann sie nicht finden und ersetzt ihn durch eine goldene Nachbildung. Dennoch empfängt sie ein Kind von Osiris und wird so zur liebenden Mutter.

Isis lehrte die Frauen, Korn zu mahlen, zu weben und zu spinnen. Auf vielen Bildnissen wird sie mit ihrem Sohn Horus im Arm dargestellt. Die Abbildungen der Muttergottes mit dem Jesuskind erinnern an die Bildnisse der Isis.

Das Paar

In Irland war die Sonnengöttin Aine bekannt, die die Gestalt einer roten Stute annehmen konnte. Sie hatte ein Kind, das mit wundersamen Kräften ausgestattet war. Aine zu Ehren wurde zur Sommersonnenwende ein besonderes Fest gefeiert, bei dem brennende Fackeln über die Felder und das Vieh geschwungen wurden, um für diese Schutz und Fruchtbarkeit zu erbitten.

Die griechische Hera ist ursprünglich eine der großen nährenden Muttergöttinnen. Ihr oberstes Anliegen war die Treue in der lebenslangen Beziehung zu ihrem Ehepartner. In den griechischen Mythen, die eindeutig patriarchalisch geprägt sind, wird sie zur eifersüchtigen und streitsüchtigen Gattin von Zeus degradiert, die verletzt und rachsüchtig ihren untreuen Ehemann verfolgt. Doch zuvor, in der matriarchalischen Epoche, war Hera zum einen die geachtete, stattliche und schöne Schutzherrin der Ehe, zum anderen die große Mutter, die für Nahrung sorgte. Ihre Symbole waren die Kuh, die Milchstraße und die weiße Lilie. Hera ist der Archetyp der empfangenden und offenen Frau, die sich nach Begegnung und dauerhafter und treuer Bindung, nach der heiligen Hochzeit mit einem ebenbürtigen, reifen und starken Partner sehnt, mit dem sie für immer zusammen sein will. Sie kann sich intuitiv einstellen auf die Bedürfnisse anderer, doch ist ihr wichtigstes Anliegen die Beziehung zu ihrem Partner.

Alltagsrituale

In dieser Zeit können wir das Reifen der Früchte und die Fülle und Schönheit der Natur genießen. Wir spüren viel Lebendigkeit und Lebensfreude, bewegen uns gern, bekleiden uns mit leichten, luftigen Stoffen. Viele suchen nun Gelegenheit, die Sonne und den Wind oder einen warmen Sommerregen auf der Haut zu spüren, indem sie schwimmen gehen, Rad fahren oder andere Dinge in der Natur unternehmen. Jetzt können wir uns viele Stunden außerhalb des Hauses aufhalten. Und da die Nächte meist lau sind, können wir lange draußen sitzen, die heraufziehende Dunkelheit und die Feuchtigkeit der Nacht spüren und den Unterschied zum sonnenheißen Tag genießen.

Von der Natur können wir lernen, dass es nichts Dauerhaftes gibt, dass sich alles in ständiger Bewegung und Veränderung befindet, dass wir eingebunden sind in ein immerwährendes Kreisen von Licht und Schatten, Hitze und Kühle, Helligkeit und Dunkelheit, Feuer- und Wasserkraft. Die Kraft der Sonne strebt täglich zu ihrem Höhepunkt, der Mittagshitze, um dann wieder allmählich schwächer zu werden und sich zurückzuziehen, um der Abenddämmerung und der Abkühlung in tiefster Nacht Platz zu machen. Die Hinbewegung, der Aufschwung zu einem Pol bis zu seinem höchsten Punkt, dem Zenit, und dann wieder der Abschwung, die Hinwendung zum Gegenpol bis zu seinem tiefsten Punkt, dem Nadir, sind ein sich unaufhörlich wiederholender Prozess. Weiterhin können wir spüren, dass am höchsten Punkt bereits der Gegenpol aufschimmert, auch wenn uns dies nicht immer bewusst ist.

In der intensiven Hitze der Sommertage, dem Höhepunkt der Sonneneinstrahlung, suchen wir automatisch den Gegenpol, den Schatten und das Wasser. In der tiefsten und dunkelsten Nacht erfreut uns das strahlende, funkelnde Licht eines Sterns oder das Leuchten des Mondes. Wir genießen nach einem sonnigen, heißen Tag die allmähliche Abkühlung des Abends und der Nacht. Und nach der Kühle und Frische der Nacht erfreut uns wiederum der Sonnenaufgang, der die letzten Tautropfen und die Feuchtigkeit der Nacht trocknet und die Erde erwärmt.

➤ *Versuchen Sie, einige Sommertage ganz bewusst diesen ständigen Wechsel, das Auf und Ab des Lichts und der Witterungsverhältnisse, in der Sie umgebenden Natur zu erleben. Spüren Sie, wie sich dieser Wechsel auf Ihre inneren Empfindungen und Ihre Bedürfnisse auswirkt. Ändert sich an Ihrem Befinden, an Ihrem Denken etwas, wenn Sie spüren, wie Sie eingebunden sind in diesen ewigen Rhythmus?*

➤ *Achten Sie darauf, wie viel Sonne, Licht und Wärme, wie viel Wasser, Luft und Kühle Ihnen guttut. Achten Sie auf die Temperaturen, die Sie umgeben, sowie auf die Signale aus Ihrem Organismus, und tun Sie, was Ihnen guttut.*

➤ *Trinken Sie viel frisches Wasser, Kräutertees oder Säfte, erfrischen Sie Ihren Körper mit kühlendem Wasser, einer Dusche, oder erleben Sie z. B. beim Schwimmen, wie angenehm der Wechsel der Temperaturen für Ihren Körper ist. Achten Sie darauf, wie viel Hitze Ihnen bekommt und ab wann Sie sich in den schützenden Schatten oder ins Nass begeben wollen. Ihr Organismus weiß in der Regel sehr genau, was und wie viel Sie brauchen, wenn Sie in Verbindung bleiben mit Ihren innersten Bedürfnissen.*

All diese Themen treten in der Sommerzeit sehr offensichtlich in den Vordergrund. In der Beschäftigung mit ihnen können wir lernen, fürsorglich auf uns selbst zu achten und auf das, was wir brauchen, um uns gesund und wohlzufühlen.

Wenn Sie mit Kindern zusammenleben, dann versuchen Sie – obwohl sie manchmal viel Arbeit machen und anstrengend sein können –, die Zeit mit ihnen zu genießen. Mit und durch Kinder können Sie eine neue sinnvolle Sicht auf die alltäglichen Wunder des Lebens gewinnen: Kinder leben ganz im Hier und Jetzt, sie haben einen anderen Zeitrhythmus, sind offen für alles, was ihnen begegnet. Wenn es uns gelingt, uns auf die Intensität, mit der Kinder ihre Welt erleben, einzustellen, werden wir reich beschenkt, fühlen uns erfüllt und können glücklich mit ihnen leben.

Diese Phase des Jahres eignet sich auch gut dafür, sich mit dem inneren Kind oder mit den inneren Bedürfnissen zu beschäftigen. Dabei sollte die Zielrichtung sein, sich selbst gegenüber fürsorglich, mütterlich und nährend zu sein, auf die eigenen Bedürfnisse zu achten und mit leichter Nahrung und Getränken, mit Bewegung und Spiel in der Sonne oder im Schatten, mit liebevollen Kontakten und freundschaftlicher Kommunikation gut für sich selbst zu sorgen.

In manchen Phasen unseres Lebens fällt es uns schwer, uns selbst eine gute, fürsorgliche Mutter zu sein. Vielleicht, weil wir nicht wirklich erfahren haben, wie es ist, geliebt und umsorgt zu werden. Dann erwarten wir als Erwachsene insgeheim von den Menschen in unserer Umwelt, dass sie dieses ungestillte Bedürfnis befriedigen. Doch auf diesem Weg der unterschwelligen Erwartung, dass andere uns liebevoll umsorgen, lässt sich die alte Wunde – die entstand, weil wir uns nicht geliebt oder umsorgt fühlten – nicht heilen. Gehen wir diesen Weg, sind wir meist chronisch enttäuscht, weil wir von unseren Partnern, Freundinnen, Kindern oder Arbeitskolleginnen nicht bekommen, was wir uns eigentlich von unseren Müttern oder Vätern gewünscht hätten.

Oft haben wir gelernt, unsere mütterliche Fürsorge auf andere bedürftige Menschen in unserem Umfeld zu richten, und erwarten in der Regel, dass wir irgendwann auch einmal dran sind und Fürsorge oder Dankbarkeit zurückbekommen. Doch diese Rechnung geht nicht auf, häufig geben wir so lange, bis wir leer und ausgelaugt oder enttäuscht und verbittert sind. Unsere eigene Sehnsucht nach mütterlicher oder väterlicher Liebe, danach, gehalten, gesehen, verstanden und geliebt zu werden, bleibt so lange unerfüllt, wie wir uns diese Bedürftigkeit nicht eingestehen und sie vor uns und anderen verstecken oder versuchen, sie heimlich zu befriedigen.

Einerseits sollten wir verstehen, dass diese tiefe Sehnsucht nach allumfassender Liebe aus einer anderen Zeit unseres Lebens stammt und heute von keinem sterblichen Wesen erfüllt werden kann. Andererseits bleibt uns nichts anderes übrig, als die Verantwortung für die Befriedigung unserer Wünsche selbst zu übernehmen. Wir können lernen, uns selbst liebevoll zu umsorgen und uns um die Erfüllung unserer inneren, oft auch kindlichen Wünsche zu kümmern.

Manchmal reicht es aber nicht, dass wir uns selbst umsorgen. Dann brauchen wir Unterstützung von außen, von einer lieben Freundin oder unserem Partner oder durch eine Therapie. Wir müssen immer wieder auch in der Realität spüren, wie es sich anfühlt, von einem anderen Menschen achtsam verstanden oder liebevoll umsorgt zu werden. Doch wenn uns bewusst ist, was wir brauchen, können wir auch angemessen darum bitten und uns darüber freuen und es dankbar annehmen, wenn unser Wunsch erfüllt wurde. Manchmal helfen uns auch Fantasie- oder Trancereisen, die durch ihre Bildersprache tief auf unbewusste Schichten in uns wirken und somit heilsam und nährend für unsere innersten Bedürfnisse sind.

In dieser Zeit der Fülle können wir mit der Energie der Zeit fließen und uns mit all dem versorgen, was wir zur inneren Heilung brauchen. Von der Sonne können wir in dieser Zeit auch lernen, dass alles sein Maß und seine Zeit hat und dass der Wechsel, die ständige Veränderung, das Beständige ist. Ein Zuviel an Sonne wird uns austrocknen, verdörren und verbrennen, ein Zuwenig macht uns eher lustlos und depressiv.

Dies ist eine gute Zeit für Geselligkeit, um miteinander zu sein und zu erzählen, um in lauen Sommernächten am Feuer zu sitzen, sich Zeit und Muße zu gönnen. Oft sehen oder hören wir in den lauen Sommernächten Tiere: Fledermäuse, Igel, Mäuse oder Eulen. Manchmal können wir in dem lange andauernden Zwielicht die sichtbaren und unsichtbaren Mitbewohner unserer Gärten, die Elfen und Blumenfeen, spüren.

Im Sommer beginnt die Erntesaison, die bis in den Herbst geht. Zunächst reifen die Beeren und Kirschen, dann Pfirsiche, Pflaumen, Mirabellen, Äpfel und Birnen. Das Korn wird oft Ende Juli, Anfang August gemäht. Entsprechend ist dies eine sehr heikle Zeit. Früher fürchteten die Bauern und Bäuerinnen vor allem die Schäden durch Gewitter und Hagelschlag. Solange das Korn noch reift sowie Obst und Gemüse noch nicht geerntet sind, besteht die Gefahr, dass die Ernte schlecht ausfällt oder gar vernichtet wird.

Lavendel

Beginn der Kräutersammelzeit

Jetzt können wir mit dem Sammeln von Heilkräutern beginnen. Viele Kräuter werden in ihrer vollen Blüte und in den sonnigen Stunden am Vormittag gesammelt. Dazu gehören Lindenblüten, Johanniskraut, Lavendel, Salbei, Wermut, Beifuß, Pfefferminze, Thymian, Ringelblumen, Ysop, Rosen und Spitzwegerich. Nach dem Sammeln sollten die Kräuter zum Trocknen an einen schattigen und luftigen Platz gehängt werden. Manche Kräuter, wie z.B. die Melisse, werden vor der Blüte gesammelt.

- *Sie können die unterschiedlichen Kräuter für Teezubereitungen sammeln. Dazu sollten Sie die Pflanzen aber zweifelsfrei identifizieren können und Standplätze kennen, die wenig von Schadstoffen belastet sind.*
- *Die Kräuter, die Sie mögen oder zu denen Sie sich gerade besonders hingezogen fühlen, können Sie auch sammeln und trocknen, um damit Räucherrituale durchzuführen.*

Johanniskraut haltbar machen

- *Pflücken Sie die Blüten, wenn sie gut aufgeblüht sind, je nach Witterung Mitte bis Ende Juni. Sie können die Pflanzen waschen, wie einen Strauß zusammenbinden und an einem luftigen Ort im Schatten für Teezubereitungen trocknen. Dazu wird das ganze Kraut, wenn es getrocknet ist, klein geschnitten und in verschließbaren Gefäßen aufbewahrt. Für eine Tasse Tee wird ein Teelöffel Kraut mit kochendem Wasser überbrüht.*

- *Sie können statt des ganzen Krauts auch nur die Blüten abzupfen und waschen, mit Küchenpapier abtrocknen und dann in einem verschließbaren Glasgefäß entweder in reinem Olivenöl oder in klarem 40%igem Schnaps (weißer Rum oder Obstbrand) einlegen. Stellen Sie das Glasgefäß, mit einem Deckel verschlossen, drei Wochen lang in die Sonne. Hin*

und wieder wird die Mischung geschüttelt. Wenn die Flüssigkeit sich rot gefärbt hat, wird sie durch einen Kaffeefilter gegossen. Die so entstandene rubinrote Flüssigkeit kann in einer schönen Glaskaraffe aufbewahrt werden.
Das Öl eignet sich für Einreibungen, vor allem bei rheumatischen Schmerzen. Der Johanniskrautschnaps ist ein gutes medizinisches Elixier, das in den dunklen Wintertagen likörgläschenweise getrunken werden kann.

Frauenfest

Treffen Sie sich mit Freundinnen zum Fest der roten und der blauen Frau, zu Ehren der mütterlich-nährenden großen Göttinnen. Zu diesem Anlass tragen alle rote oder blaue Kleidung. Die Teilnehmerinnen treffen sich in den Abendstunden, um gemeinsam den Sonnenuntergang an einem See oder einem Fluss zu erleben. Wenn es dunkel geworden ist, können Sie ein Feuer machen, um es herum sitzen, gemeinsam singen oder mit Rhythmusinstrumenten, Trommeln, Rasseln oder Klanghölzern Musik machen. Genießen Sie den lauen Sommerabend, den Sternenhimmel oder ein Bad im nächtlichen See. Sprechen Sie darüber, welche Erfahrungen Sie mit den Themen »Tochter meiner Mutter sein«, »Mutter einer Tochter sein« oder »Muttersein« ganz allgemein haben und wie Sie bisher Umschwung- oder Übergangsphasen erlebt haben.

Atemübung

Aufgerichtet zwischen Himmel und Erde

Die nachfolgende Übung ist besonders schön, wenn sie draußen in der Natur gemacht werden kann. Suchen Sie sich dazu einen geschützten Platz, an dem Sie sich wohlfühlen.

➤ *Stellen Sie sich aufrecht hin, in den Knien locker. Strecken Sie die Hände hoch über Ihren Kopf, die Handflächen weisen nach vorn und die Fingerspitzen in Richtung Himmel. Dehnen Sie sich weit nach oben und etwas nach hinten. Schauen Sie hoch zum Himmel, und tauchen Sie dann – so,*

als ob Sie einen Kopfsprung ins Wasser machen wollten – mit den Händen beginnend nach unten. Rollen Sie dabei Wirbel für Wirbel im Zeitlupentempo ab, bis Ihre Fingerspitzen die Erde berühren. Bleiben Sie drei Atemzüge lang, die Knie leicht gebeugt, so stehen, dass Ihre Fingerspitzen die Erde vor Ihren Füßen berühren, Ihr Kopf hängt locker nach unten, und Sie schauen auf die Erde.
Anschließend richten Sie sich ganz allmählich wieder auf, indem Sie Wirbel für Wirbel wieder aufrollen. Die Hände schweben nach oben, als würde eine unsichtbare Kraft sie hochziehen, bis die Fingerspitzen wieder zum Himmel weisen. Lehnen Sie sich etwas nach hinten, und schauen Sie in den Himmel. Bleiben Sie drei Atemzüge lang so aufrecht zwischen Himmel und Erde stehen.
Führen Sie diesen Bewegungsablauf insgesamt dreimal aus. Lassen Sie dann Ihre Hände nach beiden Seiten nach unten sinken wie in einem großen Kreis, als wollten Sie das große Rund der Sonne nachzeichnen. Legen Sie dann Ihre Hände auf Ihr Zentrum, auf Ihren Bauch, und bleiben Sie eine Weile mit geschlossenen Augen so stehen. Spüren Sie nach, was Sie jetzt im Körper empfinden.

Begegnung mit der Natur

Barfußlaufen

In dieser Zeit ist Barfußlaufen im Tau ein schönes Morgenritual.

➤ *Gehen Sie am frühen Morgen hinaus auf eine Wiese oder in den Garten. Betrachten Sie die in allen Regenbogenfarben schimmernden Tautropfen auf den Gräsern und Pflanzen. Ziehen Sie Schuhe und Strümpfe aus, und gehen Sie langsam und achtsam barfuß durch die frische Morgenwiese. Lassen Sie Ihre Füße dieses kühlende und erfrischende Erlebnis spüren. Spüren Sie die Luft um sich herum und die Erde unter Ihren Füßen. Erleben Sie den Unterschied in der Bodenstruktur, mal weich im Moos oder im jungen Gras; mal steinig und sandig auf den Wegen; mal glatt oder rau, wenn Sie über befestigte Wege gehen; mal stachelig, wenn die Wiese frisch gemäht wurde.*
Gehen Sie so langsam, wie es Ihnen möglich ist, und schließen Sie für eine Weile die Augen. Stellen Sie sich vor, Sie überließen das »Sehen«

Ihres Weges den Füßen. Ihre Füße sind mit feinen Sensoren ausgestattet, die den Weg vor Ihnen tasten, fühlen und erspüren. Lassen Sie dieses Erlebnis tief auf sich wirken.

Mittagssonnenmeditation

➤ *Setzen oder legen Sie sich für einige Minuten in die Mittagssonne. Schließen Sie die Augen, und spüren Sie die intensive Wärme der Sonne auf Ihrer Haut. Spüren Sie, wie die Sonnenstrahlen über die Haut tief in Ihr Gewebe, in die Muskeln und Knochen vordringen, sie erwärmen, entspannen und reinigen.*
Stellen Sie sich dann vor, dass die Sonne mit ihrer Strahlung und ihrer Wärme den feurigen Energiekern, den Sie in Ihrem tiefsten Inneren haben, mit neuer Energie auftankt. Nehmen Sie einige Atemzüge lang diese Kraft in sich auf, und beenden Sie die Übung nach einigen Minuten. Bedanken Sie sich beim Sonnenlicht, und begeben Sie sich wieder in den Schatten.

Bewegungsübungen und Tänze

In diese Zeit passen, wie bei der Wintersonnenwende, vor allem Spiraltänze oder Tänze in einem Labyrinth.

➤ *Legen Sie in der Natur mit Sand oder Steinen eine Spirale oder ein Labyrinth, in das Sie langsam bis zum Mittelpunkt hineingehen. Im Zentrum können Sie eine Zeit lang verweilen. Drehen Sie sich schließlich um, und gehen Sie in entgegengesetzter Richtung wieder hinaus.*

Es geht bei den Tänzen dieser Zeit um die sinnlich-körperliche Erfahrung des Wendepunktes, an dem die Richtung geändert wird.

Tanz der Göttin Oxum

Oxum ist die Göttin der Schönheit, der Anmut und der Attraktivität. Sie strahlt Gelassenheit, tiefe Selbstakzeptanz und Liebe aus (vgl. Kaye Hoffman; Musik Rolf Exler: »Von Göttern besessen«). Oxum bringt Sie in Kontakt mit dem strahlenden Gold Ihres eigenen, einmaligen und besonderen Wesens. Durch diesen Tanz entsteht ein tiefes Loslassen, ein Annehmen Ihrer selbst und eine Liebe zu sich, die dann auch auf andere ausstrahlen kann. Weich fließende »wässrige« Musik eignet sich für diesen Tanz.

➤ *Stellen Sie sich aufrecht hin, bleiben Sie dabei in den Knien locker. Schließen Sie die Augen, und öffnen Sie die Hände wie Schalen. Bewegen Sie sie sanft und weich im Rhythmus der fließenden Musik, als hätten Sie Wasser in den offenen Schalen. Wiegen Sie sich fließend mit der Musik, und nehmen Sie Ihre inneren Bilder, Ihre Stimmung und Ihre Gefühle wahr. Lassen Sie sich sanft vom Rhythmus tragen, folgen Sie ihm, und spüren Sie, wie Sie sich öffnen und loslassen, wie Sie eintauchen in die Kraft der Liebe und der Schönheit.*

Das innere Kind wiegen

➤ *Stellen Sie sich aufrecht hin, bleiben Sie dabei in den Knien locker. Legen Sie eine Hand sanft auf das Herz, die andere auf den Bauchnabel, so, als hielten Sie einen Säugling an Ihren Körper geschmiegt. Beginnen Sie, sich sanft und wiegend zu bewegen. Wenn es Ihnen hilft, hören Sie dazu eine beruhigende Musik. Bewegen Sie sich so, als ob Sie ein Kind beruhigend in den Schlaf wiegten. Spüren Sie, wie Sie einerseits die Erwachsene sind, die das Kind trägt und hält, und andererseits das winzige Wesen, das liebevoll gehalten und geschaukelt wird. Lassen Sie die Bewegungen und die Gefühle zu, die dabei in Ihnen entstehen. (Vgl. Kaye Hoffman)*

Fantasie- und Trancereisen

Schmetterlingserwachen

➤ *Entspannen Sie sich, und achten Sie auf Ihre Atmung. Wenn Sie spüren, dass Sie ruhig atmen, erlauben Sie sich, noch etwas mehr loszulassen, bis Sie ganz entspannt sind.*

Stellen Sie sich vor, Sie sähen eine kleine Raupe, die an einem Ast entlangkriecht. Beobachten Sie, wie sie sich bewegt, wie sie weiterkriecht, bis sie ein Blatt gefunden hat, in das sie sich einzuspinnen beginnt. Schauen Sie zu, wie die Raupe Fäden produziert und sich langsam in einen Kokon einspinnt, sich in ihn zurückzieht. Nach einer Weile sehen Sie die Raupe nicht mehr, nur noch den Kokon.

Stellen Sie sich nun vor, Sie selbst seien die Raupe, die sich eben eingesponnen hat. Wie fühlt es sich an, warm, geschützt und geborgen in der sanften Dämmerung des Kokons zu liegen? Lassen Sie sich Zeit, zu spüren, wie es ist, in seidige Fäden gehüllt zu sein, abgeschieden von der Außenwelt, nur silbriges Licht um Sie herum und Stille.

Allmählich entspannen Sie sich noch mehr und spüren, wie sich mit der Zeit, tief in Ihrem Inneren, eine Wandlung vollzieht. Sie selbst müssen nichts tun. Sie können darauf vertrauen, dass das, was geschieht, richtig und gut ist. Gewähren Sie sich Zeit, in der Geborgenheit des Kokons zu ruhen, zu warten und die Veränderungen geschehen zu lassen.

Nach einer Weile merken Sie, dass ein goldener Lichtstrahl durch einen Spalt in die weiche und warme Dämmerung fällt. Sie spüren, wie Sie sich plötzlich, wie nach einem langen Schlaf, wach und voller Energie fühlen. Jetzt ist es Zeit, sagt etwas tief in Ihnen, und Sie beginnen, sich langsam zu bewegen. Der Spalt öffnet sich sacht weiter, und immer mehr Licht und Luft dringen ein. Ganz allmählich bewegen Sie Ihren Körper. Sie spüren, wie die Seidenhülle abfällt und Sie voller Erwartung atmen und sich ausbreiten. Sie fühlen, wie sich Ihre zarten, schillernden Flügel entfalten. Sie warten noch eine Weile, schauen sich um, und irgendwann beginnen Sie, Ihre Flügel auszubreiten und sich vom Wind tragen zu lassen. Im Sonnenschein und Sommerwind fliegen Sie von Blüte zu Blüte.

Besuch bei der Muttergöttin Frigg

➤ *Setzen oder legen Sie sich bequem hin. Atmen Sie tief aus und wieder ein. Lassen Sie alles los, was Sie jetzt nicht mehr brauchen.*

Stellen Sie sich vor, Sie steigen an einem warmen Sommertag in ein Boot, das Sie sanft schaukelnd hinaus auf einen See trägt. Sie lassen sich treiben, denn Sie wissen, dass Ihr Boot Sie zu einer Insel mitten im See bringt. Auf dieser Insel lebt die Muttergöttin Frigg, die Sie liebevoll und herzlich begrüßt. Sie wissen, dass Sie immer, wenn Sie sie brauchen, zu ihr kommen können und sie Sie willkommen heißen wird. Sie ist stets für Sie da, wenn Sie die fürsorgliche, schützende oder nährende Liebe einer großen Mutter brauchen.

Verweilen Sie so lange bei ihr, bis Sie gesättigt und zufrieden sind. Dann verabschieden Sie sich von ihr und bitten sie um ihren Segen. Sie gibt ihn Ihnen gern. Sie bedanken sich und nehmen Abschied, besteigen Ihr Boot und lassen sich sanft wieder zurückschaukeln in Ihr Alltagsleben.

Das Element Feuer im Süden – Feuermeditation

Das Element dieser Phase des Jahres, die von Licht, Sonne und Hitze geprägt ist, ist das Feuer.

➤ *Stellen Sie sich das Feuer in der Form vor, die Sie im Augenblick am meisten anspricht. Das kann in Form eines Kaminfeuers oder Lagerfeuers sein, das kann die Form eines Waldbrandes oder eines Vulkans annehmen. Lassen Sie sich Zeit, bis ein Bild, ein Gefühl entsteht. Dann stellen Sie sich vor, Sie selbst verwandelten sich in Feuer. Wie fühlt es sich an, Feuer zu sein? Was gefällt Ihnen, was tut Ihnen gut an dieser Vorstellung?*
Wenn Sie genug davon haben, Feuer zu sein, dann verabschieden Sie sich von Ihren inneren Bildern. Schenken Sie dem Feuer noch etwas, und bedanken Sie sich für die Erfahrung. Kommen Sie dann zurück ins Hier und Jetzt. Notieren Sie Ihre Erlebnisse in Ihrem Jahreskreistagebuch.

Heilsame Analogien

Hier vorgestellt finden Sie einige Bereiche, in denen sich die Energien rund um die Sommersonnenwende ausdrücken können. Sie sollen eine Anregung für Sie sein, sich selbst auf die Suche nach dem Ausdruck der Kräfte der Zeit zu machen. Die Tiere und Pflanzen, die ich hier nenne, sind als Beispiele zu verstehen.

Energie

Feuer und Wasser

Zeit

die Mittagszeit und der Sommerbeginn, die Zeit des Reifens und der Fülle

Orte

Quelle, Bach, der Fluss und Flusslandschaften, der tiefe, stille, mondbeschienene See, Unterwasserlandschaften und das Meer

Themen

Mütterlichkeit, Liebe, Verlässlichkeit, Vertrauen, Geborgenheit, Fülle, Nähren und Versorgen

Farben

bunte Sommerfarben – Gelb, Orange, Rosa, Rot – und die blauen bis grünen, kühlen Farben des Wassers

Mineralien – Mondstein, Koralle, Smaragd, Alabaster

Der Mondstein ist dem Mond zugeordnet und gilt als Intuitions-, Gefühls- und Fruchtbarkeitsstein. Er wird zudem als Glücks- und Liebesstein betrachtet, der vor allem Frauen dabei hilft, den inneren Hormonzyklus in Übereinstimmung mit den Rhythmen der Natur zu bringen. Er soll sowohl die Fruchtbarkeit fördern als auch bei Menstruationsproblemen, nach Entbindungen und in den Wechseljahren helfen.

Die Koralle stärkt den Ausdruck des eigenen inneren Wesens und fördert gleichzeitig den Sinn für die Gemeinschaft. Sie regt dazu an, im sozialen Zusammenleben die individuellen Fähigkeiten der Einzelnen wertzuschätzen und zu integrieren. Sie lindert außerdem seelische und soziale Spannungen und Ängste.

Der Smaragd gilt als Mittler zu den Göttern, der göttliche Eingebungen und geistiges Wachstum fördert. Er hilft, Schicksalsschläge zu überwinden und das Herz für Schönheit, Freundschaft und Liebe zu öffnen.

Alabaster ist kristallisiertes Meerwasser, das zu einem durchsichtigweißen Stein geworden ist. Aufgrund seiner Lichtdurchlässigkeit wird er als sanftes Licht der Erde bezeichnet, das uns dabei unterstützt, uns zu regenerieren und zu transformieren. Alabaster steht für Hingabe, für liebevolle Mütterlichkeit, für einen Standpunkt jenseits aller Urteile. Er berührt unser Herz und hilft uns dabei, Himmel und Erde in uns zu verbinden.

Tiere

in der Nähe der Menschen lebende und sie mit Nahrung versorgende Arten wie Schweine und Kühe; im Wasser und an Land lebende Arten wie der Biber oder der Fischotter sowie der Specht

Das Schwein, insbesondere aber das weibliche, die Sau, ist das heilige Tier der Muttergöttin. Es steht für Sensibilität, Großzügigkeit, Nähren und Genährt-Werden sowie die Fähigkeit, die Schätze der Erde wiederzufinden. Das Schwein erinnert uns daran, dass wir Sinnlichkeit, Erotik, Schönheit und Fruchtbarkeit in unser Leben integrieren. Das männliche

Schwein, der Eber, steht für Wildheit und Kampfgeist und ist das Begleittier der Göttin Freya.

Die Kuh verkörpert Weiblichkeit, Mütterlichkeit und die Qualität des Nährens. Sie schenkt Vertrauen, Fülle, Wärme und Reichtum. In mancher Mythologie galt sie als die Mutter aller Götter, aus deren Euter die Milchstraße entsprang. In vielen Kulturen galt sie als heilig und wurde mit den großen Muttergöttinnen in Verbindung gebracht, die sich auszeichnen durch Geduld, Sanftmut und Großzügigkeit.

Der Specht ist ein Totemtier der Indianer und ist nach der indianischen Astrologie dieser Zeit des Jahres zugeordnet. Er steht für Fürsorglichkeit und Mut. Eine Legende erzählt, dass der Specht rote Federn hat, weil er einem Feuer zu nahe kam, das er löschen wollte, um seine Lieben zu schützen. Geschätzt wird der Specht wegen seines Trommelns und des Herstellens von Baumhöhlen, die von vielen anderen Vögeln genutzt werden können.

Der Biber ist mit der Erd- und der Wasserenergie verbunden. Ihm wird ein starker Sinn für die Familie und das Zuhause nachgesagt. Er steht für Zusammenarbeit, Tatkraft und Klugheit.

Der Otter war bei den Kelten ein angesehenes Krafttier, das dort für Familiensinn, Lebensfreude und Spiel stand. Er ist im Wasser und auf der Erde zu Hause, deshalb wurde er als Vermittler zwischen den Elementen betrachtet. Er erinnert uns daran, dass wir Fröhlichkeit, Spaß und Spiel in unser Leben integrieren.

Bäume und Sträucher – Eiche, Kastanie, Holunder

Die Eiche (*Quercus robur*) war für unsere Vorfahren ein heiliger Baum. Unter Eichen versammelte man sich und hielt Gericht. Eichen wachsen gern in der Nähe von Wasseradern, und häufig schlägt der Blitz in sie ein, denn sie haben tiefe Pfahlwurzeln. Nach den Überlieferungen sollen die Wurzeln der Eiche bis in die Unterwelt reichen. Eichen können 40 Meter hoch werden und ein Alter von tausend Jahren erreichen. Ihre Früchte, die Eicheln, die aussehen wie kleine Eier im Becher, sind bei Eichhörnchen und Wildschweinen als Nahrung beliebt; Kinder haben ihren Spaß an ihnen, denn mit ihnen lässt sich vieles basteln. Eichenholz gilt als besonders wertvoll, weil es haltbar und hart ist. Misteln, die in einer Eichenkrone wachsen, galten bei den Druiden als außerordentlich heilig und heilsam. Eichen selbst sagt der Volksmund ohnehin besondere Heilkräfte nach. Die Rinde, die Blätter und Früchte wirken blutstillend, zusammenziehend (adstringierend) und keimtötend. Der Tee aus Eichenblättern soll bei Durchfall und zu starker Menstruationsblutung helfen. In der Bach-Blütentherapie hilft Eiche starken Menschen, die sich durch Leistungsdruck und Perfektionsstreben das Leben schwer machen. Eichenessenz hilft ihnen, den inneren Druck zu lockern und das Leben leicht und spielerisch anzugehen (vgl. Preuschoff: »Die heilenden Kräfte der Bäume«). Eichenkraft lässt uns Gerechtigkeit und Zuversicht spüren, erinnert uns an selbstloses Geben und Großzügigkeit.

Die Rote Kastanie (*Aesculus x carnea*) ist etwas kleiner als die weißblühende Rosskastanie. Die Blüten wachsen aufrecht an großen Rispen, sehen aus wie kleine Bäumchen und erfreuen uns im Herbst mit vielen glänzenden Früchten, die von einer stacheligen Hülle umgeben sind. Die großen, stark duftenden Blätter bilden im Sommer ein schattiges Dach und halten mit ihrem Geruch Insekten fern. Die Heilwirkung, die der Kastanie zugeschrieben wird, ist die Förderung von Stoffwechsel und Durchblutung. Kastanienextrakte werden vor allem als Venenheilmittel verwendet. Edward Bach verbindet die rote Kastanie mit dem Potenzial der Fürsorge und Nächstenliebe und verordnet sie Menschen, die sich zu stark um andere sorgen, damit sie sich selbst wieder sicher und geborgen fühlen können. Kastanienkraft bringt uns in Kontakt mit dem Archetypus der liebevollen und fürsorglichen Mutter.

Im Holunder (*Sambucus nigra*), dem Lieblingsbaum der Göttin Holla, die die Gesundheit und das Leben der Menschen und Tiere schützt, wohnt ein beschützender Hausgeist. Auch dem Holunder werden viele heilende Eigenschaften nachgesagt. Genutzt werden die Blüten für eine vitaminreiche Limonade oder für Tee, aber auch Rinde, Beeren und Blätter finden Verwendung. Der Tee aus der Rinde und den Blättern hilft bei der Blutreinigung und beim Abnehmen, Tee aus den Blüten bei Erkältungen und Grippe, da er schweißtreibende Wirkung hat. Aus Holunderbeeren kann vitaminreicher Saft oder Gelee hergestellt werden. Holunderkraft stärkt und beschützt uns.

Heilpflanzen – Johanniskraut, Kamille, Klettenlabkraut, Thymian, Melisse

Das Johanniskraut (*Hypericum perforatum*) ist eine ganz besondere Pflanze, die in dieser Zeit Ende Juni bis Anfang Juli geerntet, getrocknet oder eingelegt werden kann. Achten Sie beim Pflücken darauf, dass die Pflanzen, die auf trockenen Böden oder brachliegenden, steinigen Flächen wachsen, sich nicht direkt an einer Straße befinden. Das Johanniskraut hat gelbe Blüten und enthält einen tiefroten Farbstoff, der uns vor allem im Winter die Kraft der Sonne wiederbringt. Zerreibt man die Blüten zwischen den Fingern, so tritt die dunkelrote Farbe aus. Die grünen Blättchen sind mit kleinen Löchern übersät, die sichtbar werden, wenn man sie gegen das Licht hält. Johanniskraut ist ein pflanzliches Antidepressivum und verleiht sowohl Ruhe und Entspannung als auch Lebendigkeit und Anregung. Es beschenkt uns in der kalten, lichtarmen Jahreszeit mit der Lebenskraft der Sonne.

Die Kamille (*Matricaria recutita*) ist ein vielseitiges sanftes Heilmittel. Es wird bei Verdauungsstörungen, bei Entzündungen der Mund- und Magenschleimhaut, aber auch bei Ängsten und nervösen Anspannungen verwendet. Sie lindert Menstruations- und Wehenschmerz, beruhigt, entspannt und verleiht ein Gefühl von Geborgenheit. Als Tee, als Öl oder verbrannt als Räucherwerk kann Kamille dazu verhelfen, dass wir uns emotional genährt und beschützt fühlen.

Das Klettenlabkraut (*Galium aparine*) ist ein Mondkraut, das abkühlt und den Lymphfluss stärkt und anregt. Es eignet sich bei langwierigen und schwächenden Infektionskrankheiten, da es stärkt und die Widerstandsfähigkeit fördert. Auf der Gefühlsebene wirkt dieses Kraut beruhigend, klärend und kräftigend.

Thymian (*Thymus vulgaris*) hilft bei Entzündungsprozessen im Körper. Er hat eine antiseptische, schleimlösende und beruhigende Wirkung. Er hilft bei Unsicherheiten und Ängsten. In schwierigen Lebensphasen lässt der Duft von Thymian wieder neue Hoffnung und Vertrauen entstehen.

Melisse (*Melissa officinalis*) beruhigt und entspannt bei Stress, Nervosität und Kopfschmerzen. Sie galt früher als Jugendelixier, sollte die Fruchtbarkeit fördern und wurde für Liebestränke verwendet. Melisse ist ein Frauenkraut, das den Menstruationszyklus regulieren und durch ihre entspannende Wirkung Regelschmerzen lindern kann. Auch in den Wechseljahren lindert sie übermäßige Gefühlsschwankungen, Ängste, Hitzewallungen, Wutanfälle und Depressionen. Sie wärmt, beruhigt, ist freundlich und zart. Sie umhüllt und schützt als Räucherkraut oder im Kräuterkissen, vertreibt Sorgen und Schmerzen und hilft dabei, wieder Liebe und Wärme in sich zu spüren. Sie hellt Geist und Gemüt auf und schenkt ein Gefühl von Schutz und innerem Frieden.

Speisen und Getränke

insbesondere Kirschen, Erdbeeren, Himbeeren, Johannisbeeren und Heidelbeeren; alle wasserspeichernden Gemüse und Obstsorten wie Gurken, Zucchini, Tomaten und Melonen; Milchmixgetränke, Buttermilch und Kefir, Joghurt, Quark, Eis und Kaffee

Düfte

milde und wässrige Düfte, Meeresgeruch, Heu, Lilien, Nelken, Rosen; Rose – für Liebe, Frieden und Nächstenliebe, hilft, die Vergangenheit loszulassen; Nelken – erfrischen und heilen, verleihen Stärke und Freude.

Instrumente und Musik

Rasseln, Lieder, Folklore, Chansons und Entspannungsmusik; Klassik: W. A. Mozart, F. Schubert, R. Schumann

Gestaltung eines Festes

Das Jahreskreisfest zum 21. Juni
Die Sommersonnenwende

Süden
Sommersonnenwende

Dieses Sonnenfest wird um den 21. Juni herum gefeiert, wenn die Sonne ins Sternzeichen Krebs eintritt. Auf dem Jahreskreis befindet es sich im Süden. Es markiert die Mittagshitze und den Sommer. Das zugeordnete Element des Südens ist das Feuer.

Die Sommersonnenwende, der höchste Stand der Sonne, ist der Gegenpol zur Wintersonnenwende, die auf der gegenüberliegenden Seite des Jahreskreises im Norden angeordnet ist und die den tiefsten Punkt der Sonne anzeigt. Beide Feste lassen uns subtil und geheimnisvoll den Umschwung, die Richtungsänderung auf dem Höhepunkt, sowie die Geburt von etwas Neuem erspüren. Aus der Wachstums- und Blühkraft der Pflanzen ist nun das Reifen der Früchte geworden. Es ist die Zeit des Reifens.

Die Sommersonnenwende wurde sowohl bei den Kelten als auch bei vielen anderen Völkern als wichtiges Ereignis gefeiert. Heute noch wird in vielen Gegenden die Sommersonnenwende begangen. Am bekanntesten dürften die Mittsommernachtsfeste in nordischen Ländern oder die Johannisfeste in katholischen Gegenden sein. Es geschah unter dem Einfluss des Christentums, dass das Sonnwendfest zum Johannisfest umfunktioniert wurde. Es wird erst am 26. Juni gefeiert, aber auch bei diesem Fest wird, wie bei den alten vorchristlichen Festen, ein großes Feuer angezündet.

Das Feuer wurde in der alten Tradition zu Ehren der Sonne, ihrer Intensität und ihrer Lebenskraft entfacht. Der Sprung übers Feuer sollte neue Kraft geben, Fruchtbarkeit und Wohlstand bewirken. Der Lauf der Sonne wurde nachgeahmt, indem Feuerräder einen Hügel hinuntergerollt wurden, als Symbol dafür, dass nun die Sonnenkraft wieder abnimmt.

Dem Feuer wurden Geschenke gemacht, zum Dank für die Energie, die es spendet. Zu vielen alten Bräuchen gehörte es, dass den Elementen Geschenke dargebracht wurden, um sie günstig zu stimmen. Denn solange die Ernte noch nicht eingebracht war, bestand die Unsicherheit, dass sie durch Unwetter vernichtet werden konnte. Ursprünglich ging es bei diesem Fest darum, die Zeit der größten Licht- und Kraftentfaltung der Sonne zu ehren. Gefeiert wurde bis tief in die Nacht, die erst allmählich Kühlung brachte.

Wir können heute folgende Schwerpunkte setzen:

- das Erlebnis des Umschwungs, der fast unmerklichen Veränderung der Richtung auf dem Höhepunkt
- den Gegenpol zur Sonnenkraft wahrnehmen und integrieren
- mütterliche Fürsorge für andere und für das eigene innere Kind entwickeln
- ein Gefühl von Fülle, Reichtum und Schönheit entwickeln
- den Zugang zur Göttin der Fülle, der Liebe und der Mütterlichkeit finden

Beispiel für eine Feier

Im Haus hatten wir auf dem Boden eine Samtdecke mit grünen und roten Feldern ausgebreitet. In der Mitte stand eine Vase mit Gräsern und Blumen, die zurzeit blühten: rosa Rosen, blaue Kornblumen, weiße Deutzien und Baldrianblüten, gelbe Felberich- und Heiligenkrautblüten, Lavendel, Dost, Wermut, Farn, Spitzwegerich und Gräser. Im Süden, dem Ort der Sommersonnenwende, stand eine goldene Kerze in einem grünen Buchsbaumkranz, außerdem ein Teller mit Himbeeren und kleinen wilden Erdbeeren aus dem Garten; weiterhin lagen da Flusssteine, Muscheln aus dem Mittelmeer und ein Malachit. Im Südwesten befanden sich ein Mondbildnis, Hämatit, Muscheln und Schneckengehäuse. Im Westen war eine Schale mit Meerwasser platziert, in der 18 (die Zahl für den Mond) kleine Kieselsteine, gefunden am Strand der Insel Malta, lagen. Der Nordwesten war mit einer Tonschale in Spiralform, Moosachat und Tigerauge dekoriert. Im Norden lagen ein großer Amethyst und ein vom Wasser rund geschliffener Stein. Im Nordosten waren ein Speckstein, weiße Federn und ein leeres Schneckenhaus. Im Osten stand die Räucherschale neben Federn und Sardonit sowie Kalzit. Im Südosten lagen Lindenblüten, eine Figur von Lakshmi, der indischen Glücksgöttin, und ein Rosenquarz.

Für das Räucherritual zu Beginn der Sonnwendfeier (Einführungsritual) nahmen wir Lavendel, Melisse, Rose, Süßgras, Linde und Salbei. In der ersten Runde sprachen die Frauen von Wehmut und davon, dass der Höhepunkt der Sonne schon erreicht ist; von Freude auf die kommende heiße Sommerzeit; von Üppigkeit und Schnelligkeit in der Natur; davon, dass von der Blüte bis jetzt zur Fruchtreife die Zeit wie im Flug vergangen ist; von der Farbenpracht der Blumen, vom blauen wolkenlosen Himmel und von Lebensfreude; vom Energieschub durch die Helligkeit und die Sonne; davon, dass die Hitze und Schwüle so müde und faul machen, dass man nur noch rumliegen und faulenzen will; vom Kraftstrotzend- und Vitalsein; von der Suche nach einem erfüllten Frauenbild und dem Leben nach dem Zenit im Leben der Frau; von lauen Sommerabenden und vom Schwimmen im See als den aktuellen Vergnügen; von der Freude am Gewitter, am Wetterleuchten und an Regengüssen.

In meinem kurzen Vortrag erzählte ich von den Göttinnen dieser Zeit, von den roten Sonnengöttinnen und den blauen Sternen- und Mondgöttinnen, die zu kreativen, fruchtbaren, nährenden und beschützenden Muttergöttinnen werden. Und ich sprach von den Polen Feuer und Wasser, die jetzt erfahrbar sind. Der Beginn der heißesten Jahreszeit liegt in einem Wasserzeichen und erinnert an die unlösbare Verbindung der Elemente.

Vorstellungsübung – Feuerenergie

➤ *Atmen Sie durch das erste Chakra am unteren Ende der Wirbelsäule ein. Lassen Sie die feurige Energie des Erdmittelpunkts aufsteigen, und sammeln Sie sie im Becken. Fühlen Sie, wie mit jedem Einatmen noch mehr Feuerenergie im Körper aufsteigt. Lassen Sie sie nach oben fließen, über den Herzbereich bis hinauf in den Kopf. Spüren Sie, wie die feurige, heiße, leidenschaftliche rote Energie ausstrahlt bis durch die Haare und rote Feuerkraft verströmt.*

Manche Frauen fühlten sich nach dieser Übung stark und glühend, anderen wurde es zu heiß, sie fanden die Übung unangenehm.

Für den Erfahrungsteil gingen wir hinaus in den Garten, in dem es um 20.30 Uhr noch taghell und warm war. Dort fassten wir uns bei den Händen und bewegten uns zu einer langsamen Musik hin und her schlängelnd durch den Garten. Dann tanzten wir einen Spiraltanz und wickelten uns einmal nach rechts, dann wieder nach links auf. Diese Bewegungsfolge ließ uns die Richtungsänderung der Sonne tief im Körper spüren und erfahren.

Zum Schluss tanzten wir in langsamen Schrittfolgen im Kreis um eine rote Kastanie. Dabei bewegten wir uns zwei Schritte nach links, machten einen Wiegeschritt, kreuzten dann den linken Fuß einmal vorn, einmal hinten über den rechten. Diese Schrittfolge lässt uns einmal nach vorn in die Zukunft und einmal nach hinten in die Vergangenheit schauen und uns den ständigen Wechsel spüren.

Danach ging jede Frau eine Weile allein durch den Garten und ließ sich von dem anziehen, was sie gerade ansprach und faszinierte. Anschließend machten einige Frauen ein Feuer, um das wir uns dann versammelten. Wir schauten den züngelnden Flammen, dem aufsteigenden Rauch und den stiebenden Funken nach und hörten dem Knistern und Zischeln der Flammen zu. Dann nahmen sich die Frauen aus einer vorbereiteten Kiste trockene Kräuterbündel, alte, vertrocknete Blumensträuße oder trockene Äste, die der Wind von den Bäumen geweht hatte, und überreichten sie dem Feuer. Wir übergaben dem Feuer etwas Altes und baten um etwas Neues. Wir verbrannten auch Zweige von Eibe und Lebensbaum für ein langes Leben, rote Rosen für die Liebe, Misteln für die Gesundheit, Beifuß für den Schutz der Frauen und für leichte Geburten, Wermut für den Mut zu Veränderung.

Wir redeten und lachten währenddessen viel, die Stimmung war locker und vertraut. Manche Frauen sagten ganz laut, was sie dem Feuer übergaben, was sie losließen an Einstellungen, Vorstellungen und Verhaltensweisen. Manche warfen Gier, Unruhe, Ehrsucht, Perfektionismus, Ängste, Leistungsdruck oder Unsicherheit in die Flammen, und wir freuten uns, wenn sie knisternd verbrannten.

Einige Frauen sprangen durch oder über die Flammen, und wir anderen feuerten sie an und freuten uns lautstark, wenn eine ihre Ängstlichkeit oder Unsicherheit überwand und sich zu springen traute. Zum Abschluss dieses Teils des Festes standen wir noch lange in der nun kühlen Abendluft um die rote Glut herum, die der leichte Wind immer wieder hellrot aufglühen ließ. Warm und weich war die Luft und sanft der Wind. Der Himmel war hell, und erst allmählich begann es zu dämmern. Später tauchte dann jenes geheimnisvolle Zwielicht auf, in dem die Elfenwesen und Gartengnome leichter als sonst zu spüren sind. Wir hingen unseren Gedanken nach, atmeten die warme Luft, spürten unter uns die Erde, über uns den Himmel, um uns die Pflanzen und Bäume und die Frauen und fühlten uns getragen und im Einklang mit uns selbst. Dann bildeten wir noch einmal einen Kreis, hielten uns an den Händen und verbeugten uns in tiefer Dankbarkeit vor der Mitte.

In der Erfahrungsrunde berichtete jede von dem, was sie an diesem Abend erlebt hatte: Manche waren vom Mond am hellblauen Himmel und den kleinen weißen Wolken beeindruckt gewesen, andere von der Bewegung des Spiraltanzes, dem Auf- und Abwickeln, das immer noch zu spüren war. Wieder andere waren fasziniert von der Vielfalt der Pflanzen, die alle stolz ihren Platz im Garten einnehmen. Eine hatte erlebt, wie schwer es ihr fiel, etwas loszulassen. Eine andere hatte gespürt, dass sie sich gerade ebenso leer fühlte wie das Schneckenhaus, das sie gefunden hatte – in ihrem Leben fand gerade eine große Wandlung statt, das alte Haus passte nicht mehr, und jetzt fühlte sie sich noch schutzlos, denn ein neues war noch nicht in Sicht. Eine weitere hatte ein Gefühl der Zufriedenheit und des Gesättigtseins erfahren, die kühle Frische der Dunkelheit und die leichte, angenehme Wärme der Glut gespürt. Der Duft des Gartenbodens und das immer noch Nachschwingende des Tanzes waren für viele heute das Wichtigste gewesen.

Die Meerwasserschale mit den Kieselsteinen aus dem Mittelmeer wurde am Ende von einer Frau zur nächsten weitergereicht, und jede nahm sich einen kleinen Stein zur Erinnerung an diesen Abend mit. Danach aßen und tranken wir gemeinsam und verabredeten uns für das nächste Fest.

Die Zeit um Lammas

Das Schnitterinnenfest am 2. August
Ernten und Kräuterweihe

Jahreszeit: Hochsommer

Zu Lammas hat die Sonne ihren Zenit überschritten, und die Tage nehmen allmählich wieder ab. Morgens geht die Sonne gegen 5.47 Uhr auf und am Abend gegen 21.08 Uhr wieder unter. Die Anzahl der hellen Stunden ist auf 16 zurückgegangen. Dennoch ist dies die Zeit der größten Hitzeentfaltung und Trockenheit – Temperaturen um 30 Grad und mehr sind auch in den mitteleuropäischen Breiten keine Seltenheit. Die Tage von Mitte Juli bis Mitte August werden Hundstage genannt, benannt nach dem Sternbild des Hundes mit seinem Fixstern Sirius, der in dieser Zeit sichtbar ist.

Bei uns ist nun die heißeste Zeit des Jahres angebrochen, die Urlaubszeit mit Schwimmbad- oder Badeseewetter. Denn die hochsommerlichen Temperaturen lassen sich am besten im Schatten oder in der Nähe eines Gewässers aushalten. Nun treffen sich viele Menschen an den etwas kühler werdenden Abenden zum Grillen, zum Draußensitzen, zu leichtem Essen und Trinken. Auch die Eisdielen, Biergärten und Freiluftbühnen haben jetzt Hochsaison.

Die Kornfelder sind vielerorts abgeerntet und leuchten im Sonnenlicht satt hell- bis goldgelb zwischen den noch grünen Büschen und Bäumen. Bewegung und Arbeiten im Freien werden mühsam und beschwerlich, besonders wenn die Ozonwerte ansteigen. Die flirrende Hitze lässt alles ausdörren; vor allem wenn nicht ausreichend gegossen wird, haben viele Pflanzen keine Chance, zu überleben. Die Kraft der Sonne wird jetzt gefürchtet; Anfang August, in der Zeit der größten Hitze, erleben wir die versengende und tödliche Seite der vorher lebenspendenden Sonne. Viele Menschen leiden unter der Hitze oder der Schwüle, vor allem in den tropisch heißen Nächten, in denen die Temperaturen über 20 Grad liegen, und sie hoffen auf einen abkühlenden Regen oder ein Gewitter. Andere, vor allem die Bauern, die ihre Ernte noch nicht eingebracht haben, fürchten nun jedes Unwetter, das sich zusammenbraut. Die von diesen hervorgerufenen gewaltigen Wassermassen, Blitzeinschläge oder der Hagelschlag richten großen Schaden an und können sogar die komplette Ernte vernichten.

Die Hochsommerzeit ist eine Zeit der Extreme. Auch in unserem mitteleuropäischen Raum erleben wir in dieser Zeit Waldbrände oder Überschwemmungen, seltener auch Vulkanausbrüche (Ätna, Vesuv).

Astrologische Sichtweise

Astrologisch gesehen befinden wir uns bei diesem Fest im Sternzeichen Löwe ♌, einem Feuerzeichen mit der Sonne als Planetenherrscher. Der Löwe steht für Wärme und Herzlichkeit, für Charisma und Souveränität. Bei diesem Zeichen geht es darum, sich seiner selbst bewusst zu werden, sich stolz in seiner Einmaligkeit zu zeigen, wie die Sonne zu strahlen und einen positiven Ausdruck von Autorität zu finden. Das Löwethema drückt sich majestätisch und selbstbewusst aus und unterstützt uns dabei, in der Welt souverän zu sein.

Nach dem Strahlen des Löwethemas kommt ab Mitte August die Zeit der vorsorgenden und achtsamen Jungfrau ♍, eines Erdzeichens mit dem Planetenherrscher Merkur. Zum liebevollen, strahlenden Herzen des Löwen kommen jetzt der planende Verstand, die Vorsorge und die Anpassung an die Umstände des Lebens. Manchmal wird der Jungfrau auch der Planet Chiron zugeordnet, der verwundete Heiler, der für die heilende Kraft der Natur steht. Unter dem Zeichen der Jungfrau wurden einst die Getreide- und Erntegöttinnen geehrt, die die Ernte geschützt und gesegnet hatten. Die Jungfrau bringt das Gewachsene und Gereifte ein, macht es haltbar für die Winterzeit und bewahrt die Schätze der Natur. Sie sorgt vor und versorgt sich und andere, sie beobachtet und wertet, sie ist mäßig und übt Selbstdisziplin. Sie integriert Körper, Geist und Seele und sorgt damit für Gesundheit, Ganzheit und Heilung.

Menschliche Entwicklung

Auf der Ebene der menschlichen Entwicklung ist jetzt, mit Anfang bis Ende Fünfzig, die Phase der größten Ausstrahlung, Kompetenz und Autorität erreicht. Es geht um die Würde und die Stärke der Frauen, um das selbstbewusste Übernehmen oder Einnehmen des Platzes, den wir uns im Leben geschaffen haben.

Bei vielen ist das 53. Lebensjahr der Zenit, die Zeit der größten Erfolge. Diese Blütezeit geht oftmals schnell vorüber, so, wie jeder Höhepunkt nur von kurzer Dauer ist. Darum ist es so wichtig, diese hochsensible Zeit bewusst wahrzunehmen und zu nutzen. Denn jetzt können wir uns nichts mehr vormachen: Wir erkennen sehr klar, was wir aus unseren Fähigkeiten und unserem Leben gemacht haben: Wo sind wir kompetent, und was ist uns gelungen? Was haben wir erreicht an Positionen, Ansehen oder Wohlstand? Welche Lebensprojekte sind gut gelungen, und welche Arbeiten gehen uns leicht und sicher von der Hand? Worin sind wir erfolgreich, und worauf sind wir stolz? Jetzt gilt es, das Erreichte zu würdigen und in Dankbarkeit zu genießen – was immer es ist, worin wir Meisterinnen geworden sind. Ob es unsere Arbeit in der Familie, in langjährigen Beziehungen oder im öffentlichen Leben ist, auf die wir nun mit Stolz zurückschauen können: das Aufziehen von Kindern oder das Pflegen von Eltern oder Angehörigen; eine jahrelange Berufstätigkeit oder das Engagement in Wissenschaft, Lehre, Wirtschaft, Gewerkschaft, Politik, auf dem Gesundheitssektor, im Umweltschutz oder in der Kunst. Jetzt ist die Zeit gekommen, uns selbst anzuerkennen für das, was wir sind und was wir gelernt, gegeben und geleistet haben.

Endgültig erwachsen zu sein, ist das Thema für Frauen und Männer in dieser Lebensphase; vor allem, wenn die Eltern verstorben sind, stehen wir nun in der vorderen Reihe. Das bedeutet auch, selbst mutig zur Autorität zu werden und nicht mehr auf das Lob und die Anerkennung durch andere (Vorgesetzte und Vaterfiguren oder Kollegen) zu warten oder andere vorangehen zu lassen. Es geht darum, die Früchte unserer Arbeit zu ernten. Mit mehr Gelassenheit, Ruhe und Selbstvertrauen können wir nun aus der Fülle unserer Erfahrungen schöpfen, müssen uns nicht mehr selbst stressen und überanstrengen. Viele Frauen übernehmen in diesen Jahren verantwortungsvolle Aufgaben; sie sind Wissende geworden, die vorangehen, die Führung übernehmen und ihre Erfahrungen an andere weitergeben, vor allem an die nächste Generation.

In dieser Zeit treten die meisten Frauen nun endgültig aus dem Kreis der gebärfähigen Frauen aus und gehen, wie durch einen Torbogen oder über eine Schwelle, ein in den Kreis der älteren, vom Fruchtbarkeitszyklus freien Frauen. Die Gefühlsschwankungen der Wechseljahre lassen nun nach. Menopause wird diese Zeit nach den Wechseljahren genannt, es ist das endgültige Erlöschen der Gebärfähigkeit. Manchen Frauen fällt dieser Übergang leicht, andere leiden darunter, denn sie werden mit den körperlichen und seelischen Veränderungen und dem unausweichlichen Alterungsprozess konfrontiert. Und da es in unserer Gesellschaft, in der ewige

Jugendlichkeit propagiert wird, kaum erstrebenswerte Vorbilder für ältere Frauen gibt, fürchten sich viele Frauen vor dieser Lebensphase.

Manche Frauen gehen nun sehr bewusst mit sich, ihrem Körper und ihrer Seele um. Stressabbau und Ernährung, Bewegung und gesunde Lebensführung nehmen einen hohen Stellenwert ein. Auch konzentrieren sie sich jetzt mehr auf das, was ihnen selbst wichtig und wesentlich ist, und sie verschwenden keine Energie darauf, unbefriedigende Zustände zu ertragen oder Beziehungen, die ihnen nicht guttun, aufrechtzuerhalten.

Frauen spüren in diesem Lebensalter viel aggressive Yang-Energie, sie werden ungeduldiger, kompromissloser und autoritärer. Manche werden zu unbequemen, selbstsicheren Matronen, die die einfühlsame, verständnisvolle und geduldige Mutterrolle nun endgültig abgestreift haben. Sie werden zu Königinnen in ihrem eigenen Reich, das sie nun klug und geschickt gegen Angriffe und Übergriffe zu verteidigen wissen. Männer hingegen kommen in den Wechseljahren verstärkt mit ihrer Yin-Energie in Kontakt, die sie weicher, empfindsamer und gefühlvoller macht. Wenn wir um diesen Zusammenhang wissen, können wir mit den vielen Konflikten, die in diesem Lebensalter bei Paaren auftauchen, besser umgehen und finden eher Lösungen, die beiden gerecht werden.

In diese Zeit fällt bei vielen Paaren auch der Abschied von den Kindern, die das Nest der Familie verlassen. Damit steht für die Eltern die Frage an, ob sie gemeinsam ihren Weg weitergehen oder nun getrennte Wege einschlagen. In manchen Kulturen wurde den Frauen in dieser Lebensphase großer Respekt und Achtung entgegengebracht, und sie übernahmen wichtige Aufgaben für die Gemeinschaft. Auch sagte man ihnen, die ihr Blut nun zurückhielten, besondere spirituelle Kräfte nach. In unserer Kultur werden ältere Frauen kaum beachtet und gewürdigt. Darum ist es so wichtig, dass wir Frauen damit beginnen, uns und andere Frauen neu wahrzunehmen, uns selbst zu definieren und uns gegenseitig wertzuschätzen und zu respektieren.

Göttinnen und Mythen

Der abnehmende Mond wird zur Sichel, mit der die Pflanzen geschnitten und geerntet werden. Die Göttin in ihrem rot-schwarzen Aspekt lehrt uns, dass Töten zum Leben gehört. Das Durchtrennen, Durchschneiden, Abschneiden und Beenden sind die Themen, mit denen wir nun konfrontiert werden. Weibliche Stärke und Kraft, unerbittlich, zerstörend, Ehrfurcht gebietend, werden uns bewusst. Sie ist der Archetyp der mächtigen und grenzensetzenden Göttin, die entschieden und klug zur Schnitterin wird. Es ist der Archetyp der Königin, die selbst- und verantwortungsbewusst, ordnend und machtvoll in ihrem Reich regiert.

Beim Lammas- oder Kräuterweihfest erinnert uns die Göttin als Schnitterin daran, dass auch wir mit scharfer, metallischer Sichel zur richtigen Zeit den Schnitt ansetzen müssen, wenn wir die prachtvolle Fülle auf ihrem höchsten Punkt ernten wollen. Zögern wir, so lässt das die Pflanzen verblühen, bleich und kraftlos werden. Manchmal wird diese Zeit auch als Trennungs- und Scheidungszeit beschrieben, weil es darum geht, zu prüfen und zu beurteilen, ob der Punkt gekommen ist, eine Beziehung, eine Ehe oder Lebensgemeinschaft, eine Freundschaft, einen Beruf oder ein Lebenskonzept zu beenden.

Eine der mächtigen entschiedenen Göttinnen ist die römische Diana. Sie ist eine Himmels- und Mondgöttin, die wie die griechische Artemis eine Beschützerin der Frauen war, und zwar sowohl der Jungfrauen als auch der fruchtbaren Frauen. Sie beschützte die Würde der Frau und die Heiligkeit des Weiblichen. Sie verschaffte den Frauen, deren Wünschen und intimen Geheimnissen Respekt und Achtung. Wer sich Diana widersetzte, wer Frauen missachtete oder ihnen Gewalt antat, den tötete sie gnadenlos. Sie förderte Frauen darin, selbstbewusst für sich einzutreten und Rache für jede Verletzung oder Misshandlung zu nehmen. Dianas wurde in den Augusttagen mit Fackelprozessionen zu ihrem Heiligtum in einem Wald oder an einem See gedacht. Ihr Festritual wurde unter freiem Himmel zelebriert, denn sie war die Herrin der Wildnis und der Nacht.

Die indische Durga ist eine kämpferische, mutige und mächtige Göttin, die den vielgestaltigen Dämon besiegte und die Erde vom Bösen befreite, damit sie bewohnbar werden konnte. Durga symbolisiert den Kampf gegen Unrecht und Unwissenheit. Sie steht für Abgrenzung und den Schutz der eigenen Grenzen, für das Streben nach höchstem Wissen und Frieden. Sie ist die allmächtige Muttergöttin, deren Güte, Gnade, Weisheit und Kraft unermesslich sind. Durga reitet auf ihrem rituellen Tier, einem Löwen, und trägt zehn Symbole in ihren Händen, darunter Weisheit, Zorn, Gier, Egoismus, Wahrheit, Lust und Stolz (vgl. Joe Heydecker: »Die Schwestern der Venus«).

Rheia, die Tochter der Urmutter Gaia, war eine geachtete griechische Muttergöttin. Sie war die Mutter von Zeus und wurde als riesenhafte, stattliche Frau dargestellt, der Männer und Tiere mit Ehrfurcht begegneten. Ihre leidenschaftliche Verehrung wurde mit großen Musikzügen begangen, die in mystischen Orgien endeten. Ihre Symbole sind die Doppelaxt, die Messingtrommel und die flammende Fackel.

Perkuna Tete ist die Blitzgöttin der Letten. Alles, was sie berührt, wird auf der Stelle hell und klar. Sie fährt durch uns hindurch und schenkt uns blitzartig und oft schmerzhaft Einsicht und Erkenntnis. Für einen Augenblick erhellt sie wie ein Blitz die Dunkelheit der Nacht und weist uns den Weg. Wenn wir wirklich sehen können, wissen wir die Wahrheit und wissen Bescheid.

Meda, die germanische Göttin der Landwirtschaft, wird mit einer Kornähre dargestellt. Sie rauchte Pfeife, brachte Fruchtbarkeit übers Land und heilte die Erde. Rauchopfer stimmen sie günstig, und Ritualtänze ihr zu Ehren werden stampfend getanzt.

Jetzt ist die Zeit der Ernte. Einst ließ man die letzte Garbe des Getreides auf dem Feld für die Göttin zurück, um ihr für die Fruchtbarkeit zu danken. Mit dieser Gabe wurde sie geehrt und geachtet.

Alltagsrituale

Die intensive Sonnen- bzw. Feuerenergie Anfang August unterstützt uns dabei, Nein zu sagen, mutig und kraftvoll etwas zu beenden, eine Grenze zu ziehen, etwas zu klären oder eine Entscheidung zu treffen. Auch erfahren wir jetzt in der Natur, dass es ohne Tod kein Leben gibt. Sowohl das Leben von Tieren als auch das von Pflanzen wird beendet, damit sie für uns zur Nahrung werden. Das Symbol dieser Zeit ist die Sichel, ein Schneidewerkzeug, mit dem jetzt die Ernte geschnitten wird.

Vielen Frauen fällt es schwer, eine positive Einstellung zu einer endgültigen Tat oder zu ihrer aggressiven Kraft zu entwickeln. Zu tief sitzt das Idealbild der Frau, die immer nur liebevoll, offen, verständnisvoll, geduldig und friedfertig ist. Doch wir brauchen ein gutes und bewusst eingesetztes Maß an Aggression, damit wir in der Lage sind, uns mit jemand oder etwas auseinanderzusetzen, uns klar abzugrenzen und uns selbst und unsere Würde zu verteidigen. Wir brauchen den Mut, Nein zu sagen und etwas zu beenden, einen Punkt zu machen oder alte Zöpfe abzuschneiden.

➤ *Experimentieren Sie mit den Fragen: Was gibt es für mich zu schneiden? Was ist reif? Wo will ich Licht und Luft ins Dickicht bringen? Wo gilt es, ein Zuviel wegzuschneiden, alte Fäden zu durchtrennen? Was gibt es zu entscheiden und zu beenden?*

Kräuterkunst

Die ersten Augusttage werden auch als Beginn der Frauendreißiger bezeichnet. Dies sind besondere magische Tage, in denen alle Gegenstände, Steine, Federn, Pflanzen, Kräuter oder Wurzeln für Rituale und für Heilungszwecke gesammelt und gesegnet werden können. Die Energie dieser Zeit lässt sich dazu nutzen, die bisher gesammelten und getrockneten Kräuter zu verarbeiten. Sie können die Kräuter für Teezubereitungen verwenden, Heilungsarbeiten oder Räucherzeremonien.

Wenn Sie Heilpflanzen für Tee gesammelt haben, können Sie die Kräuter jetzt klein schneiden und in verschließbare Glasgefäße geben. Vergessen Sie nicht, die Gläser zu beschriften, damit Sie auch im Winter noch wissen, welche Kräuter Sie gesammelt haben. Dass Sie die Pflanzen sicher bestimmen können und nur an Orten gesammelt haben, die wenig durch Abgase verschmutzt sind, versteht sich von selbst.

Kräuterkissen können verwendet werden, um gut ein- oder durchzuschlafen.

➤ *In einen Stoffbeutel oder in einen kleinen Kissenbezug werden gut durchgetrocknete, beruhigende und heilsame Kräuter eingenäht wie Lavendel, Linde, Hopfen, Kamille, Rosenblätter, Zitronenmelisse, Beifuß, Johanniskraut und Holunderblüten. Den Inhalt sollten Sie jährlich erneuern.*

Kräuterstäbe werden zum Räuchern verwendet.

➤ *Um einen Kräuterstab herzustellen, binden Sie mit einem Zwirnsfaden getrocknete Zweige einer Sorte Kräuter – Salbei, Lavendel oder Ysop – fest zusammen, indem Sie den Faden von den Stielen bis zu den Spitzen viele Male um das Kraut wickeln. Das feste Umwickeln ist wichtig, sonst verbrennen die Kräuter beim ersten Anzünden zu schnell, und der Kräuterstab fällt auseinander.*

Sie können aber auch Ihre eigene Kräuterstabmischung herstellen. Kräuterstäbe eignen sich auch gut als kleine Geschenke für liebe Menschen.

➤ *Für Ihre Kräuterstabmischung binden Sie mehrere Heilkräuter zu einem kleinen Strauß zusammen und umwickeln diesen von oben bis unten fest mit dem Zwirnsfaden. Hierbei können Sie die Pflanzen verwenden, deren Duft oder deren Energie Sie besonders mögen.*

Die gesammelten, getrockneten und klein geschnittenen Blüten oder Kräuter zum Räuchern bewahren Sie am besten getrennt voneinander in verschließbaren Gefäßen auf. Erst wenn Sie räuchern wollen, stellen Sie sich die Mischung zusammen, die Sie brauchen.

Der Einsatz eines Medizinbeutels ist dann zu empfehlen, wenn Sie die Kraft bestimmter Pflanzen bei sich tragen wollen. Ein Medizinbeutel wirkt unterstützend, wenn Sie auf Reisen gehen wollen, oder Sie können ihn einem nahestehenden Menschen zum Schutz oder zur Begleitung schenken. Vor allem wenn Kinder erwachsen werden und aus dem Haus gehen, ist ein Medizinbeutel eine schöne Begleitung, denn Sie können – neben den Kräutern – Ihre liebevollen, fürsorglichen Gedanken und Ihren Segen hineinpacken.

- *Einen Medizinbeutel können Sie aus einem runden Stück Stoff oder einem feinen Fensterleder leicht selbst herstellen. Am oberen Rand ziehen Sie eine haltbare Schnur durch, damit Sie den Beutel verschließen können. In den so entstandenen Beutel kommen dann all die Pflanzen, vielleicht auch Steine, kleine Muscheln, Federn oder Holzstückchen, deren Kraft Sie immer bei sich haben wollen.*
- *Machen Sie ein besonderes Ritual für Ihren Medizinbeutel. Dazu legen Sie alle Dinge, die in den Beutel sollen, auf ein großes Blatt Papier, auf das Sie die Himmelsrichtungen und die Elemente gezeichnet haben. Sie können auf das Blatt auch die Namen der Göttinnen schreiben und die Namen der Pflanzen oder Mineralien, die Sie in den Beutel legen wollen. Dann visualisieren Sie einen Kreis um sich und bitten die Kräfte der Elemente sowie jene der Himmelsrichtungen zu sich. Mit der Kraft*

des Feuers, mit den Tönen einer Rassel oder einer Trommel und durch das Verbrennen von Räucherwerk sowie das Besprengen mit Wasser segnen Sie all die Gegenstände, die Sie in den Beutel geben wollen, und laden sie mit Kraft auf. Danken Sie all den Kräften, die für Sie da sind.

Haltbarmachen von Obst und Gemüse

In dieser Zeit gibt es eine Fülle von reifem Obst und Gemüse, das Sie für die Winterzeit haltbar machen können. Wenn Sie einen Garten haben, können Sie erleben, dass schon zwei oder drei Zucchinipflanzen oder ein mittelgroßer Obstbaum so viele Früchte tragen, dass Sie sie zur Reifezeit gar nicht alle essen können.

➤ *Teilen Sie Ihren Reichtum an Obst und Gemüse mit anderen, auch mit den Tieren, die in ihrem Garten leben. Machen Sie einen Teil der natürlichen Fülle für den Winter haltbar.*

Wenn Sie keinen Garten haben, finden Sie jetzt auf Wochenmärkten ein reichliches und oft günstiges Angebot an Obst und Gemüse aus Ihrer Region. Aus den reifen Beeren und Früchten lassen sich Säfte, Liköre, Gelees oder Marmeladen herstellen. Rezepte dazu finden Sie in vielen Kochbüchern oder auch auf den Gelierzuckerpackungen. Sie können frisches Gemüse, Obst und Kräuter auch einfrieren. Kleine reife Gurken lassen sich zu Salz- oder Senfgurken einlegen. Aus den nun üppig reifenden Tomaten können Sie wunderbare Soßen oder Suppen herstellen, die sich portionsweise einfrieren lassen, sodass Sie sie – aufgewärmt – auch im Winter genießen können. Pilze werden entweder im Schatten oder im Backofen getrocknet und später für Soßen verwendet.

Frauenfeste

Treffen Sie sich mit Freundinnen zum Fest der rot-schwarzen Frau, zu Ehren der Göttin, die Grenzen setzt und Entscheidungen trifft. Alle tragen die Farben Schwarz und Rot. Gehen Sie gemeinsam über die abgeernteten Kornfelder, und lassen Sie die Gedanken und Gefühle zu, die dabei in Ihnen aufsteigen. Setzen Sie sich mit Ihren Freundinnen dann noch zusammen, möglichst im Freien, achten Sie auf Sternschnuppen am nächtlichen Himmel, und wünschen Sie sich nach altem Brauch still etwas, wenn Sie eine entdecken. Essen und trinken Sie miteinander, und tauschen Sie Ihre Gedanken und Erfahrungen zu den Themen Grenzen setzen, etwas beenden oder eine Autorität, »eine Königin im eigenen Reich« oder einfach eine »neue Alte« sein aus.

➤ *Feiern Sie ein besonderes Fest, wenn eine Frau sich von der regelmäßigen Monatsblutung endgültig verabschiedet. Machen Sie ein Fest daraus, wenn eine den Kreis der fruchtbaren Frauen verlassen hat und in den Kreis der freien, selbstbewussten und erfahrenen Frauen eintritt.*

Atemübung

Feueratem

➤ *Setzen Sie sich aufrecht auf einen Stuhl oder direkt auf die Erde, und schließen Sie die Augen. Entspannen Sie Ihre Muskulatur bei jedem Ausatmen etwas mehr, und lassen Sie alles los, was Sie jetzt nicht brauchen. Spüren Sie die Anziehungskraft der Erde, geben Sie ihr ein Stückchen nach. Gleichzeitig spüren Sie das Bedürfnis, sich aufzurichten und der Schwerkraft zu entgehen. Wenn Sie fühlen, dass Sie ein gutes Gleichgewicht gefunden haben und innerlich ruhig und gesammelt sind, stellen Sie sich vor, wie Sie die Energie und Kraft, die von der Erde nach oben steigt, durch Ihre Füße oder durch Ihr Wurzel-Chakra, am unteren Ende der Wirbelsäule, aufnehmen und nach oben steigen lassen, bis in Ihren Bauch hinein. Spüren Sie, wie die Energie sich hier sammelt und konzentriert und nach allen Seiten ausstrahlt. Atmen Sie wieder ganz bewusst, und lassen Sie noch mehr Energie aus der Erde aufsteigen. Lassen Sie diesen warmen Energiestrom höher fließen, bis zu Ihrem Herzzentrum. Stimmen Sie laut oder leise einen Ton an, der Ihr Herz- und Liebeszentrum zum Schwingen bringt. Spüren Sie, wie sich Ihre Liebesenergie im Herzen sammelt und stark wird und wie diese Kraft nach allen Seiten ausstrahlt. Lassen Sie diese Energie dann weiter nach oben strömen, bis zu Ihrem Kopf, Ihrem Verstand und zu Ihrem Dritten Auge, mit dem Sie nun voller Ruhe und Klarheit sehen können. Wenn Sie spüren können, wie die ruhig strömende Feuerkraft aus der Erde durch Ihr Wurzel-Cha-*

kra, durch Ihren Bauch bis zu Ihrem Herzen fließt und dann weiter hinauf, bis zu Ihrem Stirn-Chakra, dem Zentrum der inneren Ruhe und Klarheit, können Sie in Ruhe den richtigen Zeitpunkt abwarten, um dann im Einklang von Gefühl, Herz und Verstand zu handeln. So können Sie Entscheidungen treffen, etwas beschließen, sich abgrenzen, sich von etwas trennen oder eine Sache beenden.

Begegnung mit der Natur

Eine Nacht im Freien verbringen

In den lauen Sommernächten bietet es sich an, allein eine Nacht draußen unter freiem Himmel zu verbringen.

➤ *Sie können entweder auf Ihrem Balkon, in Ihrem Garten oder, falls Sie sich dabei sicher fühlen, auch im Wald ein Lager für eine Nacht aufschlagen. Suchen Sie sich eine Stelle aus, an der Sie sich gut und geborgen fühlen. Bauen Sie entweder ein kleines Zelt auf, oder bereiten Sie eine Isomatte oder eine Gartenliege mit Decken und Kissen so vor, dass Sie darauf eine Nacht verbringen können. Wenn Sie in Ihrem Garten bleiben, können Sie sich zunächst an ein Feuer setzen. Ist das Feuer erloschen – bzw. ist es um Sie Nacht geworden, wenn Sie kein Feuer gemacht haben –, bleiben Sie, solange es Ihnen gefällt, in der Dunkelheit sitzen. Achten Sie auf die Schatten, die Gerüche, die sich verändernden Temperaturen, den Wind und die zumeist ungewohnten Geräusche um Sie herum. Vielleicht bekommen Sie Besuch von einem Tier, oder Sie können Elfen- oder Elementarwesen spüren. Beobachten Sie den Himmel, die Wolken, die Sterne, den Mond und vor allem Ihre Gefühle und Gedanken. Was erleben Sie, wenn Sie allein und ohne Ablenkung eine Nacht in der Dunkelheit draußen in der Natur verbringen? Wenn Sie müde werden, legen Sie sich zum Schlafen hin, und achten Sie auf Ihre Träume in der Nacht. Nehmen Sie den Aufgang der Sonne, die Veränderung des Lichts und der Temperaturen am nächsten Morgen wahr. Schreiben Sie Ihre Erfahrungen und Erkenntnisse in ein Tagebuch.*

Diese Übung kann vor allem Frauen helfen, sich den tiefen Ängsten vor der Nacht, der Natur und der Dunkelheit zu stellen. Wenn wir diese Ängste annehmen und durch sie hindurchgehen, kann dies eine sehr heilsame Wirkung haben und unseren Mut stärken.

Bewegungsübungen und Tänze

Gruß an die vier Himmelsrichtungen

Diese Übung ist angelehnt an die Anleitung und Musik von Jabrane Mohamed Sebnat. Es ist eine gute Übung, um bei sich selbst anzukommen, sich zu zentrieren, in der eigenen Mitte zu sein und gleichzeitig aus der Mitte heraus immer wieder mit der Umgebung in Kontakt zu treten. Die sich wiederholende Bewegung geht zuerst nach außen in die Welt und dann wieder zurück nach Hause zu sich selbst.

➤ *Stellen Sie sich mit dem Gesicht nach Norden, und legen Sie Ihre Hände auf Ihre Mitte, Ihren Bauch. Mit dem Rhythmus der Musik atmen Sie ein und machen beim Ausatmen mit dem rechten Fuß einen kleinen Schritt nach vorn. Dabei wird auch die rechte geöffnete Hand nach vorn bewegt, so, als wollten Sie etwas geben. Beim Einatmen geht die rechte Hand wieder zurück zu Ihrer Mitte, so, als empfingen Sie etwas von außen. Auch der Fuß geht in die Ausgangsstellung zurück. Beim Ausatmen wird die gleiche Bewegung des Gebens ausgeführt, diesmal mit der linken Hand und mit dem kleinen Schritt Ihres linken Fußes. Beim Einatmen gehen die linke Hand und der linke Fuß wieder zurück in die Ausgangsstellung.*

Nach dieser Bewegung nach vorn und nach Norden stehen Sie jetzt wieder in der Mitte. Atmen Sie nun wieder ein, und bewegen Sie Ihren rechten Fuß und Ihre rechte Hand mit dem Ausatmen nach rechts in Richtung Osten. Schauen Sie dabei auch in diese Richtung. Beim Einatmen gehen Sie wieder zurück in die Ausgangsstellung, der Blick geht in Richtung Norden. Sie atmen

aus und bewegen Ihren linken Fuß und Ihre linke Hand in Richtung Westen. Beim Einatmen gehen Sie wieder zurück in die Ausgangsstellung. Beim nächsten Ausatmen bewegen Sie sich mit dem rechten Fuß und der rechten Hand nach Süden, von Ihrer Ausgangsstellung aus ist das nach hinten. Gehen Sie dann wieder zurück in die Ausgangsstellung. Bewegen Sie die linke Hand und den linken Fuß noch einmal nach Süden und wieder zurück in die Ausgangsstellung.
Wiederholen Sie diesen Bewegungsablauf im Rhythmus der Musik ca. 10 Minuten lang. Am Ende stehen Sie, mit nun geschlossenen Augen, noch einige Minuten still auf Ihrem Platz und spüren nach, was in Ihnen in Bewegung gekommen ist und wie Sie sich jetzt fühlen.
Wenn Ihnen dieser Bewegungsablauf geläufig ist und Sie sich in diesem Rhythmus sicher bewegen, können Sie die Handhaltung variieren. Nach der anfänglichen Geste des Gebens und Nehmens, die sehr weich ist, können Sie nun mit zwei weiteren Gesten experimentieren und nachspüren, wie es Ihnen damit geht.
1. Variation: Die Hand schiebt etwas von sich, so, als ob Sie die Luft wegschöben und sich damit Raum schafften und eine Grenze nach allen Seiten absteckten.
2. Variation: Ihre ausgestreckte Hand wird zu einer Schneide, mit der Sie etwas entscheiden, trennen, abschneiden, auf den Punkt bringen.
Wenn Sie auch diese Gesten im Körper und in Ihrem Gefühl gespürt haben, können Sie während der Bewegungsmeditation die drei Handvariationen ausführen und nachspüren, welche Bewegung jetzt gerade für Sie am angenehmsten und stimmigsten ist.

Tanz des Ogun – Sich entschließen, eine Kriegerin zu werden

Ogun hat die Funktion, Klarheit zu schaffen, die Willenskraft und die Konzentration zu stärken sowie das Neinsagen und die Abgrenzung zu lernen, außerdem rücksichtslos zu sein, wenn es notwendig ist, unbestechlich und unbeirrbar seinen eigenen Weg zu gehen, dem Weg des Herzens zu folgen oder eine Sache »durchzuziehen«. (Vgl. Kaye Hoffman; Musik von Rolf Exler: »Von Göttern besessen«)

➤ *Beim Tanz des Ogun fließt die Energie, die sich – von unten, von der Erde kommend – im Bauch sammelt, in die Arme. Die Arme holen zum*

Schlag aus, schlagen zu, schneiden, durchtrennen mit einem Hieb alles, was sich ihnen in den Weg stellt. Die Entscheidung sollte aus dem Bauch kommen, ebenso die Handlung. Der Kopf, die Schärfe Ihres Verstandes, überblickt die Wirren und trifft die Entscheidung im Einklang mit dem Bauch und dem Herzen.
Bewegen Sie sich zu der Musik von Rolf Exler oder zu einer anderen rhythmischen Musik so, als ob Ihre Hände und Ihre Arme Schneidwerkzeuge wären. Sammeln Sie Kraft, und trennen Sie dann mit einem Schnitt oder Schlag das durch, was Sie einschränkt oder behindert.

Fantasie- und Trancereisen

Das heilsame Refugium

➤ *Setzen oder legen Sie sich bequem hin, schließen Sie die Augen, und entspannen Sie sich. Lassen Sie Ihren Atem kommen und gehen, wie die Wellen des Meeres, ein und aus und auf und ab. Spüren Sie, wie Ihr Atemrhythmus ruhig und tief wird.*
Stellen Sie sich dann vor, Sie gingen an einen geheimen Ort, der nur Ihnen zugänglich ist. Das kann z.B. ein Ort in einer Landschaft sein, wo Sie sich wohl und geborgen fühlen. Es kann ein besonderer Platz sein,

auf einer sonnenbeschienenen warmen Lichtung, mitten in einem dichten tiefgrünen Wald. Ein versteckter Ort zwischen den Felsen am Meer, im schattigen Moos, an einer erfrischenden, sanft sprudelnden Quelle oder am Ufer eines stillen, mondbeschienenen Sees.

Nehmen Sie sich Zeit, die Bilder aus Ihrem Inneren aufsteigen zu lassen, die in Ihnen entstehen, wenn Sie an Ihr Refugium der Stille und der Geborgenheit denken. Achten Sie auf die Farben und die Gerüche, die Geräusche und die Temperaturen, die an diesem Ort vorherrschen. Dies ist Ihr persönlicher heilsamer und heiliger Zufluchtsort, ein Platz der Ruhe und der Sicherheit, an den Sie sich zurückziehen und wo Sie wieder neue Energie schöpfen können.

Stellen Sie sich vor, wie Sie hier ruhen und neue Kräfte sammeln. Oder Sie treffen an diesem heiligen Ort eine Begleiterin, eine starke, kluge und mutige Frau, die Ihnen bei allen Problemen zur Seite steht. Nehmen Sie sich Zeit, diese Bilder entstehen zu lassen.

Stellen Sie sich schließlich darauf ein, diesen Ort wieder zu verlassen. Bedanken Sie sich für alles, was Ihnen begegnet ist, und verabschieden Sie sich. Atmen Sie tief durch, spüren Sie sich wieder in Ihrem Körper, und kommen Sie gestärkt und erfrischt in Ihre Gegenwart zurück.

Vorstellungsübung – Grenzen ziehen

➤ *Setzen oder legen Sie sich bequem hin. Schließen Sie die Augen, und achten Sie auf den gleichmäßigen Fluss Ihres Atems. Stellen Sie sich vor, Sie zögen um sich herum einen heiligen Kreis. Dieser Kreis kann so groß oder so klein sein, wie es sich für Sie gerade richtig anfühlt. Damit markieren Sie eine Grenze, die alles von Ihnen fernhält, was Sie stören, belästigen oder angreifen könnte. Wenn Sie möchten, dann gestalten Sie diese Grenze so, dass Sie sich im Inneren Ihres Kreises wohl und geborgen sowie vollkommen geschützt fühlen. Vielleicht errichten Sie eine magische Grenze um sich, oder Sie lassen sie aus Feuer, aus Steinen, aus einer grünen Hecke entstehen. Oder Sie stellen sich vor, auf einer Insel zu sein, die von Wasser umgeben ist. Was immer Ihnen an Bildern einfällt – nehmen Sie sie, um eine stabile Grenze um sich zu ziehen.*

Ins Innere Ihres Kreises, Ihres heiligen Schutzkreises, lassen Sie dann all die Dinge kommen, die Ihnen guttun, die Sie erfreuen und die Ihre Seele nähren. Nehmen Sie sich die Zeit, all die Bilder in Ihnen auftauchen zu lassen, die entstehen, wenn Sie an Wohlbefinden, Schutz und Genährtsein denken. Bleiben Sie so lange in Ihrem Kreis, der Sie schützt und nährt, bis Sie spüren, dass Sie wieder zurück in Ihren Alltag kommen wollen. Öffnen Sie dann die Augen, und seien Sie wieder ganz im Hier und Jetzt.

Um diesen Schutzkreis im Alltag zu aktivieren, brauchen Sie sich dieses Bild nur kurz wieder vorzustellen, es zu fühlen oder zu spüren. (Vgl. Amy Sophia Marashinsky: »Göttinnen-Geflüster«)

Heilsame Analogien

Hier vorgestellt finden Sie einige Bereiche, in denen sich die Energien rund um Lammas ausdrücken können. Sie sollen eine Anregung für Sie sein, sich selbst auf die Suche nach dem Ausdruck der Kräfte der Zeit zu machen. Die Tiere und Pflanzen, die ich hier nenne, sind als Beispiele zu verstehen – selbstverständlich könnten hier noch viele andere aufgeführt werden.

Energie Feuer in allen Formen – Vulkane, Lava, Waldbrand, Blitz, Kaminfeuer

Zeit

die Kraft der heißen Nachmittagssonne und der Spätsommer, Zeit der Ernte

Orte

sonnig-warme und heiße, trockene oder vertrocknete Landschaften – die Wüste, aber auch Weinberge und abgeerntete goldgelbe Getreidefelder

Themen

entscheiden, abgrenzen, Grenzen ziehen, innere Autorität finden, die Führung übernehmen

Farben

Gold, Goldgelb, Sand- und Erdfarben, Rot und Schwarz

Mineralien – Hämatit, Granat, Topas, Heliotrop, Sonnenstein

Der außen silbrig schimmernde, innen blutrote Hämatit wurde einst zur Blutbildung und zum Stillen von Blutungen verwendet. Er fördert die Überlebenskraft, stärkt den Willen und bringt Vitalität und Dynamik ins Leben. Er lenkt die Aufmerksamkeit auf die elementaren Grundbedürfnisse und auf die Verbesserung der Lebensqualität.

Der Granat, der im Mittelalter Karfunkel genannt wurde, bringt Licht und Hoffnung ins Leben. Er ist der Stein der Heldin, die sich schwierigen Prüfungen stellen muss. Er stärkt die innere Kraft in Krisenzeiten, hilft, veraltete Vorstellungen loszulassen, und verleiht den Mut, neu anzufangen und sich für das Wohl einer Gemeinschaft einzusetzen.

Der gelbe Topas steht für die Herrschaft über das eigene Leben, für Weisheit und Selbstverwirklichung. Er hilft, den eigenen inneren Reichtum an Fähigkeiten und Wissen zu entdecken, und fördert die Ehrlichkeit sich selbst gegenüber. Er unterstützt uns dabei, uns der eigenen Autorität, die auf erarbeitetem Können beruht, bewusst zu werden.

Der grüne Heliotrop mit seinen roten Einschlüssen ist ein starker Heilstein, der dabei hilft, sich abzugrenzen und sich vor unerwünschten Einflüssen zu schützen. Er beruhigt bei Gereiztheit und Aggressivität und vitalisiert bei Erschöpfung und Müdigkeit, er stärkt das Immunsystem und verhilft zu schnellen Reaktionen in unvorhergesehenen Situationen. Bei Entzündungsprozessen fördert er die Heilung.

Der orange Sonnenstein hilft, dem eigenen inneren Wesen treu zu bleiben. Er steigert das Selbstwertgefühl und schenkt Optimismus und Tatendrang. Er wirkt stimmungsaufhellend und regt die Selbstheilungskräfte an.

Tiere

Raubtiere, vor allem der Löwe, außerdem Adler und Eidechse

Der Löwe gilt als König und die Löwin als Königin der Tiere, beide tauchen häufig als Krafttiere auf. Sie strahlen Wärme und Licht aus, symbolisieren Macht und Führungsqualität, Wahrheit und Verantwortung. Löwen kümmern sich fürsorglich um ihren Nachwuchs. Sie stehen für Hingabe, Autorität, Gelassenheit und Mut.

Der Adler ist der König der Lüfte, der hoch oben fliegt und dabei den Überblick gewinnt. Er hilft dabei, übergeordnete Ziele zu erkennen, und stärkt Mut und Selbstvertrauen. Adlerkraft fördert Vitalität, Wärme, Stärke, kreative und spirituelle Energie. Die Federn des Adlers werden von Schamanen als heilige Werkzeuge bei Räucherzeremonien, zum Reinigen der Aura und zum Heilen von Krankheiten verwendet.

Die Eidechse gilt als Hüterin der Träume. Sie hilft uns dabei, uns an unsere Träume zu erinnern und diese zu verstehen. Eidechsen lieben die warme Sonne, sind flink, hochsensibel und verfügen über eine starke Regenerationskraft. Sie werden als Glücksbringer angesehen.

Bäume und Sträucher

Pflanzen, die sonnige Standorte lieben, wie z.B. Weißdorn, Wacholder, Kiefer

Der Weißdorn (*Crataegus monogyna*) ist ein Heckengewächs. Er bietet mit seinen Dornen vielen Tieren Unterschlupf und Schutz. Er blüht weiß und bekommt später rote Beeren. Die Kraft des Weißdorns stärkt das Herz und verleiht Selbstvertrauen.

Der Wacholder (*Juniperus communis*) wächst in Europa, Asien und Amerika und braucht eher trockene Böden. Er wächst in säulenartiger

Gestalt und hat blaugrüne Nadeln und dunkle Beeren. Sein Holz wird zum Räuchern von Fisch und Fleisch verwendet. Wacholder soll der Überlieferung nach vor Unheil schützen, darum werden mit seinen Zweigen Häuser oder Viehställe ausgeräuchert. Getrocknete Wacholderzweige werden auch zum Räuchern bei Heilungsritualen benutzt. Die Beeren werden zu Heilzwecken eingesetzt, vor allem zur Verdauungsförderung und Entgiftung, bei Entzündungen und Rheumatismus. Wacholderöl wirkt kräftigend, aufmunternd und erfrischend.

Die Kiefer (*Pinus sylvestris*) gehört zu den Bäumen, die schon seit Jahrmillionen unsere Erde bewalden. Ihr Harz wird zum reinigenden Räuchern eingesetzt. In Duftlampen verwendet, wirkt Kiefernöl keimtötend und entzündungshemmend. Der Duft beruhigt und entspannt und hilft bei Erschöpfung und geringer Belastbarkeit. Die Bach-Blütenessenz Kiefer wird bei übertriebenen Schuldgefühlen, Müdigkeit und Kraftlosigkeit verabreicht und fördert die Erlangung inneren Friedens und ein angemessenes Verantwortungsgefühl.

Pflanzen – Sonnenblumen, Salbei, Ringelblumen, Rosmarin, Borretsch

Sonnenblumen (*Helianthus annuus*) sind große einjährige Korbblütler, von denen sowohl die gelben Blütenblätter verwertet werden als auch die fettreichen Kerne, aus denen Öl gepresst wird. Aus den Blütenblättern werden Tees oder Tinkturen bereitet, die bei Fieber, Lungenerkrankungen und Grippe Verwendung finden.

Salbei (*Salvia officinalis*) mit seinem herben Geruch wird in der Kräuterheilkunde und zum Räuchern verwendet. Er hilft bei Entzündungen im Mund- und Rachenbereich, entgiftet und vermindert übermäßiges Schwitzen. Salbei ist ein Frauenheilmittel, das auch zur Regulierung der Menstruation und des Hormonhaushalts in den Wechseljahren eingesetzt wird. Er wirkt gegen Hitzewallungen und Überempfindlichkeit, außerdem verringert er den Blutverlust während der Menstruation. Salbei wird vor allem von den amerikanischen Ureinwohnern zum Räuchern bei Ritualen und in Schwitzhütten verwendet.

Die Ringelblume (*Calendula officinalis*) hilft bei Leberproblemen, regt die Verdauung an, fördert die Wundheilung, wirkt entgiftend und stimuliert das Immunsystem. Die orangegelbe Blüte tröstet und stärkt Herz und Geist. Im Medizinbeutel getragen, verströmt sie Wärme, Schutz und Sicherheit.

Rosmarin (*Rosmarinus officinalis*) wurde einst vor allem zum Schutz vor ansteckenden Krankheiten verwendet und bei Räucherzeremonien verbrannt. Als Tee aufgebrüht unterstützt er das Herz und den Kreislauf. Einerseits öffnet Rosmarin das Herz und verscheucht mit seiner Sonnenkraft Trauer, Zorn und Eifersucht. Andererseits hilft er uns, uns abzugrenzen, wenn die Gefahr besteht, dass wir zu offen sind und uns dabei verausgaben.

Borretsch (*Borago officinalis*) wärmt und stärkt das Herz. Er wirkt fiebersenkend und trägt zur Wundheilung bei. Beim Räuchern verströmt Borretsch einen warmen, entspannenden Duft.

Speisen und Getränke

Aprikosen, Birnen, Brombeeren, Pflaumen, Weintrauben, Pfirsiche, frisches Brot; frische Kräutertees (z. B. Pfefferminze), Eistee, Wasser

Düfte

aromatisch, intensiv, ausdrucksvoll; Bergamotte – wirkt aufmunternd, fördert Selbstbewusstsein und innere Stärke, hilft bei Minderwertigkeitsgefühlen; Orangenblüten – feiner zarter Duft, der Geist und Gemüt aufhellt, verstärkt Vitalität und Offenheit für Liebe und Frohsinn.

Instrumente und Musik:

Trommeln, Violine, afrikanische Trommelrhythmen, Beat, Rumba und Flamenco, Klassik: M. Ravel, L. van Beethoven, J. Brahms

Gestaltung eines Festes

Das Jahreskreisfest zum 2. August
Das Schnitterinnenfest Lammas

Südwesten
Lammas

Dieses Mondfest, das den abnehmenden Mond ehrt, markierte bei den Kelten den Herbstbeginn. Auf dem Jahreskreis ist es im Südwesten angesiedelt.

Dort symbolisiert es den brütend heißen Nachmittag, bei dem es auf die Abenddämmerung zugeht, und den späten oft schwül-heißen versengenden Spätsommer. Das zugeordnete Element ist das Feuer. Es ist die Zeit der Ernte. Der Doppelaspekt, der jetzt in den Vordergrund rückt, zeigt, dass auf den Höhepunkt der größten Fülle Zerstörung und Tod folgen. Es geht um das Mysterium, dass wir stets Lebendiges töten müssen – seien es Tiere oder Pflanzen –, um Nahrung zum Überleben zu erhalten.

Lammas ist der Gegenpol zum Lichtfest im Februar, dessen Themen die Sichel des zunehmenden Mondes, die Zeit der Visionen und der Neubeginn sind. Jetzt geht es um den abnehmenden Mond, die Sichel des Schneidens und des Erntens. In dieser Jahreszeit wird die Ernte eingebracht, die reifen Früchte werden haltbar gemacht und die Heilpflanzen für den Gebrauch vorbereitet und gesegnet. In vielen ländlichen katholischen Gegenden gibt es heute noch den Brauch, nun einen Kräuterstrauß zu pflücken, der dann zum Fest von Mariä Himmelfahrt am 15. August in der Kirche geweiht wird und das Haus vor Ungemach schützen soll. Ein Kräuterstrauß enthält die sogenannten Frauenpflanzen: Königskerze, Kornähre, Rose, Ringelblume, Kamille, Johanniskraut, Schafgarbe, Melisse, Minze, Rosmarin, Frauenmantel, Rainfarn und Beifuß.

Bei den Kelten wurde dieses Fest auch Lugnasad genannt. Es war dem Gott Lug geweiht, einem Licht- bzw. Sonnengott, dessen Kraft jetzt am größten ist. Bei den Feierlichkeiten wurden ihm zu Ehren viele sportliche Wettkämpfe und Pferderennen veranstaltet. Im Mythos des Adonis – ebenfalls ein Sonnengott – geht es in dieser Zeit um den Tod des jungen Gottes, der in der Blüte seiner Männlichkeit, mitten im Sommer, von einem wilden Eber getötet wird. Er tritt dann die Reise in die Unterwelt an, hält sich ein Drittel des Jahres bei Persephone auf, der Göttin der Unterwelt. Im Frühjahr wird er wiedergeboren und lebt ein Drittel des Jahres allein. Im Frühsommer verbindet er sich in leidenschaftlicher Liebe mit Aphrodite, aus deren Armen der Tod ihn alljährlich im Hochsommer reißt.

Mitte beim Lammas-Fest

Wir können heute folgende Schwerpunkte setzen:

- die zerstörerische Kraft der Natur erfahren und die Kraft des Feuers ins eigene Leben integrieren
- lernen, sich abzugrenzen, Nein zu sagen, eigene Bereiche abzustecken und sich zu schützen
- die Ernte einbringen, sich trennen von Einstellungen, Verhaltensweisen und Mustern, die überholt sind, und damit beginnen, sich selbst zu achten, wertzuschätzen und zu respektieren
- die eigene Lebenserfahrung und Eigenständigkeit würdigen und zu einer positiven Autorität finden
- die Göttin im Aspekt der entschiedenen, machtvollen und eigenwilligen Autorität erfahren

Beispiel für eine Feier

In der Mitte unseres Kreises stand an diesem Abend eine große weiße Kerze in einer mit Sand gefüllten Schale. Die Kerze wurde von verschiedenen Kornähren – Gerste, Hafer, Roggen und Weizen – eingerahmt. Unterschiedliche Heilpflanzen waren im Kreis darum angeordnet: Holunder, Spitzwegerich, Salbei, Rosenblätter, Ahorn, Melisse, Goldrute, Rainfarn, Rosmarin, Wermut, Beifuß, Eibe, Thuja, Majoran, Linde, Nachtkerze, Pfefferminze, Ringelblumen, Schafgarbe, Lavendel und Johanniskraut.

Das Reinigungs- und Segnungsritual wurde an diesem Abend mit einem Kräuterstab, bestehend aus Brennnessel, Wermut, Johanniskraut und Lavendel, durchgeführt. In der ersten Runde erzählten die Frauen

dann, wie sie die Zeit gerade wahrnehmen: Für eine ist die Wärme angenehm, sie ist gern draußen. Eine andere spürt die Lust, nackt zu sein. Für eine weitere ist alles satt und üppig, und sie sieht es überall kreuchen und fleuchen. Eine erlebt die Wälder als grün und schattig. Eine der Frauen wird bald 50 und freut sich besonders auf dieses Fest; sie sucht in dieser Übergangszeit nach weiblicher Nähe. Eine andere verspürt eine Ahnung von Herbst, da das Korn schon geschnitten ist. Eine glaubt, in diesem Jahr gebe es viele Insekten, besonders Stechmücken, und Spinnen. Eine erlebt jetzt den Höhepunkt, die Reife und den Wandel, eine andere erfährt Erdverbundenheit, Beständigkeit und Freude auf die kommende Ruhezeit. Eine weitere findet, die Natur ist durcheinander, weil es mal extrem heiß und schwül ist, dann wieder Wolkenbrüche und Überschwemmungen toben. Eine findet, es sei eine tolle Zeit jetzt, sie liebt die Hitze, die warme Sonne und den Sommerhimmel. Für eine herrscht nun im Garten Überfülle, weil durch den Regen alles geschossen ist, sie weiß nicht, wohin mit allem. Eine hat Johanniskrautschnaps angesetzt, freut sich über die Beeren und den Holunder, will Likör daraus machen. Für eine ist zurzeit alles so reichhaltig, weil die Obstbäume voll sind.

Im Vortrag ging es um die jetzige Zeit, die unsere Durchsetzungskraft anregt und uns hilft, uns klar und entschieden abzugrenzen. Die ältere Frau, die sich nach den Wechseljahren in einem Zwischenstadium befindet, ist erfahren und hat in der Welt einiges erreicht, doch sie ist noch nicht die alte Weise.

Im Erfahrungsteil machten wir draußen gemeinsam die Bewegungsmeditation: Gruß an die vier Himmelsrichtungen, mit den Schwerpunkten Abgrenzen, Entscheiden oder – wie eine Frau es empfand – Wegweisen. Dann machten wir ein großes Feuer und ließen eine Schale mit Milch im Kreis herumgehen.

➤ *Jede Frau tauchte drei Finger – Zeigefinger, Mittelfinger und Daumen – in die Milch. Dann sprühte jede dreimal einige Tropfen Milch in die Luft, verbunden mit einem Wunsch: einem persönlichen Wunsch, einem für Menschen, die sie liebt, und einem für die Gemeinschaft und die Ahnen.*

Wir tanzten dann ums Feuer den Tanz des Ogun – sich entscheiden, eine Kriegerin zu werden –, und die Frauen schnitten in ihrer Vorstellung die alten Fäden und Ängste ab. Drinnen spürten wir dann im stillen Beieinandersitzen der Erfahrung im Garten nach.

In der anschließenden Mitteilungsrunde sprachen die Frauen vom Erlebten: Eine spürte viel Feuerenergie in sich. Eine andere hatte das Gefühl, dass sie sich vorn abgrenzt, an den Seiten Energie aufnimmt und nach hinten die Fäden durchtrennt, die sie mit der Vergangenheit verbinden. Einer weiteren waren der Walnussbaum und die Kastanie heute besonders aufgefallen; sie hatte sich mit der Natur verbunden gefühlt, warm und frisch. Eine wollte sich von diesem Tag die Frauenkraft und das Gefühl mitnehmen, sich von den Kollegen abgrenzen zu können. Einer anderen hatte es diesmal besonders gutgetan, das Feuer mit dem Holz zu füttern, sie hatte die Feuerkraft wie Lava in sich gespürt. Eine weitere hatte sich stark und zufrieden gefühlt. Eine hatte das Zwielicht im Garten und die leichte Feuchtigkeit genossen.

Zum Abschluss nahmen sich die Frauen von den vielen Kräutern, die in der Mitte lagen und die wir mit heißen Trommelrhythmen und Kraft aufgeladen hatten, diejenigen mit, die sie am meisten angesprochen hatten. Diese Kräuter banden sie dann mit einem roten Band zusammen, das die Kraft des Lebens symbolisiert. Zum Schluss verbeugten wir uns alle vor der Mitte und schlossen den Abend ab mit einem guten Essen, das eine der Frauen vorbereitet hatte.

Die Zeit um die Herbsttagundnachtgleiche

Der Herbstbeginn am 21. September
Reichtum teilen und danken

Jahreszeit: Herbst

Die Tage nehmen nun kontinuierlich ab, ebenso die Wärme. Wir spüren, dass sich der Sommer dem Ende und dem Herbst zuneigt. Wieder sind wir an einem Gleichgewichtspunkt angelangt: Der Tag, die Helligkeit, und die Nacht, die Dunkelheit, halten sich die Waage, sie sind etwa gleich lang. Die Sonne geht am Morgen gegen 6.10 Uhr auf und am Abend gegen 18.20 Uhr wieder unter. Die Anzahl der hellen Stunden ist auf etwa 12 geschrumpft. Jetzt ist die helle Jahreshälfte zu Ende, und die dunkle Zeit beginnt.

Der Sonnenbogen verkleinert sich immer weiter, und die Sonne steht nicht mehr so hoch am Himmel wie im Sommer. Wir beginnen allmählich, uns auf die zunehmende Kühle, Nässe und Dunkelheit einzustellen, indem wir für den Winter vorsorgen, und wir halten uns wieder mehr im Haus auf. Oft sind diese Spätsommer- bzw. Frühherbsttage noch sonnig und mild, doch die Sonne steht schon tiefer, scheint in andere Bereiche unserer Häuser und taucht die Natur um uns herum in ein oft golden glänzendes Licht. Die Regenfälle und die stürmischen Herbstwinde nehmen zu. Drachen steigen lassen auf den abgeernteten Feldern ist nun eine bei Kindern und Erwachsenen beliebte Beschäftigung.

Viele Blumen blühen jetzt noch: Chrysanthemen, Fette Henne, Rosen, Goldrute, Topinambur, Erika und Astern in vielen Farben. Neben den Gelbtönen herrschen jetzt die lila und purpurroten Farben vor. Wir nehmen immer mehr welke Blätter wahr, doch der goldene Herbst beginnt erst langsam. Das Laub ist zu dieser Zeit noch überwiegend grün und beginnt nach und nach, sich zu färben. Rund um uns entsteht allmählich eine große Farbenpracht.

Manchmal erinnern Morgennebel und die empfindliche Kühle und Frische der Nacht an den anstehenden Abschied vom Sommer. In dieser Zeit finden wir überall kunstvoll angelegte Spinnennetze, in denen sich die Tautropfen sammeln, die dann am frühen Morgen, wenn die Sonne aufgeht, glitzern und funkeln. Der Beginn des Herbstes mit seinen warmen, golddurchwirkten und sonnigen Tagen strahlt eine ruhige und sanfte Energie aus. Der Unterschied zum Gleichgewichtspunkt beim Frühlingsbeginn ist, dass wir spüren, wie genährt und gesättigt, wie aufgeladen mit Energie und Wärme wir sind, und dass wir jetzt nicht den Aufbruch, sondern eher eine wehmütige, manchmal auch dankbare Abschiedsstimmung empfinden und den Rückzug in unsere vier Wände antreten. Tief im Inneren spüren wir, dass es Zeit ist, sich von der äußeren Welt zu verabschieden und sich auf die Beschäftigung im warmen Haus und mit den inneren Welten einzustellen.

Astrologische Sichtweise

Astrologisch befinden wir uns zu dieser Zeit am Übergang des Jungfrauthemas zum Zeichen Waage. Die Sonne tritt zu diesem Zeitpunkt vom Sternzeichen Jungfrau ♍, einem Erdzeichen mit dem Merkur als Planetenherrscher, in das Sternzeichen Waage ♎, ein Luftzeichen mit der Venus als Planetenherrscherin, ein.

Themen der Jungfrau sind: Gesundheitsbewusstsein, Ordnung schaffen, ein einfaches und erdverbundenes Leben, Rituale erschaffen und sie täglich durchführen. Bei ihr geht es um das realistische Vorsorgen für den Winter und die Zukunft sowie darum, die inneren Bedürfnisse mit der äußeren Realität in Einklang zu bringen. Wichtig sind nun sowohl die Integration aller Teilbereiche unseres Organismus, der Bedürfnisse des Körpers, der Seele und des Geistes, als auch die Anpassung an die äußere Realität.

Daran schließt sich die luftige Waage an, die sich darum bemüht, Bilanz zu ziehen sowie Harmonie und Ausgleich zu etablieren. Bei ihr geht es um die Fähigkeit, sich in die Bedürfnisse, das Denken und Handeln des anderen einzufühlen. Es geht um das Du, darum, einen anderen Standpunkt einnehmen zu können, um Verständnis, um das Gleichgewicht der Kräfte und um Toleranz. Und es geht um Leichtigkeit und Freundlichkeit, Harmonie und Schönheit, Genuss und Ästhetik.

Menschliche Entwicklung

Auf der Ebene der menschlichen Entwicklung ist diese Zeit die Phase von Anfang bis Ende sechzig. Viele beginnen, sich in dieser Zeit auf einen neuen Lebensabschnitt einzustellen, das Leben neu zu ordnen. Für manche beginnt mit 63 bis 65 Jahren der Ruhestand, für andere ein neuer Zustand der Unruhe und der Veränderung. Die materielle Ernte der arbeitsreichen Jahre wird eingefahren; oftmals werden nun die angesparten Versicherungen ausgezahlt und vorsorgend angelegt. Es ist eine gute Zeit, um Bilanz zu ziehen, Abschied zu nehmen von den anstrengenden, häufig fremdbestimmten berufstätigen Jahren. Was haben wir bewirkt in unserem Arbeitsleben? Welche Spuren werden wir hinterlassen? Was wird weitergeführt, und was geht zu Ende, wenn wir uns aus unserem Beruf verabschieden?

Es geht jetzt darum, sich neu zu orientieren, den eigenen Rhythmus und das eigene Tempo neu zu definieren, sich auf die Zeit des Älterwerdens und das allmähliche Nachlassen der Kräfte einzustellen. Einige frischen in diesen Jahren alte Kontakte, Beziehungen und Freundschaften wieder auf, die in der Zeit der Berufstätigkeit vernachlässigt wurden. Andere knüpfen an alte Wünsche an, gönnen sich eine geruhsame, lehrreiche Zeit des Reisens, beschäftigen sich mit Kunst, Wissenschaft und Kultur oder mit neuen Interessengebieten. Manche beginnen zu malen, zu schreiben, zu tanzen, zu singen, oder sie arbeiten ehrenamtlich in sozialen und politischen Gemeinschaften. Und vor allem selbstständig arbeitende Frauen – Ärztinnen, Schriftstellerinnen, Therapeutinnen oder Künstlerinnen – finden in dieser Zeit häufig zu einer reifen, eigenwilligen und leidenschaftlichen Ausdrucksform ihrer Schaffenskraft, Kunst und Kreativität. Für sie geht in dieser Zeit der Schöpfungsprozess weiter, und sie haben selten das Bedürfnis, sich früh aus ihrer Arbeit zurückzuziehen.

Kuan Yin, *Bodhisattva des Mitgefühls*

Viele Menschen spüren nun das Bedürfnis, den eigenen Horizont zu erweitern und sich sowohl mit fremden Kulturen als auch mit anderen Religionen zu beschäftigen. Sie meditieren oder beten und sind auf der Suche nach Spiritualität und Weisheit. Es ist auch eine gute Zeit, das Wissen und die Lebenserfahrung, die wir gewonnen haben, an die nächste Generation und die Menschen weiterzugeben, die sich dafür interessieren. Vor allem Frauen, die ihr Leben mutig gelebt haben und sich furchtlos in das Labyrinth ihrer eigenen Seele gewagt haben, werden nun zu Wächterinnen über das alte Wissen um Magie und Frauenmacht.

Manche ältere Frauen ziehen in diesen Jahren um, verkleinern sich, ziehen aus einem großen Haus aus, in dem die ganze Familie gelebt hat, und wählen eine neue Wohnform. Das kann eine Alterswohngemeinschaft oder ein Frauennetzwerk sein, in dem sich Gleichgesinnte zusammenfinden. Oder sie gehen in eine Seniorenwohnung, die behindertengerecht gestaltet ist und in der bei Bedarf verschiedene Hilfsangebote in Anspruch genommen werden können.

Es ist eine wichtige Zeit der Veränderung, des Abschiednehmens, des Umbruchs und der Neuorientierung. Diese Lebensphase bietet uns Frauen mehr, als uns die heutige Zeit normalerweise zugestehen will, und wir müssen selbst herausfinden, was wir aus dieser Zeit für uns machen. Von älteren Frauen wird erwartet, dass sie zu braven Großmüttern, unscheinbaren, die Arztpraxen füllenden, kränklichen Grauhaarigen oder zu tapfer gegen das Alter ankämpfenden, flotten, konsumfreudigen Seniorinnen werden. Es liegt also an uns heutigen Frauen, im letzten Lebensabschnitt neue Wege zu beschreiten. Wir sollten uns anschauen, was unsere Mütter oder Großmütter aus dieser Zeit gemacht haben. Oder wir sollten der Generation der heute über 60-Jährigen mehr Aufmerksamkeit schenken und sie so aus dem unsichtbaren Schattendasein herausholen und möglicherweise von ihnen lernen. Denn in stärker vom Matriarchat bestimmten Epochen hatten die älteren Frauen wichtige Funktionen im Staat und in der Gesellschaft, in der Religion und in der Rechtsprechung. Sie wurden als unabhängige, starke, erfahrene und kluge Frauen in der Funktion von Ratgeberinnen, Wächterinnen über die Gesetze des Lebens oder Priesterinnen geachtet und gewürdigt.

Göttinnen und Mythen

Die Göttinnenpaare, der **Archetypus** der ausgleichenden und die dunklen Seiten integrierenden Göttin, sowie die Heilerin und Schamanin, die Moosfrau und die Bergfrau, die frei und selbstbestimmt leben, gehören in diese Zeit. Es ist der Archetypus der Gesetzeshüterin, die weise und unabhängig über die Gesetze des Lebens wacht.

Die helle und die dunkle Seite

Es ist auch die Zeit der Göttinnen des Ackerbaus und der Ernte. Sie haben uns reichlich mit Nahrung beschenkt, und dafür danken wir ihnen, indem wir ihnen Geschenke machen. Früher wurden dazu auf den Feldern Korngarben oder Feldfrüchte zurückgelassen, auf Altären wurden Obst und Gemüse sowie neuer Wein oder frisches Bier geopfert.

Die Herbstgöttinnen werden auch oft als Frauenpaar dargestellt. In einigen Mythen wird der Rückzug der Vegetation, das Sterben der Pflanzen auf der Erde, in Verbindung damit gebracht, dass die Tochter der Göttin in die Unterwelt verschwindet und alles Leben mit sich nimmt. Die Mutter, die Quelle allen Wachstums, bleibt zurück, trauert um ihre Tochter und sucht sie überall wehklagend. Es dauert bis zum nächsten Frühjahr, bis die Tochter zurückkehrt und Mutter Natur erleichtert wieder erwacht und fruchtbar wird.

Der griechische Mythos der grünen Demeter erzählt von dieser schmerzlichen Suche nach der verlorenen Tochter Persephone, die von Hades, dem Gott der Unterwelt, geraubt wurde. Demeter zerpflückt in ihrem Schmerz wehklagend ihren blaugrünen Umhang und wird zur goldgelben Herbstgöttin, die den Pflanzen all ihre Energie entzieht, sodass sie welken und sterben. Erst nach einer langen Periode der Dürre und Unfruchtbarkeit kommt mit Persephone im Frühling das Leben wieder zurück auf die Erde. In den Eleusinischen Mysterien wird die trauernde und wütende und die glückliche und liebevolle Demeter verehrt. Sie wurde auch als Herrin der Gesetze geehrt, als die Befehlshaberin über die Jahreszeiten und das menschliche Leben.

In diesen Mythen geht es sowohl um den stetigen Wandel der Jahreszeiten als auch um die Dualität: die beiden Seiten der Frau, die Junge und die Alte, die Tochter und die Mutter, die Helle und die Dunkle, sowie die innige Liebe und Treue zwischen den Frauen.

Die Römer erzählen einen ähnlichen Mythos, den von Ceres, der Mutter, und ihrer geliebten Tochter Proserpina, die von Pluto, dem Gott der Unterwelt, geraubt wurde. Auch Ceres durchstreift die ganze Welt auf der Suche nach ihrer Tochter und will sogar bei ihr in der Unterwelt leben, was Unfruchtbarkeit auf der Erde bedeutet hätte. Da greift Jupiter, der Vater Proserpinas, ein und erwirkt bei Pluto, dass die Tochter ein halbes Jahr auf und ein halbes Jahr unter der Erde leben soll. Aus Freude über ihre wiedergefundene Tochter schmückt sich Ceres mit weißen Gewändern und trägt einen Kranz aus Ähren im Haar. Proserpina symbolisiert den Samen, der unter der Erde schlummert, bis er im Frühling zu neuem Leben erwacht.

Die Themen dieser Zeit lösen Schmerz, Zorn und Wut aus: Es sind Trennung und Verlust, Trauer und die Suche nach dem Verlorenen. Doch das Einlassen auf diese dunklen und machtvollen Gefühle führt dazu, dass sie sich allmählich wandeln und letztlich wieder zu Hoffnung und Freude über die Wiederkehr des Lebens im Frühjahr werden. Die Kraft, diese schwierige Phase durchzustehen und sich mit dem Schmerz zu versöhnen, entsteht aus der Gewissheit über den ewigen und natürlichen Kreislauf des Lebens.

Zu den Herbstgöttinnen gehören weiterhin die Muttergöttinnen, die für die Nahrung Sorge tragen: Annapurna, eine indische mütterliche Hausgöttin und Nahrungsspenderin, oder Athena Lindia, eine Göttin, die auf Rhodos verehrt wurde und die Macht von fruchtbaren Feldern, Wohlstand und friedlicher Gemeinschaft verkörpert. Ebenso dazu gehört

Baba Jaga oder Rugia Boba, die Roggenfrau, die als Strohpuppe mit nach Hause genommen wurde – natürlich in ihrem Aspekt der alten Frau des Herbstes, die in der letzten Garbe des geernteten Getreides wohnt und deren symbolischer herbstlicher Tod im Kornfeld zu einer neuen Geburt im Frühling führt. Mamapacha, eine Göttin der Inka, ist auch eine Göttin der Landwirtschaft, die vor allem während der Ernte und der Aussaat sanft angesprochen und der Maismehl dargebracht wurde.

In dieser Zeit können wir einerseits leicht Zugang finden zum Thema »Mutter und Tochter«, andererseits zu der häufig vergessenen, abgelehnten und verachteten Schwester in uns, unserem Schatten, wie im Mythos der Inanna: Inanna hört den Ruf ihrer Schwester aus der Unterwelt, und sie beschließt, zu ihr hinabzusteigen. An den Toren zur Unterwelt muss sie alle Insignien ihrer Macht zurücklassen. Nackt und bloß kommt sie bei ihrer Schwester Ereskigal an, die gerade voller Trauer, Schmerz und Wut über den Tod ihres Mannes wehklagt und tobt. In ihrem Schmerz tötet Ereskigal ihre Schwester mit einem Blick, und Inanna muss bei ihr in der Unterwelt bleiben. Doch Inanna hat klug vorgesorgt, und ihr wird Hilfe geschickt, und zwar in Form von zwei kleinen Fliegen, die an allen Wächtern vorbei in die Unterwelt fliegen. Die beiden Fliegen hören Ereskigal in ihrem Schmerz und ihrem Leid einfach nur zu, was diese nach einer Weile so besänftigt, dass sie ihnen einen Wunsch erfüllt. Die Fliegen als Helferinnen von Inanna wünschen deren Freilassung. Ereskigal gewährt ihnen den Wunsch unter einer Bedingung: Inanna muss einen Ersatz für sich schicken. Auf der Erde angekommen, sieht sie, dass alle um sie getrauert haben, ausgenommen ihr Mann. Voller Wut schickt sie ihn an ihrer Stelle in die Unterwelt. Sein Schicksal wurde aber von seiner Schwester gemildert, die freiwillig für ihn ein halbes Jahr in die Unterwelt geht, sodass er nur ein halbes Jahr dort bleiben muss.

Alltagsrituale

Der Duft von reifem Obst – Weintrauben, Nüssen, Quitten, Äpfeln, Birnen, Hagebutten und Holunder – liegt in der Luft. Auf dem Markt gibt es viel frisches Gemüse, und oft haben wir Lust auf Gemüse- oder Zwiebelkuchen und frischen Wein, den Federweißen, außerdem auf Gemüsesuppen und Kürbisgerichte.

In früheren Zeiten wurden Vorräte für die Winterzeit angelegt: Ab dem Sommer wurden Früchte, Pilze und Gemüse eingekocht, eingelegt und getrocknet, später auch eingefroren. Wollpullover, Schals oder warme Socken wurden für die kalte Zeit gestrickt. Brennstoffe wie Holz, Kohlen und Öl wurden eingelagert. Zum Herbst hin wurde die wärmende Kleidung für die kalte Jahreszeit herausgesucht oder, in Verbindung mit dem Erntedank- oder Kirchweihfest, neu angeschafft. Mit den kühlen Nächten wurden Federbetten, Wolldecken oder Biberbettwäsche hervorgeholt und die leichten Sommersachen nebst kühlender Bettwäsche weggepackt.

Auch heute noch spüren wir in dieser Zeit das innere Bedürfnis, vorzusorgen, uns zu schützen vor der zunehmenden Kälte und Nässe der dunklen Jahreszeit. Wir ziehen uns wärmer an und halten uns öfter im Haus auf. Jetzt ist eine gute Zeit, Bilanz zu ziehen und zu prüfen, was die guten Erfahrungen in diesem Jahr waren und was die weniger guten. Vielleicht können wir uns über einen schönen Sommer, einen Urlaub freuen oder an unserer guten Gesundheit. Vielleicht sind wir auch dankbar für die Fülle neuer Einsichten, die wir gewonnen haben. Wir können anerkennen und uns darüber freuen, dass wir Arbeit haben, in einer hübschen Wohnung oder einem schönen Haus leben; dass wir ausreichend Geld für Nahrung und Kleidung zur Verfügung haben und ein geregeltes, sicheres Leben im Frieden führen können.

Und wir können uns anschauen, was nicht gelungen ist in diesem Jahr, was wir verloren haben, worüber wir traurig sind. Vielleicht haben sich viele unserer Wünsche und Vorhaben in diesem Jahr nicht realisieren lassen. Möglicherweise haben wir unsere Arbeit verloren und konnten nichts Neues finden. An dieser Stelle können wir wieder etwas sehr Wichtiges erfahren: Manchmal wünschen wir uns etwas und sind schmerzlich enttäuscht, wenn wir es nicht bekommen. Oft hadern wir dann mit unserem Schicksal und sind fixiert auf den Misserfolg. Doch wenn wir genau hinschauen, haben wir oft etwas ganz anderes dafür bekommen, etwas, woran wir gar nicht gedacht hatten und was vielleicht noch viel wichtiger für uns und unser Leben ist.

- *Claudia hat sich ganz intensiv nach einer neuen Arbeitsstelle umgesehen. Sie hat viel dafür getan, sie hat gesucht, Neues gewagt, hat sich beworben, Vorstellungsgespräche geführt. Doch alles war umsonst, überall bekam sie nur Absagen. Zunächst war sie sehr enttäuscht. Doch im Zuge ihrer Veränderungsbemühungen hat sie eine Sprachenschule entdeckt, einen Kurs begonnen, viele interessante Menschen kennengelernt, und sie ist aus ihrem Alltagstrott ausgebrochen. Auch wenn sie ihr Ziel, eine neue Arbeitsstelle zu finden, noch nicht erreicht hat, hat sie dennoch wichtige Erfahrungen gemacht. Sie hat sich in Bewegung gesetzt, ist offener, aktiver und mutiger gewesen als in den Jahren davor.*
- *Jetzt können wir uns daran erinnern, was wir zu Beginn dieses Jahres an Wünschen hatten, wie unsere Visionen und Pläne ausgesehen haben. Wir können uns daran erinnern, wie wir sie im Frühling mit Energie aufgeladen und in den Sommermonaten gehegt haben. Jetzt betrachten wir die Ergebnisse. Ist es so geworden, wie wir es uns vorgestellt und gewünscht hatten, oder ist etwas ganz anderes dabei herausgekommen?*

In dieser Zeit können wir also anschauen, was uns geschenkt wurde, was wir annehmen und genießen, und, was wir betrauern und loslassen wollen, und es neu bewerten. Und wir können für den erhaltenen Reichtum in der Form danken, die uns angemessen erscheint.

Der Umgang mit Geld und Finanzen

Dies ist auch eine gute Zeit, um sich mit den eigenen Finanzen zu beschäftigen. Viele Frauen überlassen das Thema Geld, Geldanlagen und Vorsorge für das Alter den Männern – den Vätern, Brüdern, Partnern oder Bankberatern. Immer noch scheint es anstößig zu sein, wenn Frauen sich mit Geldverdienen und lukrativen Geldanlagen auseinandersetzen. Nehmen Sie sich also Zeit für einen Kassensturz, und schauen Sie sich Ihre bisherige Einstellung und Ihren Umgang mit Geld genau an.

➤ *Welche Einstellung haben Sie zum Geld? Wie viel Geld steht Ihnen zur Verfügung? Verdienen Sie so viel, wie Sie für ein angenehmes Leben brauchen? Oder sind Sie immer knapp bei Kasse, vielleicht gar verschuldet? Wie gingen Sie bisher mit Ihrem Geld um? Und wie könnten Sie in Zukunft mehr verdienen oder Ihr Geld gewinnbringender für sich arbeiten lassen?*

Informieren Sie sich z. B. über das Auf und Ab der Aktien und der Börsen. Letztere unterliegen, wie alles im Leben, bestimmten Zyklen, Schwankungen, die es im Auge zu behalten gilt. Doch sie bieten immer noch, vor allem in den Aufschwungphasen, lukrative Möglichkeiten, Geld gewinnbringend anzulegen. Das Buch von Carola Ferstl und Bodo Schäfer: »Geld tut Frauen richtig gut: So managen Sie als Frau Ihre Finanzen selbst – und sind dabei viel erfolgreicher als die meisten Männer« gibt wertvolle Hinweise zu diesem Thema.

Der Herbstbeginn markiert das Ende der Erntezeit. Viele Erntedankriten werden auch heute noch gefeiert. Bei allen matriarchalischen Bräuchen stand ein Opfer für Mutter Erde im Vordergrund. Als Ausdruck von Dank und Achtung wurden frischer Wein und Bier dargebracht, oder man überließ der Erde und den guten Geistern einige Feldfrüchte.

Im Herbst ist der stille Wendepunkt angesiedelt. Der Punkt, der uns daran erinnert, dass nach der Fülle im Außen jetzt die Hinwendung zum Innen beginnt, der Rückzug in die Häuser und in die Innenwelten. Im Sommer halten wir uns gern draußen im Freien auf, jetzt beginnen wir allmählich wieder, den Schutz und die Wärme der Wohnungen und das Licht der Kerzen zu suchen. Wir beginnen mit dem Verarbeiten von dem, was uns dieses Jahr gebracht hat. Sei es die Wolle, die wir verstricken, oder, indem wir die Schätze des Sommers ordnen und unser Heim damit schmücken. Wir können auch Fotos einkleben, unsere Gedanken und Erfahrungen aufschreiben und uns von unseren neu gewonnenen Erkenntnissen bereichern lassen. Jetzt ist auch eine gute Zeit für Geschenke: Beschenken Sie die Menschen, die Ihnen am Herzen liegen, und die Natur.

- *Räumen Sie Ihren Garten nicht völlig ordentlich auf: Lassen Sie für die Vögel oder die Gartentiere einige Früchte an den Bäumen und Samenstände an den Pflanzen zurück.*
- *Schichten Sie trockene Äste und Zweige in einer ruhigen Ecke Ihres Gartens zu einem kleinen Hügel auf, und verteilen Sie herabgefallenes Laub darauf. Möglicherweise nimmt ein Igel dieses Versteck für seinen Winterschlaf an. Doch auch viele kleine Tiere, Schnecken, Spinnen, Regenwürmer, brauchen moderndes Laub und Holz als Unterschlupf.*
- *Sie können auch frischen Saft, einige Obst- und Gemüsestücke an einer besonderen Stelle in Ihrem Garten als Dankesgaben hinlegen. Dieses Mitdenken oder Mitfühlen mit den Tieren in unseren Gärten kann ein Ausdruck unserer Dankbarkeit für eine reiche Ernte sein.*
- *Bereiten Sie sich selbst und den Naturwesen eine Freude: Hängen Sie trockene Äste oder Wurzeln, an denen Sie Muscheln, Federn, Glöckchen, bunte Bänder oder aus Wollfäden geflochtene Zöpfe befestigt haben, in die Bäume.*
- *Gestalten Sie in Ihrer Wohnung einen besonderen Platz mit den momentanen Gaben der Natur. Sie können dazu auf einer Fensterbank oder mitten auf einem Tisch, in einer Ecke oder Nische, einen Altar gestalten, den Sie jetzt mit den Reichtümern der Jahreszeit schmücken: Kastanien, Eicheln, Nüsse, Weintrauben, Quitten, die einen besonders feinen Duft im Zimmer verbreiten, oder Äpfel, buntes Herbstlaub, Efeu, rote und orange Beeren, die jetzt an vielen Sträuchern reifen, Kerzen, Steine oder eine Räucherschale. Nehmen Sie sich täglich etwas Zeit, sich am Anblick Ihrer Schätze zu erfreuen. Zünden Sie dazu die Kerze an, und verbrennen Sie etwas Räucherwerk. Sie können dabei still meditieren oder beten, Sie können auch singen, einfach nur Töne summen oder eine fließende Bewegungsübung machen, die Sie auf die Energie der Zeit einstimmt.*

- *Danken Sie für den Reichtum, den Sie haben, und spenden Sie, wenn Ihnen danach ist, einer Wohltätigkeitsorganisation Geld.*
- *Machen Sie einen Spaziergang im Regen, atmen Sie ganz bewusst die feuchte, kühle Luft durch die Nase ein und aus, und füllen Sie Ihre Lungen mit der frischen Luft.*

Frauenfest

Treffen Sie sich mit Ihren Freundinnen zum Fest der herbstbunten Frau, zu Ehren der Erntegöttinnen. Alle Frauen tragen Kleidung in den Farben des Herbstes und bringen für ein gemeinsames Essen im Anschluss frische Gemüse- oder Zwiebelkuchen und Federweißen mit. Machen Sie zunächst alle zusammen einen Spaziergang über die abgeernteten Felder oder zu Obstbäumen in der Nähe, und bringen Sie der Erde Geschenke dar. Sie können bunte Fäden, an die Sie kleine Steine, Muscheln oder Federn gebunden haben, in die Obstbäume hängen. Oder Sie arrangieren einige Feldfrüchte und Blüten als Dankesgaben für Mutter Erde. Sprechen Sie über das, was Ihnen in diesem Jahr oder in Ihrem bisherigen Leben an Geschenken zuteil wurde, und beenden Sie das Treffen, indem jede Frau mitteilt, wofür sie besonders dankt.

Atemübung

Windmühlenflügel

➤ *Stellen Sie sich aufrecht hin, bleiben Sie dabei in den Knien locker. Beschreiben Sie mit beiden Händen und Armen große Kreise, mal nach vorn und mal nach hinten. Strecken Sie dann Ihre Hände vor sich aus, die Handflächen weisen nach unten. Bewegen Sie die eine Hand in einem großen Kreis nach unten, hinten, wieder nach oben und nach vorn, bis sie wieder in der Ausgangsstellung angekommen ist. Die andere Hand geht gleichzeitig in die entgegengesetzte Richtung, zuerst nach oben, nach hinten, nach unten, wieder nach vorn, und kommt von unten in die Ausgangsstellung. Sie beschreiben also zwei große Kreise mit den Händen und Armen, wobei die Bewegungen gegenläufig sind.*

Begegnung mit der Natur

Jetzt ist eine gute Zeit, sich mit der Kraft des Wassers zu beschäftigen. Gehen Sie zu einem Bach, einem Fluss oder ans Meer. Schauen Sie dem Wasser zu, wie es unermüdlich in Bewegung ist, wie es ständig fließt. Es ist weich, und dennoch schleift es die härtesten Steine glatt. Schenken Sie dem Wasser eine Blüte oder ein Blatt, und schauen Sie zu, wie es diese/-s mit sich nimmt. Wenn Sie auf einer Brücke stehen, können Sie beobachten, wie das Wasser auf der einen oder auf der anderen Seite der Brücke strömt.

Das Element Wasser, das auf dem Jahreskreis im Westen angeordnet ist, ist mit dem Herbstbeginn verbunden. Alle Quellen, Bäche, Flüsse, Seen, Meere sind Ausdruck dieses Elements, das auch das Wasser des Lebens ist, das heilt, löst und umspült.

Bewegungsübungen und Tänze

Symbolisch gehört in diese Zeit, wie beim gegenüberliegenden Fest der Frühlingstagundnachtgleiche, die Achterschleife. Sie bringt den Ausgleich von oben und unten, von linker und rechter Hirnhälfte, Aktivität und Passivität. Alle Bewegungen, die zum Zusammenfügen, Ausgleichen und zur Integration beitragen, sind jetzt besonders hilfreich und wirkungsvoll.

Tanz der Yemanja – fließen wie die Flut

Tanzen Sie nach einer sanft fließenden Musik oder nach der Musik von Rolf Exler, »Der Tanz der Meeresgöttin Yemanja«. Beim Tanz der Yemanja weitet sich das Herz durch die Bewegung der Arme, die wie beim Brustschwimmen die ganze Vorderseite sanft öffnen und dehnen. Yemanja legt sich wie eine Galionsfigur auf das Wasser und lässt sich tragen (vgl. Kaye Hoffman: »Von Göttern besessen«).

➤ *Stellen Sie sich aufrecht hin, bleiben Sie in den Knien locker. Stellen Sie sich vor, Sie stünden bis zur Brust in einem angenehm warmen Wasser. Ihre Handflächen kreisen auf der Wasseroberfläche, Sie machen weite Brustschwimmbewegungen und spüren, wie sich Ihre Vorderseite und Ihr Herz öffnen. Sie tanzen und spielen mit dem Wasser, planschen, spritzen, lassen sich tragen, umspülen, schaukeln und wiegen. Lassen Sie das Wasser um sich und durch sich hindurchfließen, bis Sie tief in sich Ihre Gefühle spüren und sich frei und gelöst fühlen.*

Ein anderer wichtiger Aspekt dieser Zeit ist der Perspektivenwechsel: etwas mal von der einen und mal von der anderen Seite aus betrachten, mal die eine und mal die andere Sichtweise ausprobieren, mal den einen und mal den anderen Standpunkt einnehmen.

Tanz der Oxumaré – die göttliche Schlange der Weisheit

Die Energie fließt bei diesem Tanz züngelnd, schlängelnd, wie eine Schlange. Sie wird durch den Kontakt der Hände hervorgerufen. Die linke Handfläche berührt die rechte. Rechts und links, aktiv und passiv, die bewusste und die unbewusste Seite finden zusammen und damit einen gemeinsamen Weg durch alle Widrigkeiten. Allein, wenn wir an eine Schlange denken, beginnt ein Gleiten, eine schlängelnde Bewegung, langsam und träge oder blitzschnell und instinktsicher. Oxumaré ist schillernd, wie ein Zwitter, spielerisch und leichtfüßig. Dieser Tanz bringt uns in Kontakt mit der Weisheit der Schlange, die ihre alte Haut abstreift und immer wieder neu wird. (Vgl. Kaye Hoffman; Musik Rolf Exler: »Von Göttern besessen«)

➤ *Stellen Sie sich aufrecht hin, bleiben Sie in den Knien locker. Legen Sie die linke und die rechte Handfläche aufeinander, und bewegen Sie sich nach einer ruhigen Musik. Mal ist die rechte, mal die linke Hand oben oder unten, passiv oder aktiv.*
Tanzen Sie einen Tanz der Hände, der allmählich den ganzen Körper mit einbezieht. Alle Gegensätze fließen zusammen und finden ihren Weg: Weibliches und Männliches, Denken und Fühlen, Vergangenheit und Zukunft, Handeln und Ruhen – die dunkle, unbewusste Schwester, die sich mit ihrer hellen, bewussten Seite trifft; oder die Tochter in uns, die die Sicht der Mutter ausprobiert – und umgekehrt. Vielleicht probieren Sie auch einmal aus, ob die helle, lichte Seite des Verstandes der dunklen, intuitiven Seite nachfolgen kann, die sich in der Unterwelt, der Innenwelt, der dunklen Jahreszeit viel besser auskennt. Und vielleicht spüren Sie irgendwann, dass Sie sich selbst vergessen und nichts mehr tun, und Ihr Körper bewegt sich schlängelnd und züngelnd, und Sie genießen die Bewegungen, die ganz von allein entstehen.

Fantasie- und Trancereisen

Vorstellungsübung – Ausgleichen

➤ *Legen oder setzen Sie sich bequem und entspannt hin. Schließen Sie die Augen, und verabschieden Sie sich von der Außenwelt. Achten Sie auf Ihren Atem und auf Ihren Köper. Wenn Sie irgendwo im Körper eine unangenehme Anspannung bemerken, dann atmen Sie zu dieser Stelle hin, und erlauben Sie ihr, sich zu entspannen. Lassen Sie los, lassen Sie sich treiben, bis Sie innerlich ruhig und zutiefst entspannt und gelöst sind.*

Betrachten Sie Ihr gegenwärtiges Leben. Wo stehen Sie gerade? In welcher Lebenssituation befinden Sie sich? Was passiert in Ihrem Inneren, und wie sind Ihre Beziehungen zurzeit?
Dann schauen Sie sich all die Verletzungen oder Verluste an, die Sie bisher erlebt und erlitten haben, die Situationen, in denen Sie verunsichert, hilflos oder ausgeliefert waren. Lassen Sie sich Zeit, all die Gefühle zu spüren, die dadurch entstanden sind: Unsicherheit, Angst, Trauer, Schmerz, Wut, Scham.
Stellen Sie sich dann vor, dass Sie all diese Gefühle in die linke Hand legen. Spüren Sie das Gewicht dieser Erfahrungen und Gefühle. Versuchen Sie zu sehen, was Ihnen geblieben ist. Was gibt Ihnen Halt, Gewissheit, Sicherheit? Lassen Sie auch hier alle Gefühle zu, die damit verbunden sind: Dankbarkeit, Verbundenheit, Mut, Vertrauen, Hoffnung.
Stellen Sie sich vor, dass Sie all diese Gefühle in die rechte Hand legen. Spüren Sie das Gewicht dieser Erfahrungen und Gefühle. Führen Sie dann beide Hände zusammen, und spüren Sie, wie beides zusammengehört, wie Sie Zeiten der Hoffnungslosigkeit und der Hoffnung durchleben. Die Leere und die Fülle, die Tiefen und die Höhen, die Angst und der Mut, die Verunsicherung und die Sicherheit – mal überwiegt das eine, dann wieder das andere.
Lassen Sie Ihre Hände diese Erfahrungen und Gefühle hin und her bewegen – mal ist die eine, dann die andere Seite oben oder unten. Sie wägen ab und gleichen aus und spüren, wie alles zusammengehört und wie die große Weisheit des Lebens darin verborgen liegt.
Öffnen Sie dann Ihre Hände, und legen Sie sie auf eine Stelle Ihres Körpers, der die Weisheit Ihrer Hände jetzt gerade guttut.
Verabschieden Sie sich schließlich von Ihren inneren Bildern. Bedanken Sie sich für alles, was Ihnen das Leben an Weisheit geschenkt hat, und stellen Sie sich darauf ein, diese Reise allmählich zu beenden.
Achten Sie auf Ihren Atem. Atmen Sie ganz bewusst und tief aus und ein. Bewegen, dehnen oder strecken Sie Ihren Körper, und lassen Sie sich Zeit, langsam wieder aufzutauchen und zurück in Ihre Zeit und Ihre Realität zu kommen.

Vorstellungsübung – Integration der Teile

➤ *Entspannen Sie sich, schließen Sie die Augen. Stellen Sie sich ein Haus vor, zu dem Sie gehen. Dort erwartet Sie eine alte, weise Frau oder die Göttin der Integration. Sie hat eine Festtafel für Sie vorbereitet, der runde Tisch ist gedeckt. Sie nehmen Ihren Platz neben der Göttin ein. Dann kommen nacheinander alle Ihre Wesensanteile herein, die durch ganz unterschiedliche Frauen ausgedrückt sind. Da sind vielleicht die Optimistische und die Ängstliche, die Hausfrau und die Naturschützerin, die Belesene und die Tänzerin, die Träumerin und die Managerin, die Mütterliche und die Freiheitsliebende, die Jugendliche und die alte Weise. Und alle nehmen Platz an der großen Tafel. Vielleicht sind Sie erstaunt und neugierig, wer da kommt. Nun haben Sie Gelegenheit, alle anzuschauen und zu begrüßen. Allmählich können Sie spüren, dass all diese Anteile zu Ihnen gehören und für Sie und Ihr Leben wichtig sind. Nach dem Essen kann es sein, dass die verschiedenen Anteile sich in die unterschiedlichen Räume des Hauses begeben, und Sie haben Gelegenheit, das gute Gefühl zu spüren, dass alle ihren Platz und ihre Berechtigung in Ihrem Haus, in Ihrem Leben haben. Verabschieden Sie sich dann von der Göttin der Integration, und kehren Sie zurück in Ihren Alltag. Schreiben Sie auf, was Sie erlebt haben und wer Ihnen begegnet ist.*

Das Element Wasser im Westen – Wassermeditation

➤ *Setzen oder legen Sie sich bequem hin. Schließen Sie die Augen, und stellen Sie sich das Element Wasser in seinen vielfältigen Formen vor: das Wasser einer klaren Quelle, einen plätschernden, munteren Bach, einen gemächlich fließenden Fluss, einen stillen See, stürmisches Meer, sanften Regen, Trinkwasser oder Badewasser. Stellen Sie sich vor, Sie verbänden sich mit dem Wasser, würden selbst zu Wasser. Wie fühlt es sich an, Wasser zu sein? Was erleben Sie als Wasser? Bedanken Sie sich für die Erfahrungen, die Sie mit dem Element Wasser machen konnten. Lösen Sie sich dann allmählich wieder von Ihren inneren Bildern, beenden Sie Ihre Reise. Kehren Sie zurück, spüren Sie, wie Sie im Hier und Jetzt sitzen oder liegen. Atmen Sie tief durch, und seien Sie wieder wach in der Gegenwart.*

Heilsame Analogien

Hier vorgestellt finden Sie einige Bereiche, in denen sich die Energien rund um die Herbsttagundnachtgleiche ausdrücken können. Sie sollen eine Anregung für Sie sein, sich selbst auf die Suche nach dem Ausdruck der Kräfte der Zeit zu machen. Die Tiere und Pflanzen, die ich hier nenne, sind als Beispiele zu verstehen – selbstverständlich könnten hier noch viele andere aufgeführt werden.

Energie

Wasser und Luft

Zeit

Der Sonnenuntergang, die Zeit der Dämmerung und die heraufziehende Dunkelheit; der Herbstbeginn, der allmähliche Übergang in die kalte und dunkle Jahreszeit; die Zeit des Verwertens

Orte

symbolischer Ort ist der Westen; abgeerntete Felder, sanfte Hügellandschaften, Weinberge, künstlerisch und ästhetisch angelegte Gärten und Parks, Flusslandschaften und das Meeresufer

Themen

Bilanz ziehen, integrieren von Widersprüchen, neu ordnen; eigene Wünsche, eigenes Tempo, eigene Ziele finden; sinnvolle und würdige Aufgaben übernehmen

Farben

Rosa, Lila, Purpurrot, Grün, Ockergelb, Blau, Blaugrau, Taubenblau

Mineralien – Labradorit, Lapislazuli, Sodalith, Jade

Der schwarzgraugrüne Labradorit ist ein Illusionskiller. Er führt uns unsere Ziele und Absichten deutlich vor Augen, sodass wir die Realität erkennen können. Er hilft uns, vergessene Erinnerungen wieder hervorzuholen, und fördert Ideenfülle und Begeisterung, stärkt Intuition und Fantasie.

Der blaue Lapislazuli veranlasst zu Ehrlichkeit und Kontaktfreude, offenbart die Wahrheit und hilft uns, uns auszudrücken und Konflikte zu meistern. Er fördert Selbstbewusstsein und Würde.

Der dunkelblaue Sodalith hilft uns dabei, uns der inneren Wahrheit und unseren Gefühlen zu stellen. Er fördert den Ausdruck der eigenen Identität und löst alte Schuldgefühle auf.

Die grüne Jade fördert die Selbstverwirklichung, bringt inneren Frieden und gleicht aus. Sie weckt verborgenes inneres Wissen und unterstützt geistige Aktivität.

Tiere

Meerestiere, vor allem die Delfine und Wale, aber auch Schlangen und Eichhörnchen

Der Delfin ist ein verspieltes, intelligentes und kommunikatives Meeressäugetier. Als Krafttier unterstützt er uns in allen Fragen rund um Freundschaft und Liebe, Zweisamkeit, Familie und Gemeinschaft. Er hilft uns mit seiner spielerischen Kraft, uns aufzuheitern und uns wieder fröhlich und vertrauensvoll zu stimmen (vgl. Irene Dalichow: »Krafttiere – Boten der Göttin«).

Die Gesänge des Wals können uns beruhigen, aber auch über Jahrtausende verschüttete Erinnerungen an uralte Weisheiten und die wechselhafte Geschichte unseres Planeten wecken. Der Wal hilft uns bei der Suche nach unserer inneren Wahrheit und dabei, unseren eigenen Ton oder unser eigenes Lied wiederzufinden.

Die Schlange ist ein Symbol für die Überlebenskraft, die Schöpfungskraft und die Kraft der Verwandlung. Sie verbindet die unterschiedlichen Seiten ins uns, männliche und weibliche Elemente, und führt uns zu Frieden, Harmonie und Heilung.

Das Eichhörnchen ist ein kraftvolles Helfertier, von dem wir Vorsicht, aber auch Schnelligkeit und Ausdauer lernen können. Es steht für das rechtzeitige Sammeln von Vorräten und Vorsorge.

Bäume – Walnuss, Quitte, Birne

Der Walnussbaum (*Juglans regia*) ist in ganz Europa verbreitet. Seine Nüsse werden als »Speise der Götter« bezeichnet. Sein Blätterdach ist dicht, die Zweige hängen häufig tief herab und lassen einen dichten, schützenden Schatten entstehen, der das Wachstum anderer Pflanzen behindert. Die in den Blättern und in den Schalen der Nüsse enthaltenen Wirkstoffe regen den Stoffwechsel an, sind entzündungshemmend und wundheilend. Der Geruch der Blätter vertreibt Insekten, in ein Kräuterschlafkissen eingenäht, sollen die Blätter böse Träume vertreiben. Die Bach-Blütenessenz Walnuss wird bei Neuanfängen verabreicht – wer sie einnimmt, kann sich leichter von der Vergangenheit lösen. Walnusskraft hilft uns, einen neuen Anfang zu wagen und unserem inneren Plan treu zu bleiben.

Die Quitte (*Cydonia oblongata*) kommt aus südlichen Ländern und blüht im Mai. Ihre Früchte, Quitten genannt, sind hart und behaart und duften köstlich; sie werden auch als Früchte der Venus bezeichnet. Dem Saft oder Gelee der Quitten wird eine libidosteigernde Wirkung nachgesagt. Sie gelten als Symbol der Liebe, ihre Form ähnelt der der Gebärmutter. Wegen ihrer Vitamine und Mineralien werden sie als Kräftigungsmittel bei Erkältungskrankheiten eingesetzt. Quittensaft wirkt erfrischend bei Fieber; die Heilung von Nieren- und Blasenerkrankungen wird durch Quitten günstig beeinflusst. Hildegard von Bingen verwendete die Früchte bei Gicht innerlich, bei Geschwüren wird das Mus der frischen Quitte äußerlich aufgetragen. Quittenkraft erzeugt eine harmonische und fröhliche Stimmung.

Der Birnbaum (*Pyrus communis*) gilt als Bruder des Apfelbaums. So sollten junge Männer, wenn sie etwas über ihre zukünftige Liebe erfahren wollen, den Apfelbaum, junge Frauen dagegen den Birnbaum befragen (vgl. Gisela Preuschoff). Die Früchte sind wassertreibend und werden bei Herz-Kreislauf-Erkrankungen, bei Bluthochdruck und bei Blasen- und Nierenleiden verwendet. Birnbäume können sehr alt werden, dann strahlen sie eine knorrig-robuste Überlebenskraft aus. Sie neigen dazu, viele neue Triebe im Wurzelbereich auszubilden, aus denen dann wieder die ursprüngliche Form entsteht, der wilde Birnbaum, mit rundlichen Blättern und kleinen Früchten.

Pflanzen – Schöllkraut, Majoran, Goldrute, Kapuzinerkresse

Schöllkraut (*Chelidonium majus*) – dieses gelbblühende Kraut, das in vielen Gärten als Unkraut wächst, hilft bei Leberproblemen und wird zur Entgiftung eingesetzt. Die Milch, die aus den Stängeln und Blättern austritt, wird zur Behandlung von Warzen verwendet.

Majoran (*Majorana hortensis*) – ein wärmendes Gewürzkraut, das aus Südeuropa kommt. Es hat einen feinen Duft, schmeckt aber leicht bitter. Es wärmt das Herz und den Magen und wird bei Krampfschmerzen eingesetzt. Es wirkt wärmend und tröstlich bei Kummer und emotionaler Unruhe. Majoranöl wird auch bei Massagen eingesetzt.

Die gelbblühende Goldrute (*Solidago virgaurea*) blüht im Herbst. Sie hilft bei Nierenproblemen, aber auch bei Hautausschlägen, Rheuma und Gicht.

Die Blätter und Blüten der Kapuzinerkresse (*Tropaeolum majus*) werden frisch zur Aktivierung der körpereigenen Abwehrkräfte, zur Blutreinigung und zur Behandlung von Wunden verwendet.

Speisen und Getränke

Weintrauben, Äpfel, Birnen, Quitten, Gemüsekuchen, Gemüsesuppen, Kürbis, frische Obst- und Gemüsesäfte, neuer Wein

Düfte

Duftkompositionen und Parfüm, Patschuli, Anis, Gewürznelke; Patschuli – fördert Sinnlichkeit, wirkt anregend auf Gefühle von Lust und Liebe, stimuliert die Lebensenergie; Anis – erfüllt mit Frohsinn; Gewürznelke – stärkt körperliche und geistige Kräfte, soll Liebe und Reichtum anziehen.

Instrumente und Musik

Ocean Drum, Regenmacher, Walgesänge, keltische Musik, Walzer; Klassik: J. Strauß d. Ä., A. Vivaldi

Gestaltung eines Festes

Das Jahreskreisfest zwischen dem 21. und dem 23. September
Die Herbsttagundnachtgleiche

Westen
Herbsttagund-nachtgleiche

Dieses Sonnenfest, an dem der Übergang von der hellen in die dunkle Jahreszeit begangen wird, feiern wir zwischen dem 21. und dem 23. September.

Auf dem Jahreskreis befindet sich der Punkt der Herbsttagundnachtgleiche im Westen, dem der Sonnenuntergang, die Abenddämmerung und der Herbst zugeordnet sind. Es ist der Gegenpol zum Frühlingsfest, der Frühlingstagundnachtgleiche im Osten. Alles, was damals gesät wurde, ist jetzt geerntet und wird verwertet. An dieser Stelle beginnt die Zeit der Wendung nach innen, sowohl zu inneren Themen als auch in den wärmenden Schutz der Häuser und Wohnungen. Es ist die Zeit des Verwertens.

Das zugeordnete Element ist das Wasser in all seinen Formen: Quelle, Bach, See, Fluss oder Meer, Regen, Sprühregen, Nebel. Bei den Kelten wurde das Fest *Alban Elued* genannt, das stille Licht des Wassers. Die christliche Kirche feiert in dieser Zeit das Erntedankfest.

Wir können heute folgende Schwerpunkte setzen:

- wahrnehmen, sortieren, prüfen, werten und Bilanz ziehen – Wo stehe ich gerade in meinem Leben? Was sind meine Gewinne und Verluste?
- die unterschiedlichen Anteile in uns selbst integrieren und uns ins Gleichgewicht bringen
- unseren eigenen angemessenen Rhythmus kennenlernen und leben
- in Kontakt mit den zwei Seiten der Göttin, der hellen und der dunklen, kommen

Beispiel für eine Feier

Die Mitte hatten wir auf einem blauen Tuch gestaltet. Der Westen, der Ort der Herbsttagundnachtgleiche, war mit einer blauen Schale mit Meersalzwasser dekoriert sowie mit einem Rindenstück aus dem Gar-

Kreis beim Herbstfest

ten, auf dem viele kleine Pilze wuchsen, außerdem mit Pfaffenhütchenfrüchten und Pampasgras, leeren Schneckenhäusern und Muscheln. Im Nordwesten lagen Walnüsse in ihrer grünen Schale, Wolfsmilch, rotgefärbte Pfingstrosenblätter. Im Norden befanden sich ein blau-schwarz-grün schimmernder Stein, die Blüten eines Schmetterlingsstrauchs und ein Amethyst. Im Nordosten waren Farnblätter, eine getrocknete Hortensienblüte und die Blätter einer Mahonie. Im Osten lagen Vogelfedern und die Räucherschale, ein Kalzit, Rosenquarz und Sodalith. Im Südosten waren Goldrutenblüten, Fette Henne, Gräser und ein Mispelzweig platziert. Im Süden stand eine Kerze, umgeben von Holunderblättern und Nüssen. Im Südwesten waren Borretschblüten, Moos und Vogelbeeren. Im Zentrum stand eine Glasschale mit Quitten, Äpfeln und Weintrauben.

Die Räucherzeremonie wurde mit einem Kräuterstab aus Wacholder, Lindenzweigen und Lavendelblüten durchgeführt. In der anschließenden ersten Runde erzählten die Frauen, was ihnen zur Zeit wichtig war: Für die eine war der Sommer viel zu schnell vorbeigegangen. Eine hatte viele Veränderungen erlebt. Eine andere hatte bei Waldspaziergängen das Gefühl gehabt, den Waldgeistern und Elfen nahe zu sein. Eine hatte der Dauerregen in den letzten Tagen müde und depressiv gemacht. Eine empfand einen sehr schnellen Wechsel – gerade noch Sommer, und jetzt die ersten fallenden Blätter, Kühle und Regen. Eine empfand das Dunklerwerden und das Mehr-nach-innen-Gehen als angenehm. Für eine begann nun die gemütliche Zeit, in der es nicht mehr so heiß und hektisch zugeht. Eine weitere war überrascht, wie grün alles trotz Herbstbeginn noch ist. Eine hatte viele Verluste in diesem Jahr erlebt, u.a. waren ihre Eltern gestorben. Eine meinte, jetzt habe sie langsam wieder Zeit und Energie für sich selbst. Eine war von der Schönheit der Mitte berührt. Eine andere verspürte Sehnsucht nach Ruhe, Ausgleich und Harmonie. Für eine war das Jahr von vielen Turbulenzen geprägt gewesen. Eine empfand Ängste in dieser weltpolitisch kritischen Zeit. Eine hatte Unsicherheit und Verluste erlebt. Eine weitere hoffte auf ein Ansteigen der Aktienkurse an der Börse.

Im Vortrag zu diesem Abend ging es vor allem um die Zeit des Vorsorgens, die Einstellung auf den Winter, die dunkle und kalte Zeit, die Reise nach innen. Thema war das, was uns nicht gelungen ist, was schiefgegangen ist in diesem Jahr, außerdem die Verluste, die Abschiede und die Trauer darum. Es ging auch um das, was uns bleibt, um das, worüber wir verfügen – genügend Nahrung, Kleidung und Sicherheit in unserer heutigen Gesellschaft. In dieser Zeit wird uns bewusst, wie verletzbar durch Terror, Krieg und Gewalt auch unser scheinbar so sicheres Leben auf diesem Teil der Erde ist. Wir können nun Bilanz ziehen mit den Fragen: Was schätzen wir wert? Wofür sind wir dankbar? Was können wir mit anderen teilen?

Im Erfahrungsteil tanzten wir zunächst im Raum den Tanz der weisen Schlange. Dann gingen wir im Dämmerlicht des Abends langsam in Windungen und schlängelnden Kurven hintereinander her durch den Garten. Dabei sangen wir ein Lied, das eine Frau mitgebracht hatte: »Erde – mein Körper, Wasser – mein Blut, Luft – mein Atem, Feuer – mein Geist«, und tanzten dazu. Wir fühlten uns einander verbunden und zugehörig und tanzten noch eine Weile, langsam und gemächlich, einen Kreistanz. Zum Abschluss verbeugten wir uns vor der Mitte.

Anschließend ging jede Frau allein und schweigend durch den Garten und achtete auf die Atmosphäre des Abends – die Luft, die Temperatur, die Gerüche und den Himmel. Jede fand bei diesem achtsamen Rundgang ein Geschenk, das der Garten ihr machte. Wieder im Raum legten die Frauen das, was sie gefunden hatten, in die Mitte des Kreises und spürten still der Erfahrung nach, die sie draußen gemacht hatten. Die Erinnerung an die frische Luft, die aufsteigende Feuchtigkeit, die Gerüche und die Bewegungen wirkte noch nach. Es war eine milde, freudige und dankbare Energie zu spüren.

In der Abschlussrunde sprachen die Frauen über das Erlebte: Eine hatte dynamische Energie und Entschlusskraft gespürt, die in eine Richtung fließt. Für eine war das Erlebte erdig und feurig, konkret und spirituell, für eine andere gediegen geschlängelt. Einer waren die guten, einfachen Begegnungen im normalen Alltag bewusst geworden, im Gegensatz zu anderen sinn- und nutzlosen Begegnungen. Eine andere hatte sich die negativen Gefühle aus der Distanz angeschaut, aber auch die freudvollen wahrgenommen. Eine hatte ein tiefes Gefühl von Ruhe und Stärke empfunden. Eine andere hatte im Tanz Beweglichkeit gespürt und Sinn, eine weitere hatte tiefe Ruhe und Weisheit im Bauch gespürt und die Erkenntnis: »Vertrau deinen Gefühlen!« Zu oft meint der Kopf, es besser zu wissen. Eine hatte die Erdschlange und Erdverbundenheit gefühlt, außerdem Ausgeglichenheit. Eine andere hatte die braune behäbige Erdschlange gesehen, die ihr Winterquartier tief in der Erde angesteuert hatte. Eine hatte Trauer um die Verluste und tiefen Frieden hinsichtlich des inneren Reichtums gespürt. Eine hatte etwas empfunden, was sie als eine gelb-schwarze lebendige kleine Schlange beschrieb; sie stand für sie für den Beginn von etwas Neuem.

Am Ende des Abends zog jede Frau aus der Farbpalette der Aurasoma-Pomander (das sind Farbpigmente, Heilkräuter und Düfte) eine Farbnuance, die sie gerade ansprach.

➤ *Einige Tropfen der Aurasoma-Flüssigkeit werden in die linke Hand getropft, dann beide Hände aneinandergerieben. Nun werden die Hände nach oben gehalten, in Richtung des Himmels, sodass sich die Energie mit dem Universum verbindet, danach in Richtung Erde. Auf diese Weise mit Energie aufgeladen wird anschließend das eigene Energiefeld massiert. Von den Handflächen breitet sich der Duft aus, der eingeatmet wird. Vor allem über den Augen und den Ohren ist die warme Ausstrahlung der Hände gut zu spüren. Das eigene Aurafeld wird im Abstand von 10 bis 30 Zentimetern mit den Händen sanft gestreichelt und massiert. Besonders die einzelnen Energiezentren, die Chakras, werden von der Energie, die aus den Handflächen strömt, sacht angeregt. Langsam werden die beiden Handflächen im Aurafeld am Körper entlanggeführt und zum Schluss auf eine Stelle des Körpers gelegt, die Energie braucht.*

Nach einer Weile des Spürens und Schweigens las ich die Bedeutung der Farbpomander vor, und jede von uns war überrascht, wie passend die Farbe war, die sie intuitiv ausgewählt hatte.

Zum Abschluss fassten wir uns noch einmal bei den Händen, spürten die Energie der Erde unter uns, die des Himmels über uns und die der Frauen im Kreis, verneigten uns vor der Mitte und beschlossen den Abend. Aus der Mitte nahm eine jede das Geschenk mit, das ihr der Garten gemacht hatte.

Nach diesem Teil saßen wir noch eine Weile zusammen, aßen und tranken miteinander. Eine Frau hatte winzige Eichelschalen vorbereitet, in die sie mit einer Pipette Holundersaft füllte. Ihr war die Idee im Wald gekommen, als sie sich gefragt hatte, aus welchen Gefäßen wohl Elfen und Feen trinken. Wir hatten viel Spaß damit und brachten Trinksprüche auf all die Wesen aus, die uns umgeben. Wir tranken auf die Waldgeister und die Feen, außerdem auf den Weltfrieden und die Gesundheit, auf die guten und die bösen Mächte dieser Erde. Dann teilten wir Vollkornbutterbrote, frische Äpfel und Weintrauben und redeten entspannt über das, was uns zur Zeit beschäftigte.

Die Zeit um Samhain

Das Dunkelheitsfest
in der Nacht zum 1. November

Loslassen und Trauern

Jahreszeit: Spätherbst

Die warme Jahreszeit, die Zeit des Blühens und der grünen Blätter, neigt sich dem Ende zu. Jetzt geht alles ganz schnell – nur eine Nacht mit Frost, und die Blätter dieses Jahres fallen ab. Die Tage werden nun immer kürzer, und die dunklen Stunden nehmen zu. Die Sonne geht am Morgen gegen 7.15 Uhr auf und am Abend gegen 16.40 Uhr wieder unter. Die Anzahl der hellen Stunden ist auf 10 Stunden pro Tag zurückgegangen.

Ende Oktober werden die Tage nicht nur kürzer, sondern auch zunehmend nasskalt, trüb und unfreundlich. Am Tag scheint zwar häufig noch die Sonne, doch sie steht jetzt schon sehr tief, und ihre Kraft und Wärme haben nachgelassen, auch wenn ihr Licht jetzt besonders weich und golden ist. Die Nächte, die jetzt immer länger werden, sind oft kalt und feucht, und es bildet sich Nebel. Dann scheint das sonst Gewohnte von einem dunstigen Schleier verhüllt, der die Welt durch einen stillen Zauber verändert, sie neu und unvertraut erscheinen lässt.

Das Laub der Bäume nimmt nun zusehends leuchtende Farben an. Gelb und orange, rot und braun leuchtet es zwischen den dunklen Ästen. In den dunkelgrünen Eiben sind rote Beeren zu sehen. In anderen Bäumen und Sträuchern glühen orange Früchte. Immer noch begegnen uns blühende Blumen, z. B. Rosen, Dahlien, Chrysanthemen und Astern. Verwelkte Blätter fallen von den Bäumen und Sträuchern ab, sammeln sich auf dem Boden, bedecken ihn mit einer dicken Laubschicht. Wenn die Sonne scheint und es trocken ist, wirbeln die welken Blätter im Wind; wenn es feucht ist, liegen sie wie eine dicke, klebrige Schicht auf der Erde und verrotten.

Ein Eichhörnchen huscht durch den Garten und sammelt Walnüsse. Die Krähen und Raben fliegen laut krächzend über die Dächer. Manchmal herrscht eine ahnungsvolle düstere Stille. Draußen ist es nasskalt und ungemütlich, und wir verbringen immer mehr Zeit im Inneren der Häuser. Dort sind die Fenster nicht mehr so lange geöffnet, und wir müssen heizen, um die Kälte zu vertreiben.

Mit der trüben Novemberzeit beginnt die dunkelste Zeit des Jahres, denn bis zur Wintersonnenwende nimmt das Licht nun ständig weiter ab. Die Zeit der langen Nächte hat begonnen, die uns den Schutz und die

Wärme der Häuser und Wohnungen suchen lässt. Dies ist auch die Zeit, in der wir uns mit der Vergänglichkeit, dem Abschiednehmen, Sterben und dem Loslassen beschäftigen. Allerheiligen und Totensonntag sind die Tage, an denen wir der Verstorbenen gedenken, die Friedhöfe besuchen, die Gräber mit neuen Blumen und mit Kerzen und Grablichtern schmücken. Es geht also darum, an die Verstorbenen, die Ahnen, zu denken, an die Menschen, die vor uns gelebt haben und mit denen wir uns verbunden fühlen.

Astrologische Sichtweise

Gemäß der astrologischen Sicht befinden wir uns nun im Zeichen des Skorpions ♏ mit Pluto als Planetenherrscher. Die Themen sind: die Energie nach innen wenden und sich auf einen radikalen, emotionalen Veränderungsprozess einlassen. Es ist die Zeit der Metamorphose, der grundlegenden Verwandlung, die alles Überflüssige sterben lässt und nur den Kern, die Essenz, übrig lässt, aus dem dann etwas Neues entstehen kann.

Der Skorpion ist ein dem Wasser zugeordnetes Zeichen. Und so ist dies auch eine gute Zeit, sich mit dem Element Wasser zu beschäftigen.

Menschliche Entwicklung

Auf der Ebene der menschlichen Entwicklung steht diese Zeit im Jahreskreis für die Phase von Anfang bis Ende 70. Dieser Lebensabschnitt wird häufig von Verlust, Abschied und Trauer beherrscht.

Eine besonders kritische Zeit ist für viele das 74. Lebensjahr, in dem oftmals die Weichen für den weiteren Lebensweg noch einmal neu gestellt werden. Nun steht die Auseinandersetzung mit oft chronischen Krankheiten und mit dem Verlust von körperlicher Kraft und Energie an. Weitere Reisen, anstrengende Bewegungen, aber auch alltägliche Verrichtungen im Haushalt werden zunehmend beschwerlich. Für viele werden nun die kleinen Dinge des alltäglichen Lebens bedeutungsvoll, wie das regelmäßige Treffen mit Freundinnen und Freunden zum Kartenspiel, Chorsingen oder Gedankenaustausch. Gemeinsame Spaziergänge und kulturelle Veranstaltungen bekommen einen neuen Stellenwert, genauso wie das bewusste Erleben der Jahreszeiten und der Natur. Die Freude an Pflanzen und Tieren im Garten und in der näheren Umgebung nimmt zu. Neue Fragen tauchen auf: Wie kann ich mit Behinderung, mit zunehmender Einschränkung der Selbstständigkeit, mit Krankheit und Sterben umgehen? Wichtige Themen sind nun Patientenverfügungen und Überlegungen, wie für eine mögliche Zeit der Pflegebedürftigkeit vorgesorgt werden kann. Das Aufsetzen eines Testaments wird jetzt, wenn nicht schon geschehen, ernsthaft verfolgt.

Viele Frauen, die eine höhere Lebenserwartung haben als Männer, müssen sich in dieser Zeit verstärkt dem Tod und dem Verlust von geliebten Menschen oder des Partners stellen. Langjährige Freunde oder Freundinnen, Bekannte, Nachbarn und Verwandte sterben und werden zu Grabe getragen. Solange wir mit den Themen Sterben und einem lieben Menschen das letzte Geleit geben nicht konfrontiert werden, so lange fällt es uns schwer, zu ermessen, welche Bedeutung das Beerdigungsritual, die Anteilnahme nahestehender Menschen und der Leichenschmaus für die Hinterbliebenen haben.

In dieser Phase wird auch sehr bedeutsam, mit welcher Einstellung wir unser bisheriges Leben gelebt haben, denn wir altern und sterben so, wie wir gelebt haben. Fühlten wir uns als aktiv Mitgestaltende oder als hilflose Opfer der Umstände? Es geht nun darum, uns seelischen, geistigen und spirituellen Fragen zuzuwenden und unseren Alltag für uns sinnvoll zu gestalten. Wir brauchen Kontakt, Begegnung und das Gefühl der Zugehörigkeit. Gespräche mit anderen und die Erfahrung, dass wir, so wie wir sind, weiterhin zum Leben der Gesellschaft gehören und nicht abgeschoben und vergessen sind, sind in dieser Zeit besonders wichtig, um in diesen Jahren erfüllt und befriedigend zu leben.

Manche Frauen finden ihre Erfüllung nun im Wechsel von Alleinsein und der Zugehörigkeit zum Kreise der Freundinnen und der Familie. Manche genießen es, Großmutter zu sein und sich um Enkel zu kümmern. Andere brauchen jetzt eher die Hilfe und den Beistand von Menschen, die sie betreuen oder pflegen, oder die Unterstützung ihrer Töchter, Söhne, Enkel und Verwandten.

Göttinnen und Mythen

Die Göttinnen dieser Zeit sind die schwarzen Göttinnen des Todes und der Unterwelt, die Zerstörerinnen und die weisen Alten. Es sind die Göttinnen, die uns lehren, dass Leben niemals ohne Tod sein kann, dass alles stirbt, um wieder neu zu werden. Es ist ein ewiger Kreislauf, in den wir geboren werden und wieder sterben, um Platz für die nächste Generation zu schaffen. Sie lehren uns auch, dass es kein endgültiges Ende gibt. Etwas, der Kern, die Essenz oder der Geist des Lebens, bleibt erhalten und wirkt weiter. Die Göttinnen des Todes und der Verwandlung sind jetzt überall spürbar. Sie verkörpern den Archetyp der Magierin oder der Zauberin, die um die Kraft des Lebens, um den Tod und um die feinstoffliche, unsterbliche Essenz allen Lebens weiß.

Ereskigal, die schwarze Göttin des Todes und der Unterwelt, der anderen Seite oder dunklen Schwester von Inanna, der hellen Sternengöttin, gehört in diese Zeit. Ereskigal regiert über die Wildnis oder das Totenreich Kigalla am Ende der Welt. Dargestellt wird sie in der orientalischen Kunst als löwenköpfige nackte Frau, die mit ihrem Pferd des Todes in einem Boot den Grenzfluss zwischen ihrem Reich und jenem der Lebenden überquert, um in letzterem die Verstorbenen und die Opfergaben abzuholen.

Hel ist eine altnordische Göttin; sie ist die Herrscherin der Schattenwelt unter der Erde. Ihr Name bedeutet »die Zudeckende«. Hel reitet zur Erde, um die an Altersschwäche und Krankheiten Verstorbenen in ihr neunfaches Reich zu holen. Sie lebt in der Höhle der Wiedergeburt unter den Wurzeln des Weltenbaums Yggdrasil. Der Eingang zu ihrem Reich wird vom Höllenhund Garm bewacht. In manchen Überlieferungen wird das Reich der Hel beschrieben als von reinigendem Feuer erfüllt (daher der Begriff Hölle), in anderen als eisige finstere Nacht. In Hel wurde auch die schicksalspinnende und gütige Göttin verehrt, die die Toten zu sich holt. In manchen Überlieferungen wird sie mit der Göttin Holla (Frau Holle) gleichgesetzt, denn beiden ist der Holunder als heiliger Baum zugeordnet. (Vgl. Barbara Walker: »Das geheime Wissen der Frauen«)

Kali ist eine indische Göttin; sie ist die schwarze Mutter der Zeit, die das Leben unaufhörlich in einen faszinierenden Tanz des Todes verwandelt. Kali wird furchterregend dargestellt: In ihrem schwarzen Gesicht leuchtet ihre blutrote Zunge, die aus dem aufgerissenen Mund hängt. Sie trägt einen Dreizack als Waffe, mit dem sie die Dämonen bekämpft und tötet. Sie trägt eine Kette und einen Gürtel aus Totenschädeln und tanzt auch auf solchen. Kali ist wild und leidenschaftlich, kann wütend bis zur Raserei werden und in ihrem exstatischen Tanz alles Leben zertrampeln und zerstören. Sie ist das Symbol für das Schlimmste, was uns zustoßen kann, die Vernichtung und Zerstörung, sie konfrontiert uns mit unseren tiefsten Ängsten. Die Inder sagen, wer sich Kali und damit der Angst vor Vernichtung und Tod stelle und sie verstehe, dem werde die Göttin zur größten aller Mütter, die ihm den größten Trost spende.

Hekate, die als Königin der Nacht oder weise Göttin des schwarzen Mondes geehrt wurde, war eine machtvolle Todesgöttin, die über die Geister der Toten herrschte. Begleitet von ihren heiligen Hunden, ist sie in mondlosen Nächten an Kreuzungen, an denen drei Wege aufeinandertreffen, zu finden. Sie wurde mit drei Köpfen dargestellt – dem eines Hundes, dem einer Schlange und dem eines Pferdes –, die in alle Richtungen zugleich schauen konnten. Hekate wurde als Hexengöttin verehrt, die über Zauberkräfte verfügt und die Geheimnisse und Mysterien des Lebens und des Todes kennt. Zauberkräfte verlieh sie den Menschen, die sie ehrten. Nach den Festessen, die in den mondlosen Nächten ihr zu Ehren abgehalten wurden, stellte man die Reste für sie und ihr Gefolge vor die Tür. Im alten Griechenland baten die Frauen Hekate um Schutz vor dem nächtlichen Spuk der Heerscharen von Geistern, indem sie ein dreifaches Bildnis von ihr aufstellten. In der griechischen Mythologie wurden die Göttinnen häufig in drei Aspekten verehrt. So ist Hekate die alte, schwarze Göttin des Todes und des Winters. Eine weitere Seite von ihr ist Demeter, die rote, fruchtbare Muttergöttin des Sommers, und die dritte ist Persephone, die weiße, jungfräuliche Göttin des Frühlings.

Jetzt ist die Zeit der Göttin in ihrem zerstörerischen und todbringenden Aspekt. Sie lehrt uns die Mysterien des Lebens und des Sterbens, den ewigen Kreislauf von Geborenwerden, Tod und Wiedergeborenwerden. Unter ihren Fittichen finden wir die Weisheit, dass dennoch nichts für immer verloren geht, dass alles seine Gestalt in einem ständigen Transformationsprozess wandelt und die Essenz, der Geist, das Wesen, zurückbleibt.

Alltagsrituale

Vielen Menschen graut vor dieser nun anbrechenden dunklen, nasskalten Jahreszeit. Und sie wünschen sich an einen warmen sonnigen Ort im Süden. Doch wenn wir genau hinschauen, birgt diese Zeit einerseits noch sehr viel Farbenpracht und Schönheit, andererseits die Möglichkeit, sich mit dem Mysterium des Todes zu beschäftigen.

Sich Zeit für sich nehmen

Ende Oktober werden die Uhren von der Sommerzeit auf die Winterzeit umgestellt. Auch unser Organismus stellt sich jetzt um. Ein größeres Bedürfnis nach Ruhe und Schlaf entsteht, oft sind wir langsamer und brauchen morgens eine längere Anlaufzeit als in den Wochen und Monaten zuvor. Viele Menschen sind in dieser Zeit traurig und niedergeschlagen – so, als ob sich die Veränderungen in der Natur im Inneren widerspiegeln würden. Trübe Gedanken tauchen auf, Erinnerungen an die Vergänglichkeit des Lebens. Wir spüren, wie die Zeit vergeht. Manche Menschen fühlen sich jetzt depressiv und lustlos, ohne Antrieb und müde.

- *Falls Sie zu Winterdepressionen neigen, können Sie sich selbst mit Johanniskraut, z. B. in Form von Tee oder Dragees, helfen. Johanniskraut bringt vor allem Erleichterung bei Niedergeschlagenheit, Müdigkeit und depressiven Verstimmungen, aber auch bei Stress und Unruhezuständen. Auch eine Lichttherapie, der Aufenthalt in der Natur, walken, laufen, sich draußen bewegen schaffen Abhilfe.*

Einerseits ist es wichtig, dem Bedürfnis nach Verlangsamung und Rückzug in die inneren Welten gerecht zu werden, indem wir das Tempo herunterschrauben, uns mehr Ruhe und Zeit gönnen. Andererseits ist es wichtig, hinauszugehen in die Natur, sich zu bewegen, die frische, kühle und feuchte Herbstluft zu atmen, die Vielfalt und das leuchtend Bunte in der Natur mit allen Sinnen aufzunehmen und sich von der herben Schönheit dieser Zeit nähren zu lassen.

- *Machen Sie jetzt einen Spaziergang in einem Park, im Wald, im Feld oder auf Wiesen, entlang einem Gewässer. Achten Sie ganz bewusst auf die Farbigkeit der Pflanzen, Sträucher und Bäume. Oder gehen Sie in der einbrechenden Dunkelheit, im Regen oder Nebel spazieren, und spüren Sie, wie sich Ihre Umgebung bei diesen veränderten Witterungsverhältnissen anfühlt. Atmen Sie die feuchte Luft, und spüren Sie die Kühle auf der Haut und in der Nase.*
- *Achten Sie darauf, dass Sie immer warme Füße haben. Denn kalte und nasse Füße bewirken, dass sich die Blutgefäße vor allem im Nasen- und Rachenraum zusammenziehen, was krank machende Bakterien und Viren geradezu einlädt.*

Das Wasser des Lebens

- *Hören Sie dem Fließen des Wassers zu, beobachten Sie seine unausgesetzte Bewegung, schauen Sie, wie es reinigt, löst und befreit. Das Wasser ist ständig neu, denn es fließt immer weiter – und dennoch bewahrt der Bach oder der Fluss seine Form.*

Auch wir brauchen das Wasser zum Leben. Unser Körper besteht zu 80 % aus Wasser, und wir müssen in diesen dunklen Herbsttagen vor allem viel trinken, um gesund und fit zu bleiben. Wasser brauchen wir zum Verflüssigen der Nahrung, damit wir sie besser aufnehmen können, und zum Ausspülen von Abfällen und Ablagerungen in uns. Wenn wir genügend trinken, bleiben unsere inneren Säfte im Fluss, und wir fühlen uns wohl.

- *Achten Sie also gerade in dieser Zeit auf das Durchspülen Ihres Körpers, indem Sie viel Tee, am besten Kräutertees, trinken. Tee aus Ringelblumen, Schafgarbe, Pfefferminze, Brennnessel, Ackerschachtelhalm, Wermut, Salbei und Beifuß stärkt unser Immunsystem und macht uns widerstandsfähig gegen die nun häufig auftretenden Erkältungskrankheiten.*
- *Vitaminreiche Nahrung, vor allem mit Vitamin C, und alle Früchte und Gemüse der Jahreszeit tun uns jetzt besonders gut: Weißkohl, Rotkohl, Rosenkohl, Wirsing, Sauerkraut, Rote Bete, Karotten, Rüben, Rettich, Kürbis, Kartoffeln, Äpfel, Birnen, Quitten, Walnüsse.*
- *Nehmen Sie sich Zeit für ein Sauna- oder Baderitual, das die Widerstandskräfte des Körpers anregt.*
- *Nehmen Sie sich aber vor allem Zeit zum Faulenzen, Schlafen, Träumen, Nachdenken über das Leben, Ihre Erfahrungen, Hoffnungen, Erwartungen und Wünsche. Verarbeiten Sie innerlich, was Ihnen im vergangenen Jahr begegnet ist.*
- *Sie können auch nachsinnen über die Menschen, die vor Ihnen da waren. Schauen Sie Familienalben an, lesen Sie Familiengeschichten, oder schreiben Sie die Geschichte Ihrer eigenen Familie auf.*
- *Stellen Sie Blumengestecke und Lichter für die Verstorbenen auf den Friedhof.*
- *Hängen Sie einen Trauerkranz an Ihre Haustür, wenn in diesem Jahr ein Angehöriger verstorben ist. Schmücken Sie ihn mit Efeu, Blumen, Federn, Zweigen, Muscheln und Steinen.*
- *Besuchen Sie alte Menschen, und sprechen Sie mit ihnen über ihre Lebensgeschichte und ihre Erfahrungen. Diese Menschen sind Zeitzeugen, sie haben in Zeit-Räumen gelebt, die Sie nie betreten und wirklich erfahren haben. Es macht einen großen Unterschied, ob wir unsere Kindheit oder Jugend, die uns sehr prägen, z. B. um 1900, 1950, 1980 oder 2000 erleben. Und genauso wenig, wie wir alle Zeiterfahrungen der älteren*

Menschen teilen, werden wir mit unseren Kindern alle Zeit-Räume erleben, die sie im Laufe ihres Lebens betreten werden.

- *Beschäftigen Sie sich mit der Arbeit in Altenpflegeheimen oder mit der Hospizbewegung.*
- *Stellen Sie für die guten Geister und die Tiere kleine Speiseopfer oder rote Grablampen hinaus, um ihnen zu signalisieren, dass Sie ihrer gedenken.*
- *Wenn Sie eine Duftlampe benutzen, verwenden Sie Düfte, die die Raumluft reinigen, wie Ysop, Rosmarin, Zeder, Kiefer, Wacholder oder Salbei.*

Die Erfahrungen des Jahres verarbeiten und Verluste betrauern

Wieder geht ein Jahr zu Ende. Jetzt ist eine gute Zeit, sich mit dem Vergehen, der Vergänglichkeit, dem Abschiednehmen und der Trauer auseinanderzusetzen. Tasten Sie sich mit folgenden Fragen an das Thema heran: Was hat mich in diesem Jahr besonders beschäftigt und belastet? Waren es der Partner, die Kinder, Eltern und Geschwister, die Freunde? Oder nahm meine Arbeit, die Kolleginnen eine wichtige Stelle ein? Gab es besondere Themen wie Krankheiten, Verluste, Abschiede, Geld, Politik, Kriege, Flüchtlingsschicksale, Naturkatastrophen oder Umweltprobleme, die mich sehr berührt haben?

- *Betrachten Sie unter diesen Aspekten das vergehende Jahr, und machen Sie sich vor allem bewusst, was Sie belastet hat und was Ihnen unter die Haut ging.*

Manchmal spüren wir erst, wenn wir uns Zeit dafür nehmen, wie tief uns z. B. die Schreckensmeldungen und Katastrophen in der Welt erschüttern und wie sehr uns Veränderungen unserer Lebensgewohnheiten und Verluste von Vertrautem beeinträchtigen.
Jetzt können wir uns bewusst machen, was wir unwiederbringlich verloren haben und was es zu betrauern gibt. Vielleicht sind es Beziehungen, die sich verändert haben; Rollen, die wir nicht mehr spielen können; Anerkennung, die wir nicht mehr bekommen; Wünsche, die sich nicht erfüllt haben; Probleme, die wir nicht lösen konnten; Krankheiten, die uns schwächen oder bedrohen; Lebensphasen, die zu Ende gehen; eine Arbeitsstelle, die gekündigt wurde; das Beenden der Berufstätigkeit, die uns Sinn und Identität gab; Kinder, die ausziehen; ein Umzug in eine andere Wohnung oder Stadt; Kräfte, die nachlassen; wichtige Menschen, die wir verloren haben. Auch Lebenskonzepte und Interessen, die uns bisher wichtig waren, können ihre Bedeutung verlieren.

- ➤ *Lassen Sie Ihre Gefühle von Trauer und Schmerz zu, und erlauben Sie es sich, über alles zu weinen, was Sie bedrückt.*
- ➤ *Malen Sie ein Bild, das Ihre Trauer ausdrückt, oder schreiben Sie eine Geschichte darüber.*

Oft ist unser Verstand sehr erfinderisch und versucht, uns am Trauern zu hindern. Dazu zieht er Argumente heran wie: Das ist doch nicht so wichtig, oder: Es gibt keinen Grund, darüber traurig zu sein. Doch wenn wir uns Zeit lassen und in unsere innersten Gefühle eintauchen, spüren wir, wie viel wir noch zu beweinen und zu betrauern haben.

- ➤ *Nehmen Sie sich ganz bewusst Zeit zum Trauern, zum Klagen, zum Weinen. Denn Weinen kann den alten Schmerz aus uns hinausspülen.*
- ➤ *Stimmen Sie ein Klagelied an, und lassen Sie es so lange anschwellen, bis Sie spüren, dass es für diesen Moment genug ist. Sie können dieses Klagelied auch zu einer Musik anstimmen, die Sie traurig finden. Oder Sie entlocken einem Instrument Ihrer Wahl Klänge, die all Ihren Schmerz und Ihre Trauer ausdrücken.*

Unterbrechen Sie diesen Prozess nicht – irgendwann werden Sie spüren: Jetzt ist es genug; jetzt ist alles ausgedrückt, nach außen gekommen, was sich in Ihnen angesammelt hatte. Anschließend werden Sie sich langsam wieder beruhigen, werden leer, entspannt und still, außerdem werden Sie das Gefühl verspüren, etwas Schweres und Schmerzliches losgelassen zu haben.

Meist haben wir Angst, uns diesen Gefühlen zu stellen, weil wir argwöhnen, nie mehr mit dem Weinen aufhören zu können. Wir befürchten, von einer Flutwelle der Trauer weggespült zu werden. Doch das Gegenteil geschieht: Wenn wir diese Gefühle zulassen, durch sie hindurchgehen, können wir sie hinter uns lassen und wieder leicht und fröhlich werden.

Wir können jetzt auch unsere Gefühle darüber zulassen, dass nichts im Leben bleibt, wie es ist, dass sich alles in einem ständigen Wandlungsprozess befindet, dass all unser Wehren und Kämpfen gegen Veränderungen im Leben sinnlos sind. Meist versuchen wir, unser Leben unter Kontrolle zu behalten, selbst zu bestimmen, wohin unsere Reise geht. Und zu bestimmten Zeiten ist dies auch richtig so. Doch jetzt erinnern uns das Leben und die Jahreszeit daran, dass es neben der Aktivität auch die Passivität zu erfahren gilt. Denn es ist eine Illusion, wenn wir glauben, unser Leben immer im Griff zu haben und den Verlauf kontrollieren und selbst bestimmen zu können.

Das passive Einverstandensein, sich dem Fluss des Lebens zu überlassen, fällt uns manchmal sehr schwer. Es macht uns Angst und lässt Gefühle von Ohnmacht oder Ausgeliefertsein auftauchen. Doch in dieser dunklen Zeit können wir von der Natur, den Wasser- und Yin-Kräften, die jetzt im Vordergrund stehen, etwas über tiefe Transformationsprozesse lernen. Auch wenn sich bestimmte Lebensformen, Sicht- und Daseinsweisen auflösen, sterben und vergehen, bleibt dennoch etwas Wichtiges übrig – die Essenz oder das Wesentliche. Der bleibende Kern der Erfahrung birgt alles, was für einen Neuanfang oder ein Weiterexistieren benötigt wird.

➤ *Geben Sie sich dem Strom des Lebens hin. Lassen Sie zu, dass Sie manchmal nicht wissen, wohin Ihre Reise in wichtigen Veränderungsphasen geht. Lassen Sie all Ihre Gefühle zu, die mit dieser Veränderung einhergehen. Vertrauen Sie darauf, dass Sie diese schwierige Zeit überstehen werden und dass Ihnen in der tiefsten Verzweiflung und Dunkelheit ein neues Licht oder eine neue Kraft zufließen wird.*

Es geht darum, zu lernen, im Fluss der Ereignisse zu sein: wenn die Zeit gut ist, sie so zu genießen, wie sie ist; wenn sich Veränderungen abzeichnen, auch diese anzunehmen, sie zu akzeptieren und sich nicht sinnlos gegen Dinge aufzulehnen, die nicht zu ändern sind.

Jetzt ist auch eine gute Zeit, um – wie im Mythos der Inanna, die ihre dunkle Schwester Ereskigal besucht – in die Tiefen unserer Seele einzutauchen und unsere eigene dunkle Schwester zu besuchen. Die Seite in uns, die wir normalerweise vor anderen und vor uns selbst verstecken. Dort finden wir die Gefühle und Erlebnisse, die wir so gern vergessen oder verdrängen wollen, die wir in unserem normalen Alltag nicht sehen wollen. Vielleicht sind es Schmerzen von alten Verletzungen, die uns zugefügt wurden. Oder es gären in uns Gefühle von Hass, Wut und Ohnmacht, Neid und Rache, die wir nicht wahrhaben wollen. Möglicherweise sind es auch tiefe Schuld- und Schamgefühle, die in uns schmerzen.

Doch alles, was wir in den Untergrund verbannen, löst sich dort nicht von allein auf und kann nicht heilen. Im Gegenteil: Im Untergrund gären diese Gefühle weiter, und weil wir sie nicht anschauen wollen, werden sie uns fremd und erschrecken uns. Die gut verdrängten Gefühle überfallen uns dann in unseren Träumen oder kommen in der Gestalt von Menschen zurück, mit denen wir in langwierigen, unguten Auseinandersetzungen verstrickt sind. Wenn wir dann genau hinschauen, kann uns bewusst werden, dass wir die Seiten, die wir bei uns selbst ablehnen, auf andere projiziert haben und sie dort vehement bekämpfen. Oftmals werden wir auf diese versteckten Seiten in uns erst aufmerksam, wenn wir längere Zeit krank sind, wenn wir einsam sind und Schmerzen leiden. Dann ist die Tür zu dieser vor uns und anderen versteckten »Unterwelt« leichter als sonst zu öffnen.

➤ *Steigen Sie also freiwillig hinab in Ihre eigene Unterwelt, in die sich die verletzte und wütende, die böse und gewalttätig gewordene Seite, Ihre dunkle Schwester, zurückgezogen hat. Es gilt, sich dieser vergessenen und verdrängten Seite Ihrer Persönlichkeit zu stellen und ihr zuzuhören. Was hat sie erlebt? Was war so schlimm, und was hat sie so böse gemacht?*

Erst wenn Sie diese Seite in sich verstehen und annehmen, kann sie erlöst werden. Auf dem Weg in unsere innere Hölle ist die achtsame und kundige Begleitung durch eine Therapeutin oder einen Therapeuten hilfreich und heilsam. Denn wir sind dann nicht allein mit unserer Verzweiflung und Qual und erleben, vielleicht zum ersten Mal, wie erlösend, tröstlich und heilend das einfühlsame Verständnis durch einen anderen Menschen ist.

Frauenfest

Treffen Sie sich mit Ihren Freundinnen zu einem Fest der schwarzen Frau, zu Ehren der alten, weisen Todesgöttinnen, den Magierinnen des Lebens, die in dem Toten das neue Leben sehen können. Alle Frauen kommen schwarz gekleidet und gehen in der Dunkelheit gemeinsam auf einen Friedhof oder zu Hügelgräbern, stellen dort rote Grablichter auf und gedenken der Toten. Danach sitzen Sie noch eine Weile zusammen, essen und trinken gemeinsam und sprechen über das Leben und den Tod, über die Ahnen und das, was von ihnen geblieben ist. Sprechen Sie auch über das, was eventuell von Ihrem Leben bleiben wird. Denken Sie daran, einige Essensreste hinaus in die Natur zu stellen (nichts Gekochtes und kein Fleisch – das zieht Ratten an), weißer Quark und rote Granatapfelkerne oder rote Marmeladen eignen sich besonders gut.

Atemübung

Seufzen und Klagen

➤ *Atmen Sie tief ein und aus, und spüren Sie in sich hinein. Lassen Sie tief aus Ihrem Inneren Töne aufsteigen, die das ausdrücken, was Sie gerade in sich fühlen. Seufzen, jammern und klagen Sie über alles, was Ihnen Schmerz bereitet, was Sie verloren haben, was Sie verunsichert, was Sie bekümmert, was Sie ängstigt. Erlauben Sie sich, die Tränen fließen zu lassen. Schluchzen und weinen Sie, auch wenn Sie nicht alles benennen können, was Sie so tieftraurig macht.*
Manchmal hat sich eine große Menge Tränen angestaut, und erst beim Weinen wird uns klar, wie viel sich angesammelt hat. Lassen Sie heraus, was immer aus Ihnen herauswill.

Begegnung mit der Natur

Machen Sie ein Abschiedsritual. Schreiben Sie auf einen Zettel, was Sie verabschieden oder was Sie nun endgültig loslassen wollen. Dann gehen Sie zu einem Bach oder einem Fluss, und übergeben Sie diesen Zettel dem Wasser. Sie können auch aus Tonerde ein Symbol formen, das Sie dem Wasser geben.

➤ *Schreiben Sie auf einen Zettel, was Sie jetzt loslassen wollen: eine bestimmte Illusion über Ihr Leben, eine hartnäckige lästige Gewohnheit; etwas, woran Sie schmerzlich hängen und was Sie nur schwer loslassen können; etwas, was sich überholt hat, was Ihnen nicht mehr guttut, was Sie auf Ihrem Lebensweg vielleicht auch behindert hat. Übergeben Sie diesen Zettel einem Bach oder Fluss.*

➤ *Sie können ein Schiff aus Papier falten, in das Sie Dinge hineingeben, die Ihnen gefallen, wie ein buntes Blatt oder eine Blüte, und*

es dann dem Wasser übergeben – als Gruß an die Verstorbenen oder als Geschenk für das Element Wasser.

Bewegungsübungen und Tänze

Lockerschütteln

Dies ist eine Übung für Phasen, in denen Sie sich traurig, niedergeschlagen, energielos und untätig fühlen.

- *Nehmen Sie sich Zeit, nach innen zu spüren und Ihre Gefühle wahrzunehmen.*
  Stellen Sie sich fest auf den Boden, und schütteln Sie sich, als ob Sie Wassertropfen von sich schütteln wollten, als ob Sie Verkrustungen und Verhärtungen wie einen Verputz, der an Ihnen haftet, abschütteln wollten. Stellen Sie sich vor, Sie schüttelten eine alte Farbe ab, die Sie nicht mehr brauchen – vielleicht zeigt sich Ihnen ein Bild, welche das sein könnte.
- *Stellen Sie sich vor, Sie könnten sich häuten, könnten Ihre alte Haut lockern und ablösen und dann in kleinen oder größeren Schuppen von sich abfallen lassen. Darunter kommt die neue, gesunde und elastische Haut zum Vorschein, gut genährt, mit neuer Ausstrahlung und Lebendigkeit.*

Tanz des Omulu, des Gottes der Armen

Omulu ist der Gott der Armen, der alle Beschwernisse und alles Unbehagen auf sich nimmt. Mit schweren dumpfen Schritten kommt er daher und schlägt sich wie die Klageweiber früherer Zeiten auf die Brust. Klagelaute und Seufzer, Schluchzer und Gestöhn umgeben ihn. Er sammelt alles Schmerz- und Leidvolle und alle Krankheiten auf und nimmt sie mit sich fort. Und wenn er vorbeigezogen ist, fühlen wir uns erleichtert und frei. (Vgl. Kaye Hoffman; Musik von Rolf Exler: »Von Göttern besessen«)

- *Hören Sie eine traurige Musik (oder die zuvor genannte Musik von Rolf Exler), und bewegen Sie sich danach langsam und schleppend. Lassen Sie sich hängen: Heben Sie immer wieder mal Ihre Arme an, und lassen Sie diese dann kraftlos nach unten fallen. Schlurfen Sie gebeugt wie un-*

ter einer Last, und spüren Sie die Schwerkraft, die Sie nach unten zieht. Öffnen Sie den Mund, und lassen Sie aus Ihrer Kehle all die seufzenden, jammernden, wehklagenden Töne, die direkt aus Ihrem Herzen aufsteigen, nach außen fließen. Fühlen Sie in aller Ruhe in sich hinein, bis Sie im ganzen Körper die Schwere und den Schmerz fühlen, die Sie dann immer wieder mit einem Seufzer loslassen. Lassen Sie sich Zeit für diesen heilsamen Tanz, der zu einem Reinigungsprozess für Ihre Gefühle werden kann. Wenn die Musik zu Ende ist, werden Sie sich erleichtert und frei fühlen. Danken Sie Omulu, dass er alles Schwere, was Sie nicht mehr tragen wollten, mit sich genommen hat.

➤ *Legen Sie nach dem Tanz einen Stein vor sich hin, als Symbol für all das, was Sie nun endgültig Omulu mitgegeben haben. Zünden Sie dann ein Teelicht an, als Zeichen dafür, dass Sie Ihren Weg nun mit leichterem Gepäck weitergehen können.*

Tanz der Kali – Die eigene Zerstörungskraft erlösen

Diese Übung bringt uns in Kontakt mit unserer eigenen inneren zerstörerischen Kraft, die angenommen und geachtet werden will, damit sie sich nicht unbewusst ausdrücken muss. Diese Kraft unterstützt uns dabei, Altes, auch alte hemmende Vorstellungen und Lebensmuster, loszulassen, zu vernichten und damit Platz zu schaffen für etwas Neues, für Ganzheit und Heilung. (Musik von Gawain: »The Kali Meditation«).

➤ *Sorgen Sie dafür, dass Sie nicht gestört werden. Legen Sie alte Zeitungen zum Zerreißen, Taschentücher zum Weinen und einen Schaumstoffschläger oder zusammengerollte Handtücher bereit, mit denen Sie Ihre Wut ausdrücken können, ohne dass Sie sich (oder andere) verletzen oder sich (oder anderen) schaden.*
Die Bewegungsmeditation hat vier Teile – eine Phase des verstärkten Atmens, um die innere Feuerkraft anzuregen und den Emotionalkörper zu öffnen. In der zweiten Phase wird die zerstörerische Energie in Bewegung umgesetzt und ausgedrückt. Durch das Wüten, Schreien, Boxen, Schlagen, Weinen und »Verrücktspielen« wird ein tiefer Reinigungsprozess in Gang gesetzt. In der dritten Phase kehrt, unterstützt durch die Musik, wieder allmählich Ruhe und Frieden ein. In der vierten stillen Phase tauchen heilsame und stärkende Bilder und Gefühle auf.

Fantasie- und Trancereisen

Loslassen und Neuwerden

Wenn Sie spüren, dass etwas zu Ende geht, sterben und losgelassen werden will, und Sie Angst vor der Veränderung haben, machen Sie diese Reise.

➤ *Setzen oder legen Sie sich bequem hin, mit gerader Wirbelsäule, und entspannen Sie sich. Schließen Sie die Augen, und atmen Sie tief und langsam aus und wieder ein. Lassen Sie alles los, was Sie jetzt nicht brauchen.*
Stellen Sie sich vor, Sie gingen durch einen Tunnel tief in die Erde hinein oder zu einem Haus unter Wasser. Dort, in der anderen Wirklichkeit, empfängt Sie die weise alte Göttin des Todes und der Wandlung. Sie betreten ihre Welt, und sie nimmt Sie an der Hand und führt Sie zu ihrem großen Kessel, in dem sie alles umwandeln, transformieren kann. Während sie den Inhalt des Kessels langsam und gemächlich umrührt, fordert sie Sie auf, alles hineinzuwerfen, was sich für Sie verändern soll, alles, was Sie loslassen wollen, was Ihnen Angst macht oder was Sie an Vorstellungen oder Angewohnheiten sterben lassen wollen. Sie tun es und schauen zu, wie die Göttin gemächlich weiterrührt. Sobald sie fertig ist, legt sie ihren Stab zur Seite und greift in den Kessel, um das für Sie herauszuholen, was Sie hineingegeben haben. Sie stellt es vor Sie hin, und Sie sehen, dass es sich gewandelt und verändert hat. Es hat jetzt seine bestmögliche Form erhalten.

Sie bedanken sich bei der Göttin der Transformation, geben ihr ein Geschenk und nehmen mit, was sich verändert hat. Begeben Sie sich auf den Rückweg durch den Tunnel wieder hinauf in Ihre Welt. Dehnen und strecken Sie sich, öffnen Sie die Augen, und fühlen Sie sich willkommen im Hier und Jetzt. (Vgl. Amy Sophia Marashinsky: »Göttinnen-Geflüster«)

Weisheit und Lebenskraft der Ahnen spüren

➤ *Atmen Sie tief aus und wieder ein, und entspannen Sie sich.*
Stellen Sie sich um sich herum einen heiligen Kreis vor, der Sie schützt und in dem Sie sich geborgen fühlen. Setzen Sie sich in die Mitte, und schauen Sie nach Nordwesten, der Himmelsrichtung der Ahnen. Stellen Sie sich Ihre Eltern, dahinter Ihre Großeltern, dahinter Ihre Urgroßeltern, Ihre Ururgroßeltern usw. vor.
Wie fühlt es sich an, mit diesen Menschen verwandt und verbunden zu sein? Welche Eigenschaften und Besonderheiten hatten sie? Lassen Sie sich Zeit, Ihre Ahnen zu sehen oder zu spüren.
Stellen Sie sich dann vor, wie das Leben von ihnen immer weitergegeben wurde bis zu Ihnen. Nehmen Sie die Lebendigkeit und Kraft als Vermächtnis dankbar an. Doch all ihre Probleme und ihr Schicksal, das Leiden, das nicht zu Ihnen gehört, lassen Sie bei ihnen, wo es hingehört. Sie können ihr Schicksal und ihr Leid, eben ihre Vergangenheit, nicht ändern.
Drehen Sie sich so um, dass Sie nach Südosten in die Zukunft schauen, und stellen Sie sich vor, wie Ihre Ahnen hinter Ihnen stehen, und spüren Sie, wie sie Sie stärken. Fühlen Sie, wie ganz viel Lebenskraft und Liebe durch alle Generationen bis zu Ihnen fließen. Lassen Sie die Lebensenergie in sich hineinfließen, nehmen Sie sie so lange auf, bis Sie satt sind. Dann bedanken Sie sich mit einer tiefen Verbeugung bei Ihren Ahnen, und machen Sie in Ihrem Leben das Beste aus dieser Lebenskraft.
Verabschieden Sie sich, und spüren Sie sich wieder in Ihrem Kreis. Kehren Sie zurück in die Gegenwart, dehnen und strecken Sie sich, und seien Sie wieder wach und gestärkt im Hier und Jetzt.

Heilsame Analogien

Hier vorgestellt finden Sie einige Bereiche, in denen sich die Energien rund um Samhain ausdrücken können. Sie sollen eine Anregung für Sie sein, sich selbst auf die Suche nach dem Ausdruck der Kräfte der Zeit zu machen. Die Tiere und Pflanzen, die ich hier nenne, sind als Beispiele zu verstehen – selbstverständlich könnten hier noch viele andere aufgeführt werden.

Energie

Wasser in allen Formen – zum Reinigen, Loslassen, Durchspülen, Aufweichen und Transformieren

Zeit

die Dunkelheit; die Zeit kurz vor dem Einschlafen, in der wir loslassen, die Kontrolle aufgeben, uns einlassen müssen, um auf eine andere Ebene zu gelangen, die Ebene des Unbewussten, des Träumens und des Regenerierens; später Herbst und Übergang zum Winter

Orte

Friedhöfe, Hügelgräber; nächtliche, dunkle Orte, Stellen an stillen Gewässern; faulig-modrige Sumpf- oder Moorlandschaften; Bäche, Flüsse und Meere

Themen

Trauer, Leid, Schmerz, Innenwendung, Tod, Loslassen, Jenseits, Geistwesen, Gestaltwandel, Transformation

Farben

Schwarz, Dunkelblau und Dunkelgrün, schillernde dunkle und irisierende Farben

Mineralien – Opal, Turmalin/Schörl, Obsidian, Saphir

Der Opal ist schillernd und irisierend und wird sowohl als Stein mit großer magischer Kraft als auch als Glücksstein angesehen, der das Leben leichter machen kann. Er stärkt das Verlangen, die Erotik und Sexualität und fördert den Wunsch nach tief greifender Veränderung und Transformation der Lebensumstände.

Der Turmalin, vor allem der schwarze Schörl, hilft uns, uns abzugrenzen und uns zu schützen. Er fördert Gelassenheit und Neutralität, indem er Stress und Belastungen neutralisiert. Er schützt vor negativen Gedanken und unterstützt uns dabei, eigene Fehler zu erkennen und zu analysieren.

Der schwarze Obsidian löst Angst, Schockzustände und Blockaden und hilft uns, die eigenen Schattenseiten zu erkennen und aufzulösen. Er erweitert das Bewusstsein und begünstigt eine Entwicklung, in deren Folge wir festgefahrene Ansichten und Verhaltensmuster auflösen können.

Der blaue Saphir steht in der Mythologie sowohl für Engelwesen und Magie als auch für Treue und Freundschaft. Er schafft Erleichterung bei Depressionen und psychischen Erkrankungen. Er fördert Gradlinigkeit und Konzentration, Nüchternheit und Wahrheitsliebe.

Tiere

Krähen und Raben, Wölfe und Hunde, Kröten und Frösche sowie die Pferde, die seit alter Zeit als Tiere der Göttin in ihrem Todesaspekt gelten

Krähen und Raben sind hochintelligente, kommunikationsbegabte Vögel, die in Gruppen leben und als Vermittler zwischen den Welten betrachtet werden. Sie wurden oft als Götterboten und Orakeltiere geschätzt, die wichtige Botschaften zwischen der Menschenwelt, dem Tierreich sowie der Götter- oder Anderswelt weiterleiten. Sie werden mit der Gesetzmäßigkeit von Tod und Wiedergeburt und mit Magie assoziiert. Mit ihrem blau-schwarz-grün schillernden Gefieder bringen sie auch die Botschaft der Transformation zu höherem Bewusstsein. Ihre Federn werden als Kraftgegenstände bei vielfältigen Zeremonien verwendet, bei denen es um Wandlung und Veränderung geht, um Magie und die Dunkelheit der Leere, aus der alles wieder neu entsteht.

Kröten oder Frösche sind sowohl im Wasser als auch auf der Erde zu Hause. So dienen sie als Vermittler zwischen der Ebene der Gefühle und des Unbewusstseins und der der Materie. Aus ihrem Verhalten soll man die Zukunft oder das Wetter vorhersagen können, deshalb wurden sie als Orakeltiere angesehen. Sie wurden der Göttin Hekate zugeordnet und galten als Glücksbringer für Reisende.

Wölfe oder Hunde werden oft als Hüter der Schwelle zur anderen Wirklichkeit angesehen. Es sind kraftvolle Helfertiere, die uns auf unserer »Heldinnenreise« begleiten, führen oder uns Aufgaben stellen. Sie konfrontieren uns mit den Themen Treue, Freundschaft, Beständigkeit, Familien- und Gemeinschaftssinn, Intelligenz und Loyalität.

Pferde waren lange Zeit Tiere, die im Leben der Menschen eine wichtige Rolle spielten. So halfen sie den Menschen z. B., weite Entfernungen zurückzulegen. Wenn ein Pferd als Helfertier auftaucht, hat dies oft mit Veränderungen auf dem eigenen Lebensweg zu tun. Pferde stehen für Wind und Sturm, für Wellen und Wasser, für das Reisen zwischen den Welten und den Polen hell und dunkel, Leben und Tod.

Bäume – Eibe, Zypresse, Thuja oder Lebensbaum, Erlen

Eiben (*Taxus baccata*) werden als heilige Bäume eingestuft, die mit dem Tod und dem ewigen Leben verknüpft sind. Sie wachsen sehr langsam, und es dauert viele Jahre, bis sie zum ersten Mal blühen. Eiben sind immergrüne Nadelbäume mit dunklen weichen Nadeln, rötlichem Holz und roten Beeren. Alle Teile der Eibe sind giftig, deshalb werden sie oft auch als Totenbäume bezeichnet. Sie sind auf vielen alten Friedhöfen anzutreffen und sollen den Weg in die Unterwelt weisen. Eibenkraft fördert unsere Ausdauer und unser Vertrauen in den ewigen Kreislauf des Lebens.

Die Zypressen (*Cupressus sempervirens*) sind immergrüne Bäume von aufrechtem Wuchs. In südlichen Ländern säumen sie häufig Friedhöfe, denn sie symbolisieren das Leben nach dem Tod und waren deshalb den Göttinnen des Todes und der Unterwelt geweiht. Zypressenöl wird in der Aromatherapie verwendet, wenn wir uns auf das Wesentliche konzentrieren und bei einer Sache bleiben wollen.

Der Lebensbaum (*Thuja occidentalis*) ist ein immergrüner Baum, dem ähnliche Eigenschaften wie der Zypresse zugeordnet werden. In der Homöopathie wird Thuja bei Rheuma und Erkältungskrankheiten, bei Hautausschlägen und Neuralgien verwendet.

Die sagenumwobenen Erlen (*Alnus glutinosa*) wachsen in der Nähe von Gewässern, in Sumpfgebieten und Moorlandschaften. Manchen Menschen sind sie unheimlich, weil sie mit der jenseitigen Welt, dem Reich der Moorgeister, Nebelfeen, Elfen, Erlkönige und Wassergeister in Verbindung stehen sollen. Die Erle ist ein Symbol der Todesgöttin; sie symbolisiert zum einen die zerstörerische, zum anderen die lebenspendende und erneuernde Kraft des Wassers.

Pflanzen

Efeu, Pfefferminze und Nachtschattengewächse; vor allem der Granatapfel – seine saftigroten Kerne sind ein Symbol für das Leben und den Tod; die Samen der Pflanzen, die jetzt absterben und vergehen, weil sie den potenziellen Kreislauf der neuen Pflanze enthalten; stachelige und dornige Pflanzen; die Nachtschattengewächse, die als Hexenkräuter sowohl dieser Zeit als auch der Zeit um Beltane, das gegenüberliegende Mondfest, zugeordnet werden.

Der Efeu (*Hedera helix*), eine Kletterpflanze mit immergrünen Blättern, steht für ewiges Leben. Bei den Kelten wurde der Efeu als Pflanze der Freundschaft betrachtet. Der Efeu, eine Schattenpflanze, umwindet, überwuchert und verdeckt altes Gemäuer, rankt sich um Bäume und bedeckt die Erde. Er wird als Husten- und Bronchialmittel verwendet, soll aber auch bei Kopfschmerzen und Menstruationsbeschwerden hilfreich sein.

Pfefferminze (*Mentha piperita*) hilft bei Magen-, Darm- und Gallenbeschwerden. Doch auch bei Kopf- und Periodenschmerzen wird die Pfefferminze, die viele ätherische Öle, Flavonoide und Bitterstoffe enthält, angewendet. Pfefferminze wird in der Küche für Suppen, Soßen und als Salat- und Quarkgewürz genutzt.

Viele Nachtschattengewächse, die giftig sind und in der Volksmedizin heute wenig, allenfalls in homöopathischen Verdünnungen, Verwendung finden. Es sind u. a.: Bilsenkraut (*Hyoscyamus niger*), das zur Dämpfung von Unruhezuständen und Schmerzen eingesetzt wurde. Die Tollkirsche (*Atropa belladona*), die bei Schmerzen und zur Gefäßerweiterung, aber auch für Gift- und Liebestränke genutzt wurde. Der Stechapfel (*Datura stramonium*), der vor allem bei Asthma oder bei Nervosität verwendet wurde. Die Zaunrübe (*Bryonia alba*), die heute nur in der Homöopathie bei Rheuma und Gicht, Leber- und Galleleiden zum Einsatz kommt.

Speisen und Getränke

Granatapfel, Ananas, Nüsse, Kürbis, Mais, Rote Bete, Kartoffeln, Brokkoli, alle Kohlarten, Tee und Bier

Düfte

Rosmarin – unterstützt Stärke und Selbstbewusstsein, unterstützt Reisen in die Unterwelt und wird bei Beerdigungsriten zur Reinigung eingesetzt. Salbei – wird vor allem bei den nordamerikanischen Indianern als wichtiges Reinigungs- und Segnungskraut eingesetzt. Wacholder – reinigt und schützt vor negativen Energien, unterstützt Konzentration und innere Sammlung.

Instrumente und Musik

Trommeln, Rasseln, Tango, kubanische Musik und portugiesischer Fado; Klassik: Gregorianische Gesänge, M. P. Mussorgski, B. Smetana sowie Trauermärsche

Gestaltung eines Festes

Das Jahreskreisfest in der Nacht zum 1. November
Samhain, das Dunkelheitsfest

Nordwesten
Samhain

Dieses Mondfest wird zu Ehren des dunklen, unsichtbaren Mondes in der herbstlich kalten Jahreszeit Anfang November gefeiert. Auf dem Jahreskreis befindet sich das Dunkelheitsfest im Nordwesten.

Es markiert sowohl den Übergang von der Abenddämmerung in die tiefste Nacht als auch den Übergang vom bunten Herbst in die graue, neblig-trübe und nasskalte Winterzeit. Es ist der Gegenpol zum sinnenfrohen Beltanefest des vollen Mondes auf der gegenüberliegenden Seite des Jahreskreises, und es bringt uns in Kontakt mit den Themen Sterben und Tod. Das zugeordnete Element ist das Wasser. Vor allem Flüsse und das Meer werden mit dem ewigen Leben und mit der Reise über das Wasser zum Totenreich in Verbindung gebracht. Es ist die Zeit des Todes und der Transformation.

Bei den Kelten wurde dieses Fest Samhain genannt. Drei Nächte lang wurde in der Zeit des dunklen Mondes um den 1. November herum gefeiert. Es kennzeichnete den Beginn des Winters und des neuen Jahres. Anlässlich dieses Festes versammelten sich die Menschen und besprachen alles, was ihnen wichtig war. Das gemeinsame Essen und Trinken war von genauso großer Bedeutung wie der rituelle Besuch der Unterwelt, der Welt der Toten. Dorthin hatte sich die Lebenskraft der Natur zurückgezogen, um in der ewigen Stille neue Kraft zu schöpfen für die Wiederauferstehung im Frühling. Es ging um die Begegnung mit den Ahnen, den Geistwesen von Tieren, Pflanzen und Bäumen, die auf diese Weise geachtet und geehrt wurden.

In den Festtagen und -nächten war der Unterschied zwischen Lebenden und Toten aufgehoben. Alle, die vor uns da waren, wurden eingeladen und konnten an diesem Fest teilnehmen. Sie nahmen in diesen besonderen Tagen wieder ihren Platz im Kreis der Lebenden ein. Das Fest dauerte drei Tage und Nächte, um des Mythos' des Übergangs zu gedenken. Alle Feuer wurden gelöscht zum Zeichen für das Sterben des alten Jahres, und erst durch das Entzünden eines neuen Feuers wurde die Wiedergeburt, die Geburt des neuen Jahres, angezeigt.

Die christliche Kirche hat in diese Zeit die Gedenktage Allerheiligen und Allerseelen gelegt, an denen der Verstorbenen gedacht wird. Ihnen werden frische Blumen und Kerzen aufs Grab gestellt.

Wir können heute folgende Schwerpunkte setzen:

- Verlangsamung und Rückzug in die inneren Welten, auf sich achten
- sich den innersten dunklen Gefühlen – wie Trauer, Angst, Schmerz, Scham, Schuld, Wut, Hass oder Zerstörungswut – stellen, sie zulassen, ausdrücken und loslassen
- sich mit Abschiednehmen, Vergänglichkeit, Sterben und Tod auseinandersetzen
- die schwarze Göttin des Todes, des Loslassens und der Transformation erfahren

Beispiel für eine Feier

In der Mitte des Kreises lag an diesem Abend die Decke mit den vier roten und vier grünen Feldern. In der Mitte befand sich eine Schale mit Wasser und Schwimmkerzen. Der Nordwesten, der Ort des Samhain-Festes, war mit Eiben, Efeu, Hagebutten, einem Kürbis und buntem Herbstlaub dekoriert. Der Norden war mit einem blau-grün-schwarz schillernden Stein, Zedernzweigen, Walnüssen und Kastanien geschmückt. Im Nordosten lagen Farn, Eibenäste und buntes Herbstlaub. Im Osten stand die Räucherschale, an diesem Tag gefüllt mit Salbei und Zeder, außerdem waren dort eine Gänsefeder, Borretschblüten und Weinlaub. Im Südosten waren Walnüsse, rote Beeren und das bunte Laub von Linde, Ahorn, Buche und Kastanie platziert. Im Süden stand eine Schale mit Granatapfelkernen. Im Südwesten waren eine Rassel, Fette-Henne-Blüten und Herbstblätter. Im Westen lagen Samenstände vom Silbertaler, Früchte des Pfaffenhütchens und Kastanien.

Für das Eröffnungs- und Reinigungsritual verwendeten wir Salbei, Rosmarin und Wacholder. In der ersten Runde sprachen die Frauen davon, was ihnen in dieser Zeit auffiel: Eine meinte, die Bäume seien noch bunt, auch wenn es nasskalt und unfreundlich sei. Eine war froh, wieder mit den Frauen zusammen zu sein, viele Erinnerungen waren für sie mit der Gruppe verbunden. Für eine lagen Abschied und Sterben in der Luft, doch auch viel Farbenpracht. Eine hatte vom letzten Jahr noch in Erinnerung, dass die dunkle Zeit gar nicht so lange dauert, beim nächsten Fest wird es schon wieder heller. Eine hatte in diesem Jahr viele Verluste erlebt – der Vater war gestorben, für sie lagen Helles und Dunkles beieinander. Für eine war der Herbst noch so schön leuchtend, wenn die Sonne scheint, viel Gelb und Rot. Eine verspürte das Bedürfnis, es sich im Haus gemütlich zu machen. Eine empfand Feuchtigkeit und Nässe, Müdigkeit und Tristesse. Für eine begann die lahme Zeit, in der sie träge sein, sich ins Bett kuscheln kann. Eine erzählte, dass sie früher vor der Dunkelheit viel Angst gehabt hatte, sie wollte lieber im Süden überwintern. Eine empfand Wind und Sturm als Respekt gebietend, war von den Wolkengebilden beeindruckt.

Thema des anschließenden Vortrags war, dass jetzt die Zeit der Verlangsamung beginnt, die Zeit des Rückzugs nach innen. Es geht darum, sich mit Vergänglichkeit und Sterben zu beschäftigen: Die Natur zieht

sich zurück und stirbt, doch etwas bleibt übrig – die Essenz ruht in tiefer Dunkelheit und wird zur richtigen Zeit wieder erwachen, keimen und wachsen. Wir setzen uns nun mit den dunklen Gefühlen auseinander, stellen uns Schmerz, Wut, Trauer, der Angst vor dem Sterben. Von der Natur lernen, loslassen üben. Jeden Abend lassen wir uns ein kleines Stück auf diesen Prozess ein, denn beim Einschlafen, dem Einsinken in die Traumzeit, geben wir unser Tagesbewusstsein und die Kontrolle auf.

Zu einer langsamen Musik – Walgesänge – machten wir im Erfahrungsteil eine Fantasiereise zur Göttin der Wandlung, der Göttin mit dem Kessel, der wir etwas abgeben, bei der wir etwas loslassen und etwas Neues dafür erhalten. Dann gingen wir hinaus in die Dunkelheit. Dort fassten wir uns bei den Händen. Ich führte den Zug an und schlug einen bedächtigen Rhythmus auf der Trommel. Wir gingen sehr langsam in einer langen Kette durch den finsteren Garten, in dem einige rot brennende Grablichter nur spärlich Orientierung boten. Wir bildeten einen Kreis um ein rotes Licht und begannen, zu summen. Über unsere Töne ließen wir das nach außen fließen, was wir innerlich spürten und was uns bedrückte. Die Töne waren leise, schwer, schmerzlich, seufzend, zittrig und traurig.

Dann löste sich die Runde auf, und jede Frau ging allein in die Dunkelheit. Jede stellte sich der Kälte, der Feuchtigkeit, dem Ungewohnten und

Unbekannten, vielleicht auch den Ängsten und dem Alleinsein. Nach einer Weile rief ich mit der Trommel die Frauen wieder zusammen in den Kreis um die rote Grablaterne. Wir begannen noch einmal, zu summen und Töne aus unserem tiefsten Inneren aufsteigen und nach außen fließen zu lassen. Irgendwie hatte sich die Stimmung in der Zwischenzeit gewandelt, und es entstanden kraftvolle, dunkle und helle, energische und zärtliche Töne. Wir sangen und lauschten und sangen wieder in die dunkle Nacht hinein, voller Verwunderung über die neue Melodie, die in den schwarzen und dennoch klaren Himmel stieg und uns ein Gefühl von Zusammengehörigkeit und Geborgenheit gab. Dann gingen wir wieder in einer langen Kette, begleitet durch die Trommel, zurück ins Haus. Wieder im Raum saß jede Frau eine Weile still und spürte der Erfahrung nach.

In der Mitteilungsrunde erzählte eine jede, was sie auf ihrer Reise erlebt hatte: Eine hatte die Dunkelheit zunächst als sehr erschreckend erlebt, dann gewöhnten sich ihre Augen daran, und sie konnte immer besser sehen. Eine hatte den Geruch von Moder in der Nähe des Teiches wahrgenommen und Angst bekommen davor, wo sie in der Dunkelheit hintrat. Eine empfand das gemeinsame Singen als tröstlich und heilsam, sie hatte sich vorher schwer und traurig gefühlt. Bei einer lösten Grablaternen üblicherweise unangenehme Gefühle und Erinnerungen an die Kindheit, an Tod und Friedhof, aus, heute hatte sie das Rot der Lampen jedoch als sehr tröstlich empfunden. Eine war allein erst ängstlich gewesen, dann hatte sie den Wind um sich gespürt und ein Gefühl von Lebendigsein empfunden. Eine fühlte sich abenteuerlustig, hatte die trockenen Gräser und Samenstände berührt, sich an den Geruch von abgeernteten Kartoffelfeldern erinnert.

Als Abschlussritual bildeten wir einen Kreis. Eine Frau hatte ein kurzes Gedicht mitgebracht, das sie uns vorlas und das wir dann mit ihr gemeinsam sprachen: »Aus der Quelle meiner Ahnen schöpfe ich mit eigner Hand, jetzt mein Leben, jetzt mein Lieben, jetzt mein eignes Frauenland.« Anschließend verbeugten wir uns tief vor der Mitte und ganz besonders vor denen, die vor uns da waren – vor unseren Ahnfrauen und Ahnherren, die ein Stück ihrer Besonderheit an uns weitergegeben haben.

Zum Ausklang tranken wir Salbeitee und frische Obstsäfte aus dem Odenwald, aßen Granatapfelkerne und Obst.

Die Zeit um die Wintersonnenwende

Der Winterbeginn am 21. Dezember
Tiefste Dunkelheit und Wiedergeburt des Lichts

Jahreszeit: Winter

Die Stunden mit Tageslicht nehmen bis zur Wintersonnenwende täglich ab und die dunklen Stunden zu. Die Dunkelheit dauert in unseren Breiten nun von nachmittags 16.00 Uhr bis morgens 8.30 Uhr, das sind 15,5 von 24 Stunden. Helligkeit und Sonnenlicht gibt es maximal 7,5 Stunden am Tag. Bei der Wintersonnenwende erleben wir die längste Nacht und den kürzesten Tag des Jahres. Ein halbes Jahr lang hat die Dunkelheit nun zugenommen. Jetzt, Mitte Dezember, ist die Sonne an ihrem Tiefpunkt angelangt und wechselt die Richtung wieder. Ab der Wintersonnenwende nimmt die Anzahl der hellen Stunden wieder zu. So, wie die Sonne bei der Sommersonnenwende im Juni, der Mittsommernacht, die Richtung ändert und die Anzahl der hellen Stunden wieder abzunehmen beginnt, so ändert sich auch jetzt bei der Wintersonnenwende, mitten im Winter, die Richtung. Morgens und abends bleibt es nun von Tag zu Tag wieder um ca. 2 bis 3 Minuten länger hell.

Es ist kalt geworden und es regnet oft, nasskaltes und trübes Wetter herrscht vor. Manchmal gibt es Anfang Dezember schon klirrenden Frost und Schnee. Der Schnee kann sehr unterschiedlich sein: Mal sind es dicke, weiche Flocken, mal sind sie klein und hart und wie Nadelstiche auf der Haut. Pulverschnee und Schneekristalle, Schneematsch und Eisregen können uns jetzt begegnen. Manchmal fühlt es sich ruhig und heimelig an, wenn Schneeflocken sanft treiben und die Bäume und Sträucher weiß überzogen sind. Ein anderes Mal fühlt es sich bedrohlich an, wenn der Schneeregen auf den Wegen und Straßen sofort gefriert und sie spiegelglatt werden.

Alle einjährigen Blumen sind beim ersten Frost, der bisweilen schon im November kommt, erfroren. Nur die ausdauernden Pflanzen haben jetzt noch eine Chance, zu überleben. Und genau jetzt blühen, mitten im Schnee, die Christrosen. Die dunklen Krähenvögel kreisen krächzend über den Gärten und suchen Fressbares. Die Amseln stöbern im vermodernden Laub der Bäume und in den Dachrinnen nach Würmern. Die Eichhörnchen huschen durch den Garten und suchen ihre Futterverstecke auf. Ein Maulwurf wühlt unermüdlich unterirdische Gänge und wirft, solange die Erde noch nicht gefroren ist, kleine Sandhügel auf.

Der Dunkelheit und Kälte um uns herum begegnen wir jetzt mit viel Kerzenlicht und Rückzug in die gemütliche Wärme der Wohnungen. Jetzt ist Adventszeit, die wir in Stille und Besinnlichkeit verbringen können. Viele haben einen Adventskranz vorbereitet, der in den Wochen vor Weihnachten auf das Fest einstimmt. Tannengrün und rote, goldene oder silberne Farben, Mistelzweige, bunte Kerzen, Kugeln und Sterne schmücken unser Heim. In vielen Gärten oder an den Häusern wird in der Adventszeit Weihnachtsbeleuchtung angebracht. Lichterketten und Sterne schmücken Hauseingänge, Fenster und Bäume. Auch in den Straßen hängt Weihnachtsschmuck – Sterne, Tannenbäume, Engel- und Märchenwesen begegnen uns überall.

Weihnachtsmärkte, auf denen wir viele Ideen für Geschenke finden, Glühwein, Weihnachtsmusik und Gebäck stimmen uns ein. Lebkuchen und Stollen, Plätzchen und Spekulatius werden überall angeboten, und viele von uns backen zu dieser Zeit wieder einmal selbst. Es ist die Zeit der Vorfreude auf Weihnachten, auf das Fest der Liebe und der Geschenke. Viele Menschen, vor allem die Kinder, wünschen sich Weihnachten mit viel Schnee, eine weiße Weihnacht. Für viele ist die Weihnachtszeit allerdings zur Stresszeit geworden – das Kaufen der Geschenke, der Besuch von Weihnachtsfeiern oder die Pflicht, ein friedliches, harmonisches Familienfest zu feiern, setzen sie unter Druck.

An Silvester endet dann unser Jahr, und dieser Übergang zum neuen Jahr ist für viele Menschen mit Hoffnung, manchmal auch mit Bangigkeit verbunden. In dieser gefühlvollen dunklen Jahreszeit, auch angesichts des bevorstehenden Jahreswechsels tauchen bei vielen Menschen neben den guten, heimeligen Gefühlen unterschwellige, tiefe Unsicherheit, Nachdenklichkeit und Zukunftsängste auf. Gleichzeitig sind wir jedes Jahr, durch die Nachrichten und die in der Vorweihnachtszeit verstärkt verschickten Informationen der großen Hilfsorganisationen, konfrontiert mit vielen Schreckensnachrichten über Naturkatastrophen, Sturmfluten und Ölkatastrophen, Krieg und Vertreibung, Seuchen und Hunger in der Welt.

Astrologische Sichtweise

Bis zum 21. Dezember befinden wir uns nach der astrologischen Betrachtungsweise im Sternzeichen Schütze ♐, einem Feuerzeichen mit dem Jupiter als Planetenherrscher. Es geht in dieser Zeit der tiefsten Dunkelheit darum, in der fast ersterbenden Glut einen Funken zu entfachen, um damit das innere Feuer der Hoffnung zu neuem Leben zu erwecken. Und es geht darum, den Glauben an das Leben zu stärken. Der Schütze steht für Optimismus und den Sinn des Lebens, für Vertrauen auch in Zeiten tiefster Dunkelheit.

Das Schützethema bringt ins in Berührung mit unserer Intuition und Spiritualität sowie mit unserer Lebensfreude und Großzügigkeit. Der Schütze steht für Weitblick durch Lernen und Reisen, die Suche nach Wahrheit und Weisheit, außerdem führt er uns zur Selbstentfaltung und manchmal auch durch die dunklen Seiten des Lebens.

Auf den Schützen folgt das Sternzeichen Steinbock ♑, ein Erdzeichen mit dem Planetenherrscher Saturn. Beim Steinbock geht es um das Begreifen der Gesetze des Lebens und der Natur, des ewigen Kreislaufs von Fülle und Leere, hell und dunkel, auf und ab. Beim Steinbock geht es darum, zu lernen, auch unter schwierigen Lebensbedingungen zu überleben, durchzuhalten und die Art zu erhalten. In Zeiten von Kälte und Mangel müssen wir Ausdauer, Zähigkeit und Überlebenskräfte mobilisieren. Disziplin, Pflichterfüllung und der Wille, etwas zu leisten, gehören genauso zu diesem Zeichen wie Gemeinschaftssinn und Geduld, die Reduzierung auf das Wesentliche und Reife.

Menschliche Entwicklung

Auf der Ebene der menschlichen Entwicklung steht diese Zeit für die Phase von Anfang 80 bis zum Tod. Es geht um die Themen Altwerden und Sterben. Viele Menschen, die dieses Alter erreichen, strahlen eine gewisse Ruhe und Gelassenheit aus, bis hin zur Weisheit. Sie wissen viel und haben viel erlebt. Die Generation der heute über Achtzigjährigen hat Krieg, Zerstörung, Vertreibung, Wiederaufbau und Frieden erlebt. Sie haben die guten und schlechten Seiten des Lebens erfahren und sind viele Male durch die Jahreskreise gegangen.

Viele, die ihren Lebensweg bis hierher gegangen sind, wirken ausdauernd und zäh und so, als seien sie mit einer eigentümlichen Kraft ausgestattet. Manche sind immer noch aufgeschlossen, humorvoll und interessiert am Leben und der Gesellschaft, andere sind verbittert und resigniert, und wieder andere ziehen sich in ihre innere Welt zurück, leben eingesperrt in ihrer Gedankenwelt und verabschieden sich allmählich vom Leben. Manchmal wirken alte Menschen zerbrechlich, durchscheinend und wie entrückt, so, als ob ein inneres Licht in ihnen zu leuchten begänne und sie schon mit einer anderen Welt in Verbindung stünden.

Ein Rückblick und vielleicht auch eine Neubewertung des Lebens steht in diesem Alter an. Einige können jetzt ehrlich zu sich oder ihren Fehlern stehen und sich selbst und anderen verzeihen. Viele beschäftigen sich mit dem Sinn des Lebens, sie denken nach über den Tod und das, was danach kommt. Und manchen gelingt es, Frieden mit sich, den anderen, der Welt und dem Tod zu schließen.

Das Sterben und der Tod werden in unserer Gesellschaft immer noch verdrängt und tabuisiert. Sterben findet oft in der Abgeschiedenheit eines Krankenhauses statt und ist nicht mehr Teil des alltäglichen Lebens. Dieser Umgang bzw. fehlende Umgang mit dem Tod löst zusätzliche Ängste aus, sowohl bei den sterbenden Menschen selbst als auch bei den Angehörigen. Die meisten von uns wünschen sich ein würdiges Sterben, ohne Schmerzen, Qualen und Leiden. Sie wollen nicht abgeschoben und entmündigt werden.

In diesem Lebensabschnitt brauchen wir die Anteilnahme und Hilfe, die Unterstützung und Begleitung durch unsere Angehörigen oder durch Ärztinnen und Pflegerinnen, aber vor allem brauchen wir, dass unsere Wünsche und Bedürfnisse respektiert werden und unsere menschliche Würde geachtet wird.

An dieser Stelle im Jahreskreis endet das Leben und beginnt zugleich wieder von vorn. So symbolisiert diese Zeit auch die Geburt eines neuen Lebens. Mitten in der tiefsten Dunkelheit und Kälte, aus dem Schoß der

Greisin des Winters, wird ein neues Licht, ein neues Leben, geboren und wächst allmählich heran.

Göttinnen und Mythen

Zur Winterzeit gehören all die großen Erdgöttinnen und die stillen, nach innen gekehrten Feuergöttinnen, die den ewigen Kreislauf des Lebens repräsentieren. Es sind die alten wissenden und weisen Göttinnen, die Ururgroßmütter, die den Lebenszyklus viele Male durchschritten haben, die um alle hellen und dunklen Seiten, um das ewige rhythmische Kreisen und das Auf und Ab des Lebens, um den Schmerz und das Glück von Leben und Tod wissen. Es sind die Lebenspenderinnen und -zerstörerinnen, die immer wieder neu gebären, geduldig hegen und pflegen und die zur rechten Zeit den Tod bringen, um das Überholte dem Kreislauf des Lebens zurückzugeben, und die dafür sorgen, dass das Leben sich immer weiter fortentwickelt.

Der Archetyp dieser Zeit ist die distanzierte, zurückgezogen lebende Göttin, die Weisheit, Stille und Spiritualität verkörpert. Es ist der Archetyp der alten Weisen.

Gaia war nach der griechischen Mythologie die Urmutter Erde, aus der alles Leben entstand. Sie war die Große Mutter, die aus dem Chaos der Zeitlosigkeit aus sich selbst heraus entstand. Sie verband sich sowohl mit Uranos, ihrem Himmelssohn, als auch mit dem Meeresgott Pontos und erschuf dabei all die Wesen, die es auf der Erde gibt. Sie erschuf das Schöne ebenso wie das Furchterregende. An Erdöffnungen, Spalten oder Höhlen wurden ihr Honigkuchen und Getreide geopfert, um sie zu ehren.

Dieser Zeit sind auch die alten germanischen Schicksalsgöttinnen, die Nornen – Urd, Verdandi und Skuld – zugeordnet. Die Spinnerinnen und die Spinnen sind die Symbole dieser alten Schicksalsgöttinnen. Die Nornen sitzen zwischen den Wurzeln des Weltenbaums Yggdrasil an der Quelle, aus der das neue Leben geboren wird, und spinnen die Schicksalsfäden. Sie bestimmen die Länge eines Lebensfadens und weben das Muster aus Gut und Böse, das ein neues Leben zeigen wird, und am Ende schneiden sie den Lebensfaden ab und bringen damit den Tod. Die alten Schicksalsgöttinnen wissen um das Vergangene, das Gegenwärtige und

das Zukünftige. Nach alter Überlieferung können wir sie an Kreuzwegen und in den wilden, oft stürmischen Zeiten der Raunächte (die 13 Nächte ab der Wintersonnenwende bis 3. Januar) anrufen, wenn wir etwas über unser Schicksal erfahren wollen.

Hestia ist eine griechische Göttin, die sowohl die stille Feuerkraft der eigenen Mitte als auch die Mitte des Heims oder einer Gemeinschaft verkörpert. Sie ist die Älteste, die weise alte Frau, die alles erfahren hat und mit ungebrochenem Geist und geläutertem Charakter aus den chaotischen Geschehnissen des Lebens hervorgeht. Sie symbolisiert innere Sammlung und spirituelle Erleuchtung. Sie ist der ruhende Pol und verkörpert Ganzheit, Geerdetsein und Weisheit. Hestia können wir herbeirufen, wenn wir ein Feuer entzünden, um darauf eine Mahlzeit zuzubereiten. Kochen oder Backen wird mit ihrer Hilfe zu heiligen Handlungen, denn dadurch werden die einzelnen Zutaten zu einer segenspendenden Nahrung transformiert. Hestias Symbole sind der unendliche Kreis und der kreisrunde Herd. Erst wenn sie in ein Haus oder in einen Tempel in Form des Feuers eingezogen war, galten diese als heilig. Hestia symbolisiert das Verhaltensmuster einer Frau, die sich auf ihren eigenen inneren Weg und auf ihre emotionale Distanz zu anderen konzentriert hat und dennoch mit ihrer stillen Wärme nährend und tragend für andere in der Gemeinschaft ist. (Vgl. J.S. Bolen: »Göttinnen in jeder Frau«)

Sheila na Gig, die greise irische Göttin, wird knochig, mit schütterem Haar und hängenden Brüsten dargestellt. Sie zeigt herausfordernd grinsend ihre mit beiden Händen geöffnete Vulva und erinnert daran, dass wir alle auf unserem Lebensweg durch diese heilige Pforte gehen – wenn wir geboren werden und wenn wir sterben. Sheila na Gig fordert uns auf, die Vulva als das Tor zum Leben, zur Leidenschaft zu ehren sowie Sexualität und Tod zu achten und zu würdigen. Sie wird sowohl als Todes- als auch als Schöpfergöttin betrachtet. An manchen mittelalterlichen Kirchen ist ihr Bildnis über der Eingangspforte angebracht.

Die Wintersonnenwende ist der Festtag der germanischen Göttin Holla, die im Märchen als Frau Holle überlebt hat. Sie war ursprünglich die Große Göttin, die sowohl über die Sonne als auch über den Regen und den Schnee gebot. Sie lebte in einer Berghöhle und badete in der Quelle oder dem Brunnen, aus der/dem die Kinder geboren werden. Wer zu ihr wollte, musste durch einen Brunnen gehen. Sie sorgte dafür, dass die Neugeborenen aus dem unterirdischen Reich heil ans Tageslicht kamen und die Verstorbenen den Eingang zum Totenreich fanden.

Die 13 Raunächte sind die heilige Zeit der Göttin, in der nach alten Überlieferungen die wilde Percht, Hollas dunkle Seite, mit ihrem Gefolge durch die Nacht reitet. In den dunklen, winddurchtosten Nächten besucht sie die Menschen und schaut nach, wie sie leben und ob sie sich an die Regeln und Gesetze des Lebens halten – ob sie den Alten, den Ahninnen, den Überlieferungen und dem weiblichen Element Respekt und Achtung zollen. Dazu gehörte vor allem, dass zwischen den Jahren (die Zeit von der Wintersonnenwende bis Neujahr) keine großen Arbeiten verrichtet werden sollten, denn diese Zeit ist dem Ausruhen und der achtsamen Erwartung des Neuen vorbehalten. Bei ihren Umtrieben löste die Percht Angst und Schrecken aus, und die Menschen fürchteten sich oft abergläubisch vor ihrer Wut und Rache, ihren Streichen und Strafen. Die Percht war der tiefere Grund dafür, dass unsere Großmütter in der Vorweihnachtszeit das Haus geputzt und alle Wäsche gewaschen, vorgekocht und alles für das Fest vorbereitet hatten, um die Tage danach in Ruhe und Stille zu verbringen.

Alltagsrituale

Manchmal spüren wir in dieser Zeit der Dunkelheit so etwas wie Energielosigkeit und Schwere, Verlangsamung und ein Gefühl von Stillstand. Und dennoch fühlen wir auch, dass sich tief im Verborgenen etwas Besonderes regt und ankündigt. Das alte Jahr neigt sich dem Ende zu, und wir spüren die Hoffnung auf eine neue Zeit. Die Natur zeigt uns in diesen Tagen, dass sich in jedem Jahr in der tiefsten Dunkelheit des Winters der Umschwung vollzieht, und wir erfahren immer wieder, wie das Licht zunimmt und das Leben weitergeht. Ganz im Geheimen, in der Tiefe der Nacht, beginnt ein neuer Zyklus – aus diesem Neuanfang können wir Vertrauen ins Leben, Hoffnung und Freude gewinnen.

Das Tempo verlangsamen

Die Energie dieser Zeit eignet sich dazu, das Tempo noch weiter zu verlangsamen und still abzuwarten, bis das Neue sichtbar wird, das wir schon ahnen können. Wenn wir den zarten Keim des Neuen erfühlen können, gibt uns das Hoffnung, denn gleichzeitig spüren wir schon das Ganze. Wir haben eine Ahnung davon, wie es werden wird, auch wenn es noch nicht sichtbar ist. Etwas, was im Dunkeln im Verborgenen beginnt und erst allmählich offenbar wird, obwohl es von Anfang an schon alles in sich birgt, ist z. B. die befruchtete Eizelle: In ihr ist alles enthalten, was sich erst nach und nach entfalten wird. Jetzt ist also eine gute Zeit zum Meditieren, für Entspannungs- und Wahrnehmungsübungen und für Fantasie- oder Traumreisen.

➤ *Halten Sie in der Vorweihnachtszeit und in der Zeit der Raunächte immer wieder einmal inne. Gönnen Sie sich die Ruhe, das wahrzunehmen, was Sie gerade umgibt. Erlauben Sie sich, still oder allein zu sein oder sich ganz auf die Natur zu konzentrieren: Regnet oder schneit es? Ist es neblig oder liegt Reif auf den Gräsern und Pflanzen? Ist es windig oder windstill? Ist der Himmel grau oder blau, mit Wolken übersät oder wolkenlos? Nehmen Sie die Sonne, den Mond und die Sterne wahr.*

- *Was bedeutet diese Zeit für Sie? Wie haben Sie früher als Kind oder in der Jugend die Advents- und Weihnachtszeit erlebt? Welche Märchen und Geschichten haben Sie beeindruckt?*
- *Gestalten Sie die Vorweihnachtszeit, das Weihnachtsfest und die Tage danach so, wie es Ihnen selbst am angenehmsten ist. Gestatten Sie es sich, Neuerungen einzuführen. Sagen Sie Termine ab, wenn es Ihnen zu viel wird. Versuchen Sie, im Einklang mit der Zeit etwas von der besinnlichen und verheißungsvollen Stimmung zu spüren.*
- *Nehmen Sie sich Zeit, Musik zu hören – vielleicht das Weihnachtsoratorium von Bach – bei Kerzenlicht und einer Tasse Tee oder einem guten Glas Wein.*

In diesen Tagen spüren wir häufig ein Gefühl der Vorfreude und haben das Bedürfnis, uns auf die Feiertage und den Jahreswechsel ganz besonders vorzubereiten. Wir kaufen ein, suchen Geschenke aus, basteln etwas, packen Päckchen, schreiben Briefe und Karten.

- *Nehmen Sie sich Zeit, Briefe oder Weihnachtskarten an Freundinnen, Bekannte und all die Menschen zu schreiben, die Ihnen wichtig sind. Schreiben Sie einen Weihnachtsbrief, in dem Sie Ihren Freunden mitteilen, was Sie in diesem Jahr erlebt haben.*
- *Gehen Sie neue Wege im Umgang mit Weihnachtsgeschenken. Machen Sie kleine Geschenke, oder fertigen Sie selbst etwas an. Sie können aber auch Geld für soziale Projekte spenden, eine Patenschaft für ein Kind übernehmen oder sich in sozialen Einrichtungen, z. B. in einem Altersheim, engagieren.*

Manchmal verspüren wir nun das Bedürfnis, unser Haus oder die Wohnung zu putzen und mit Weihnachtsschmuck zu verschönern. Viele bekommen jetzt auch Lust, Plätzchen oder Stollen zu backen oder ein besonderes Essen für Weihnachten zu planen. Manche knüpfen an alte Familientraditionen an oder erschaffen etwas ganz Neues. In manchen Familien ist es Tradition, die Bescherung am Weihnachtsabend, wenn es dunkel wird, unterm Tannenbaum durchzuführen. Danach findet ein gemeinsames Abendessen statt. Viele Menschen gehen an diesem Abend zur Christmette in die Kirche, andere machen einen nächtlichen Spaziergang.

- *Laden Sie Freundinnen und Freunde oder die Familie zu einem Adventsspaziergang ein, mit anschließendem Kaffee oder Tee mit Plätzchen, oder zu einem besonderen Essen.*
- *Probieren Sie alte Rezepte aus, wie z.B. Karpfen, Forelle, Pute, Gänsebraten, Knödel, Rotkraut oder was immer Sie aus ihrer Familientradition kennen, oder backen Sie wieder einmal Plätzchen.*
- *Versuchen Sie, die Traditionen aus Ihrer Herkunftsfamilie, die Ihnen erhaltenswert erscheinen, weiterzuführen, oder rufen Sie eine neue Tradition ins Leben, z.B. wenn Sie in einer neuen Beziehung oder Lebensphase sind.*
- *Stellen Sie auch für die Tiere oder Geistwesen, die uns überall in der Natur umgeben, kleine Geschenke hinaus auf den Balkon oder die Terrasse, z.B. Vogelfutter oder Essensreste für die Krähen und Rabenvögel.*

In dieser Dezemberzeit kann unsere Energie einerseits in Richtung soziale Kontakte, Verbundenheit mit der Gemeinschaft, der Familie und der Tradition gehen. Andererseits ist dies eine gute Zeit, uns nach innen zu wenden und unsere eigenen seelischen Veränderungen wahrzunehmen.

Innere Prozesse wahrnehmen

Diese Zeit ist sehr gefühlsbetont, wir sind sehr empfänglich, dünnhäutig, und manchmal werden wir krank, liegen mit einer Erkältung im Bett und haben damit eine Auszeit.

- *Jetzt können uns all die Kräuter (Linde, Salbei, Thymian, Kamille, Johanniskraut, Spitzwegerich), die wir im Sommer gesammelt haben, helfen, wieder gesund zu werden.*

Manchmal kann eine solche Auszeit sehr hilfreich für uns sein, denn wir sind außer Gefecht gesetzt, funktionieren nicht mehr wie üblich und schlafen und träumen viel. Wenn wir krank im Bett liegen, können wir für eine kurze Zeit erleben, wie es ist, sich nicht selbst versorgen zu können, Schmerzen und Einschränkungen zu erleben. Und vielleicht erfahren wir auch, wie es ist, auf andere angewiesen zu sein. Indem wir bewusst erleben, was mit uns geschieht, und wenn wir in die Tiefe dieser Beschränkung eintauchen, ohne uns ablenken zu lassen, dann wird uns oft der Wert der Stille, des Rückzugs und der Langsamkeit klar. Vielleicht erleben wir auch, wie schwer es ist, die Fürsorge anzunehmen, die wir von anderen brauchen. Hin und wieder wird uns in dieser Zeit auf einmal bewusst, was mit diesem Jahr für uns zu Ende geht und wohin unsere Reise in Zukunft gehen wird.

➤ *Achten Sie in dieser Zeit auf Ihre Träume und tiefsten Wünsche und Bedürfnisse. Lassen Sie sich Raum und Zeit, um nach innen zu lauschen und zu spüren, was wirklich wichtig, wahr und sinnvoll für Sie ist. Manchmal sind es keine großen oder gravierenden Veränderungen, obwohl gerade diese sich bevorzugt in dieser Zeit ankündigen.*

Häufig geht es darum, ein bestimmtes Verhalten, eine Einstellung zu sich und dem Leben oder zu bestimmten Menschen endgültig zu verabschieden. Manchmal verschieben sich die Prioritäten, wir stellen fest, das sich unsere innersten Lebensziele geändert haben und wir eine neue Richtung einschlagen wollen. Unser Horizont hat sich erweitert, und wir sehen etwas mit anderen Augen.

Zu dieser Zeit beginnen viele Menschen eine Therapie, weil sie spüren, dass sie sich festgefahren haben. Es ödet sie an, dass sie sich immer wieder nach dem gleichen Muster bewegen, und sie beginnen, neue Wege zu suchen, sich selbst und ihr Leben zu verändern.

➤ *Zeichnen Sie auf einen großen Bogen Papier die Jahreszahl des gerade zu Ende gehenden Jahres. Malen Sie dann mit den Farben, die Ihnen passend erscheinen, das Jahr aus, und schreiben Sie auf das Blatt: wichtige Ereignisse, die Namen von Menschen, die mit Ihnen dieses Jahr verbracht haben, oder die Gefühle, die Sie in diesem Jahr besonders gespürt haben.*

Neues empfangen

Die Veränderungen und die Ungewissheit, die für viele von uns um den Jahreswechsel besonders spürbar sind, machen uns häufig unsicher oder lösen Ängste aus: Angst vor der Zukunft; Angst davor, dass nichts so bleibt, wie es ist; Angst, dass wir die Veränderungen nicht bewältigen können. Und so plagen wir uns in der Übergangszeit zwischen den Jahren häufig mit vielen Sorgen um unsere Zukunft und die unserer Kinder. Wir sorgen uns um die Menschen, die uns nahestehen, oder um die Zukunft der Menschheit oder der Natur, denn wir spüren in dieser Zeit ganz intensiv, dass etwas Neues kommt. Wir ahnen die Veränderungen, die mit uns geschehen, auch wenn sie noch nicht sichtbar oder greifbar sind.

Die Zeit um Weihnachten bis zum Jahreswechsel ist die Zeit der großen Geheimnisse, die Zeit des Unbekannten und Unsichtbaren. Diese Zeit wird von vielen von uns als magisch erfahren, als eine Zeit, in der wir leichter als üblich Zugang finden zur anderen Wirklichkeit, zur Welt hinter, neben, unter oder über unserer gewohnten Alltagswelt und zur Welt unserer Ahninnen und Ahnen. Es ist einerseits die Zeit der dunklen Nächte voller Ahnungen und Hoffnungen, Ängste und Zweifel. Andererseits ist es eine besonders gute Zeit für Orakel und das intuitive Erahnen des Zukünftigen. In diesen besonderen Tagen und Nächten können wir den Schleier leichter lüften, der vor unserer Zukunft liegt. Und so wurde und wird nun nicht nur den Träumen besondere Aufmerksamkeit geschenkt – früher glaubte man, dass sich die Träume der Raunächte im neuen Jahr erfüllen. Auch die Beobachtungen in der Natur, das Wetter, die Wolken, die Temperaturen sowie die Begegnung mit Tieren, wurden und werden als besondere Vorboten der kommenden Zeit gedeutet.

Tarotkartenlegen ist z. B. ein Weg, spielerisch herauszufinden, welche Lebensthemen auf uns warten. Orakelspiele und Weissagungen mittels Bleigießen, Horoskopen oder Kartenlegen haben jetzt Konjunktur. Dabei geht es vor allem um die Fragen: Was bringt das neue Jahr? Was kommt an Aufgaben und Themen auf mich zu?

➤ *Legen Sie Tarotkarten. Eine Möglichkeit ist, einen Kreis mit 12 Karten zu legen, die für jeweils einen Monat im neuen Jahr stehen sollen. Legen Sie die Karten zunächst verdeckt an den jeweiligen Platz im Jahreskreis.*

Beginnen Sie im Norden mit der ersten Karte, die den Januar symbolisiert, legen Sie dann im Uhrzeigersinn die restlichen 11 Karten aus. Drehen Sie dann nach und nach die Karten um, und schreiben Sie auf, welche Karte Sie für welchen Monat gezogen haben. In die Mitte legen Sie eine Karte für sich selbst. Diese Karte symbolisiert die Energie, die in diesem neuen Jahr besonders wichtig für Sie ist.

- *Ziehen Sie eine Göttinnenkarte aus dem Tarotdeck »Göttinnen-Geflüster« (von Amy Sophia Marashinsky und Hrana Janto) mit der Frage: Welches Thema steht jetzt für mich an?*

Achten Sie auf Ihre Träume, vor allem auf jene in den 13 Raunächten. Schreiben Sie in ein Traumtagebuch, was Ihnen in dieser Zeit begegnet oder auffällt, auch wenn Sie zunächst noch nichts damit anfangen können.

- *Machen Sie eine Collage. Beginnen Sie mit einem Foto, auf dem Sie sich mögen; kleben Sie es in die Mitte eines großen Zeichenblatts. Drum herum kleben Sie Bilder (aus Zeitschriften) oder Worte und Begriffe, die Ihre innigsten Wünsche für die kommende Zeit ausdrücken. Versuchen Sie, Ihre Wünsche nicht zu zensieren, und fixieren Sie nur positive Formulierungen auf dem Blatt: Wenn Sie sich Frieden wünschen, dann sollte nicht der Ausdruck »kein Krieg« erscheinen, sondern das Wort »Frieden« oder ein entsprechendes Symbol!*

Eine Collage hat in ihrer bildhaften Sprache eine tiefe Wirkung auf unser Unterbewusstsein und unterstützt uns einerseits, von innen heraus in die Richtung zu gehen, die wir uns wünschen. Andererseits legen wir damit unsere tiefsten Wünsche vertrauensvoll in die Hände einer höheren Kraft und lassen sie damit los. Legen Sie dann die Collage auf jeden Fall weg, und schauen Sie frühestens nach einem Jahr wieder darauf, um zu sehen, welche Ihrer Wünsche sich erfüllt haben. Wenn Sie die Collage ständig ansehen, kann sich die positive Wirkung nicht entfalten, denn Sie werden dann leicht ungeduldig und unzufrieden und setzen sich selbst und das Universum unter Druck.

Frauenfest

Treffen Sie Freundinnen zum Fest der violetten bzw. der goldenen Frau, feiern Sie ein Fest zu Ehren der alten Ahnfrauen und der Göttinnen der Spiritualität, der Stille, der Erde und der Neugeburt. Alle sollten sich dazu in violette, dunkelgrüne oder goldene Kleidung hüllen.

Machen Sie gemeinsam einen Spaziergang zu einem Berg oder zu einer Höhle, wo Sie in der Dunkelheit ein Feuer machen können. Schauen Sie gemeinsam in die Flammen, die Funken und in die Glut. Meditieren Sie in der Stille über den Neubeginn, und nehmen Sie die Sie umgebenden Elemente wahr. Sie können jetzt endgültig loslassen, was sich in Ihrem Leben als überholt erwiesen hat. Sprechen Sie aus, was Sie loslassen wollen und was sich in der Zukunft stattdessen realisieren soll. Schenken Sie den Feuer-, Erd- und Luftgeistern wohlriechende Kräuter, und verbrennen Sie diese. Bei diesem nächtlichen Ritual tauchen auch oft die Wassergeister in Form von Regentropfen oder Schneeflocken und die Windgeister in Form von heftigen Windböen auf.

Alternativ können Sie sich auch den Lebenskreis auf dem Boden vorstellen. Gehen Sie von der Geburt im Norden langsam im Uhrzeigersinn durch die verschiedenen Altersstufen – junges Erwachsenenalter/21 Jahre im Osten, Lebensmitte/42 Jahre im Süden, Älterwerden und Ruhestand/63 Jahre im Westen – bis sie beim Alter/84 Jahre wieder im Norden ankommen. Jede Frau verweilt eine Weile an dem Ort, wo sie im Augenblick dem Alter nach steht. Lassen Sie anschließend diese Erfahrung tief in sich ein.

Lassen Sie die gemeinsame Zeit mit heißen Getränken, süßem Gebäck und Gesprächen über das Vergangene und das Zukünftige ausklingen.

Atemübungen

In die eigene Mitte finden

➤ *Legen Sie sich bequem hin, und schließen Sie die Augen. Gehen Sie mit Ihrer Aufmerksamkeit in Ihre Mitte, und spüren Sie Ihren Bauch. Ziehen Sie den Atem beim nächsten Einatmen bis in diese Mitte. Stellen Sie sich vor, wie Sie beim Einatmen Ihre Mitte beleben, so, als ob in Ihrem Inneren eine Glut hell und warm leuchtete. Zählen Sie beim Einatmen in Ihren Bauch langsam bis fünf. Seien Sie ganz konzentriert und zentriert. Halten Sie dann einen Moment lang die Luft an, und spüren Sie, wie alles um Sie herum in weite Ferne rückt. Jetzt zählt nur der warm leuchtende Kern in Ihrer Mitte. Atmen Sie dann aus, zählen Sie dabei wieder bis fünf, und lassen Sie dabei alles los, was Sie nicht mehr brauchen. Wiederholen Sie diesen Ablauf einige Minuten lang. Nehmen Sie bewusst wahr, wie Sie in Ihrer Mitte zur Ruhe kommen. Jetzt können Sie spüren, dass Sie immer nur einen Atemzug von Ihrer Mitte entfernt sind. Öffnen Sie dann wieder Ihre Augen, jetzt sind Sie wieder wach und offen für Ihr Leben.*

In die Stille der Dunkelheit hören

➤ *Setzen Sie sich mit gerader Wirbelsäule und warm eingepackt in einen dunklen Raum. Atmen Sie ruhig, und lauschen Sie in die Stille und Dunkelheit der Nacht hinein. Spüren Sie, wie Ihre Ohren immer feinere Schwingungen wahrnehmen und Sie immer tiefer in die Erde oder in den Kosmos hineinlauschen können. Spüren Sie, wie Sie weit hinaus, und gleichzeitig tief in sich selbst hineinlauschen. Lassen Sie sich spüren, wie es ist, in die Tiefe Ihres eigenen, inneren, unendlichen und zeitlosen Wesens einzutauchen. Spüren Sie die Gewissheit, dass etwas Neues beginnt. Lassen Sie zu, dass Sie die feinen neuen Schwingungen oder Töne wahrnehmen, spüren oder hören, die das neue Werden ankündigen. Freuen Sie sich über die Geburt einer neuen Zeit. Schreiben Sie all Ihre Gedanken und Eindrücke auf.*

Begegnung mit der Natur

➤ *Steigen Sie hoch auf einen Berg, oder suchen Sie eine Höhle auf, in der Sie sich eine Weile aufhalten und meditieren können. Sie können sich aber auch einen kahlen, steinigen Felsen suchen, an den Sie sich anlehnen können, um ihn zu spüren. Falls es Ihnen draußen zu kalt ist, können Sie sich auch einen großen Stein mit ins Zimmer nehmen, ihn vor sich hinlegen, betrachten, berühren und sich in ihn versenken. In den Steinen ist das uralte Wissen der Erde gespeichert, und manchmal können wir ihre Weisheit in der Stille vernehmen.*

Stellen Sie sich vor, Sie selbst werden zu einem Berg oder einem Gebirge. Versuchen Sie zu spüren, wie es sich anfühlt, zu Stein zu werden, wie Sie sich fühlen, wie die Zeit sich anfühlt, wie sich die Tageszeiten, die Jahreszeiten, die Jahrzehnte anfühlen. Spüren Sie die Kraft, die Ausdauer, die Zeitlosigkeit der Steine. Bedanken Sie sich bei der Energie des Steines für die Bereitwilligkeit, mit der er Ihnen einen Einblick in seine Existenzform gegeben hat. Nehmen Sie das, was Sie im Moment besonders brauchen, als Erinnerung an diese Fantasiereise mit in Ihren Alltag.

Bewegungsübungen und Tänze

Die Tänze dieser Zeit sind vor allem die Spiral- oder Labyrinthtänze, bei denen wir uns einmal nach links, dann wieder nach rechts wenden und bei denen wir die immer wiederkehrenden Rhythmen, das Auf und Ab der Sonnenkraft spüren können. Das Labyrinth zählt wie das Sonnenrad und die Spirale zu den ältesten Symbolen der Menschheit und ist überall auf der Welt zu finden. Es bildet den Lauf der Sonne ab und hat eine tiefe symbolische Bedeutung für die Menschen, die sich in der gewundenen Bewegung durchs Labyrinth, dem Hin und Her, den kosmischen Veränderungen des Lebens nahe fühlen und sie verstehen können.

Es gibt runde und quadratische Labyrinthe, die einen Durchmesser von mehreren Metern haben können. Sie werden mit Steinen gelegt oder als Garten-, Rasen- oder Heckenlabyrinthe gepflanzt. In Italien, England, Frankreich und bei uns in Deutschland finden sich Labyrinthe, von denen manche von den Kelten, manche von den Römern angelegt worden sind. In vielen Kirchen und Kathedralen wurde mit Fliesen oder mit Mosaiksteinen ein Labyrinth in den Fußboden eingelassen. Ein Labyrinth ist kein Irrgarten, denn folgt man seinem gewundenen Pfad, führt er uns direkt ins Zentrum und wieder hinaus. Der Weg ins Labyrinth ist nicht gradlinig sondern verläuft geschwungen, immer wieder seine Richtung ändernd. Manchmal glauben wir uns dem Zentrum ganz nah, um dann wieder von dort weggeführt zu werden, machen scheinbar einen Umweg und gelangen am Ende dann doch ins Zentrum.

- *Zeichnen Sie sich auf die Erde, in den Schnee oder in weichen Sand ein einfaches Labyrinth. Oder bilden Sie seine Linien mit Kieselsteinen auf dem Boden in Ihrem Zimmer nach, sodass ein Weg entsteht, den Sie bis ins Zentrum gehen können. Sie können sich auf Ihrem Gang selbst mit einer Rassel oder Trommel begleiten oder sich eine langsame Musik auflegen, die Ihnen ein gemächliches Schreittempo vorgibt. Bewegen Sie sich dann ganz langsam bis ins Zentrum, lassen Sie sich Zeit, in der Mitte anzukommen und dann dort zu verweilen. Achten Sie auf die Ideen oder Impulse, die Sie fühlen. Wenn Sie lange genug in der Mitte verweilt haben, bewegen Sie sich nun wieder langsam nach außen. Schreiben Sie auf, was Ihnen auf Ihrem Gang begegnet oder eingefallen ist.*
- *Legen Sie mit acht Steinen den Jahreskreis auf dem Boden aus, indem Sie in die vier Himmelsrichtungen und in die Richtungen der vier Zwischenstationen jeweils einen Stein legen.*
  Beginnen Sie im Norden. Stellen Sie sich vor diesen Stein, und schauen Sie nach Norden. Stellen Sie sich dabei die tiefste Dunkelheit, aber auch den glitzernden Schnee und das Element Erde vor. Drehen Sie sich dann um, sodass Sie die Kraft des Nordens im Rücken spüren. Lassen Sie sich Zeit dabei.
  Gehen Sie im Uhrzeigersinn weiter. Bleiben Sie nun im Nordosten stehen, und schauen Sie in diese Richtung. Sehen oder fühlen Sie den weiten Blick über die Landschaft in der ersten Morgendämmerung. Drehen Sie sich so um, dass Sie im Rücken die Kraft des Nordostens spüren. Lassen Sie sich Zeit für alle Bilder und Gefühle. Schreiten Sie nun weiter, bis Sie nach Osten, in die Richtung der Luft, des Sonnenaufgangs und des Frühlings schauen. Drehen Sie sich um, und spüren Sie diese Kraft im Rücken.
  Wandeln Sie weiter auf den Spuren des Jahreskreises, bis Sie in Richtung Südosten schauen. Spüren Sie die sinnliche Kraft der schwellenden

Natur. Drehen Sie sich wieder so, dass Sie die Kraft des Südostens im Rücken fühlen.
Gehen Sie dann weiter nach Süden, und spüren Sie die Kraft des Feuers, des Sommers und des hellen Mittags. Drehen Sie sich mit dem Rücken nach Süden, und spüren Sie diese Kraft im Rücken.
Wenden Sie sich nach Südwesten, und spüren Sie die klare Kraft der Entscheidung und der Grenzen zur Zeit der Ernte. Stellen Sie sich mit dem Rücken in Richtung Südwesten, und spüren Sie die Kraft dieser Zeit.
Schreiten Sie weiter auf dem Jahreskreis, bis Sie nach Westen schauen, der Richtung des Wassers und des Herbstes. Drehen Sie sich so, dass Sie diese Kraft zu Ihrer Unterstützung im Rücken spüren.
Kehren Sie sich nach Nordwesten, und spüren Sie die dunkle Kraft des Todes. Stellen Sie sich mit dem Rücken in Richtung Nordwesten, und spüren Sie hinter sich die Kraft Ihrer Ahnen.
Bedanken Sie sich bei den Kräften der Himmelsrichtungen, der Jahreszeiten und der Elemente mit einer tiefen Verbeugung.

Tanz der Nana

Nana, die Großmutter der Zeit, ist uralt und träge. Unendlich langsam rührt sie den Brei des Lebens. Sie gleicht aus, bewegt sich gemächlich hin und her, lässt nichts anbrennen. Sie hat alle Zeit der Welt, wird immer langsamer, konzentriert sich auf das Wesentliche, kann abwarten, zur Ruhe kommen und warten, bis von allein eine neue Bewegung entsteht. (Vgl. Kay Hoffman; Musik Rolf Exler: »Von Göttern besessen«)

➤ *Stellen Sie sich aufrecht hin, bleiben Sie locker in den Knien. Bewegen Sie sich langsam, im Zeitlupentempo – so wie beim Tai Chi – zu einer ruhig fließenden Musik (oder zur oben genannten Musik von Rolf Exler). Wiegen Sie sich hin und her, vor und zurück, und beginnen Sie, gemächlich zu stampfen und zu kreisen. Werden Sie allmählich immer langsamer. Sie haben alle Zeit der Welt, können spüren, wie die Zeit sich aufhebt, wie Sie in die Zeitlosigkeit gleiten, und erleben Sie, wie die Zeit Sie trägt. Spüren Sie die Ruhe, die in Sie einkehrt, ebenso das tiefe Vertrauen in die Ewigkeit und die Erneuerung des Lebens.*

Fantasie- und Trancereisen

Reise zur Urgroßmutter Erde

➤ *Stellen Sie sich vor, Sie steigen eine Wendeltreppe hinab, die immer tiefer in die Erde führt. Stufe um Stufe führt der Weg Sie hinab.*
Sie kommen in eine dunkle Höhle und tasten sich an den Wänden entlang, bis Sie in den Raum der Erdmutter gelangen, in dem es warm und rot vom Feuerschein ist. In der Mitte des Raumes sehen Sie eine uralte Frau, die in einem Kessel rührt, der auf dem Feuer steht.
Sie ist die Urgroßmutter der Zeit. Sie steht da und rührt den Brei oder die Suppe des Lebens. Sie sehen sie an und spüren ihre Güte und Weisheit, ihre Ewigkeit und Beständigkeit. Sie ist die Mutter und die Großmutter, und Sie können erkennen, dass in ihr alles zugleich vorhanden ist. In dieser alten Frau sind alle Frauen, alle Formen, Verschiedenheiten und Altersstufen.
Plötzlich verstehen Sie, dass Frauen immer schon da waren und immer da sein werden. Aus einer Frau wird ihr Ebenbild, wieder eine Frau, ähnlich und doch ganz anders. In ihr ist wiederum alles angelegt, alles vorhanden, das Kind, die junge Frau, die fruchtbare Frau, die Mutter, die Alte, die frei ist von Fruchtbarkeit und Mütterlichkeit.
Sie verweilen bei der Erdmutter, so lange es Ihnen gefällt. Begeben Sie sich dann wieder auf den Weg zurück in Ihren Alltag, und nehmen Sie die Gewissheit, die Sie bei ihr erfahren haben, mit in Ihren Alltag.

Eine Geschichte

➤ *Alte Frauen, Großmütter, tauchen auf. Sie kichern, sind fröhlich, unbeschwert, zu Späßen aufgelegt – gar nicht würdig und streng, auch wenn sie manchmal so sein können. Ich werde still in ihrer Gegenwart, schaue zu. Eine Alte wirft eine Handvoll Kräuter und Gewürze in einen Kessel, sie kocht ein gutes Süppchen. Ich schaue ihr zu und höre ihren Singsang: »Ich heize und ich kühle, und ich heile und ich fühle, und ich liebe und ich führe, und ich füge und ich spüre.« Und es ist so, als ob sie alle Menschen und Schicksale verrührt zu einer immer feineren Essenz – Großmütter und Kinder, Mütter und Töchter, Väter und Söhne. Sie rührt das Leben. Stetig, fließend, immer weiter geht das Leben, mit Höhen und Tiefen, mal dickflüssig, mal dünnflüssig. Und sie singt immer weiter:*

»… und ich füge und ich liebe, und ich finde und ich kühle, und ich heize und ich führe …« Sie bewegt ihren Stab entlang einer imaginären Lemniskate, einer liegenden Acht, hin und her im stetig fließenden, fröhlichen, sinnlichen, tanzenden, gleichmäßigen, geduldigen Vertrauen in das Leben, das immer weitergeht. Die Liebe der Mutter, der Erdkraft, ist spürbar. Sie hält und trägt uns, sie lässt uns leben und holt uns sterbend heim in den ewigen Kessel, in dem wir gerührt und eingerührt werden und uns erneuern. Unsere Gestalt verändert sich, und gestärkt und voller Vertrauen können wir ins Leben zurückgehen. Und die Alte singt immer noch: »… ich liebe und ich führe und ich heile und ich füge …«

Besuch bei der Göttin der Weisheit

➤ *Setzen oder legen Sie sich mit gerader Wirbelsäule hin, und schließen Sie die Augen. Nehmen Sie einige tiefe Atemzüge, und lassen Sie beim Ausatmen los, spüren Sie, wie sich allmählich tiefe Ruhe in Ihnen ausbreitet.*

Stellen Sie sich dann einen Eingang, ein Tor zur anderen Wirklichkeit vor. Das kann ein großes oder kleines Tor sein, das Sie öffnen und durch das Sie hindurchgehen, oder ein Weg durch einen Brunnen oder eine Quelle. Ihr Weg führt Sie entweder ganz tief in die Erde oder ganz hoch hinauf auf einen Berg – dorthin, wo Sie die alte weise Göttin Holla oder die Göttin Hestia finden.

Lassen Sie sich Zeit, bei der Göttin der Weisheit anzukommen. Sie hat eine stille und liebevolle Ausstrahlung, und sie weiß alles. Auch alles, was Sie betrifft. Nach einer Weile können Sie ihr eine Frage stellen, die Sie beschäftigt. Sie wird Ihnen auf ihre Art eine Antwort geben – das kann durch ein Bild, eine Farbe, ein Gefühl, ein Wort oder ein Lied geschehen.

Nehmen Sie es achtsam auf, und bedanken Sie sich dafür. Sie wissen, dass Sie jederzeit mit Ihren Fragen zu ihr kommen können. Zum Abschied schenken Sie ihr etwas. Sie umarmt Sie und berührt Sie auf dem Scheitel, sie fühlen sich gesegnet. In diesem Moment fühlen Sie, wie sich in Ihnen eine feine Vibration aus Licht und Freude ausbreitet. Sie danken ihr abermals und kehren auf dem Weg zurück, den Sie gekommen sind.

Am Ausgangspunkt angekommen, atmen Sie tief ein und wieder aus. Wenn Sie bereit sind, öffnen Sie die Augen und sind wieder ganz im Hier und Jetzt.

Das Element Erde im Norden – Erdmeditation

➤ *Stellen Sie sich in irgendeiner Form die Erde vor: Sand, Steine, Felsen, hohe Berge, ein mächtiges Gebirge, Gletscher, Wüste, fruchtbarer Ackerboden, feuchtes Moor. Lassen Sie die Bilder kommen, die von allein kommen wollen, wenn Sie sich das Element Erde vorstellen. Stellen Sie sich dann vor, Sie verbänden sich mit der Erde, würden selbst zur Erde. Wie ist Ihr Leben als Erde? Wie fühlt es sich an, die Erde zu sein? Bedanken Sie sich nach einer Weile für die Erfahrung, die Sie als Erde gemacht haben.*
Verabschieden Sie sich von Ihren inneren Bildern, und kommen Sie zurück von Ihrer Reise. Nehmen Sie Ihren Körper wahr, atmen Sie tief ein und aus, und fühlen Sie sich willkommen zurück im Hier und Jetzt.

Heilsame Analogien

Hier vorgestellt finden Sie einige Bereiche, in denen sich die Energien rund um die Wintersonnenwende ausdrücken können. Sie sollen eine Anregung für Sie sein, sich selbst auf die Suche nach dem Ausdruck der Kräfte der Zeit zu machen. Die Tiere und Pflanzen, die ich hier nenne, sind als Beispiele zu verstehen – selbstverständlich könnten hier noch viele andere aufgeführt werden.

Energie

Feuer und Erde – die Beständigkeit und Festigkeit der Erde, der Felsen und Berge sowie die stille Feuerkraft, die sich tief im Inneren manifestiert; Erde in allen Facetten, von feinem Sand über glatte Steine und raue Felsen bis hin zu fruchtbarem, ruhendem Ackerland, Wiesen, Weiden und Gärten

Zeit

Die Kraft der tiefsten Dunkelheit und Stille, in welcher der Umschwung zum

neuen Licht des Tages stattfindet; der Winterbeginn; die karge, kalte, klare und frostige Zeit

Orte

der Norden, Gebirge, Höhlen tief in der Erde in der Nähe der Feuerkraft, einsame, karge Felslandschaften, Steine und Felsen in jeder Form, helle Schneelandschaften

Themen

Festigkeit und Struktur, ewige Gesetze des Lebens und der Natur, die Gewissheit des Sinns im Leben, Ganzheitlichkeit, Glauben und Vertrauen, sich den Ängsten stellen und das Neue kommen lassen, das Überdauern in schweren Zeiten und das Neugeborenwerden

Farben

Violett, die Farbe der Spiritualität; Weiß und Schwarz, Silbrig, Golden; außerdem Grün und Rot, Braun

Mineralien

Moosachat, schwarze und grüne Steine wie Onyx und Aventurin sowie Amethyst und Diamant

Der grüne Moosachat befreit von Belastungen und Stillstand. Er hilft, tiefsitzende Ängste zu lösen, und fördert Zuversicht, Hoffnung und Initiative.

Der schwarze Onyx fördert das Durchsetzungsvermögen, die Selbstverwirklichung und das Selbstbewusstsein. Er hilft uns, uns abzugrenzen und unsere eigenen Ziele zu verfolgen. Er macht nüchtern, realistisch und stärkt das logische und analytische Denkvermögen.

Der grüne Aventurin fördert Selbstbestimmung und Individualität, Entspannung und Regeneration. Er hilft uns, unsere Träume und Ideen zu verwirklichen, und verstärkt die Toleranz gegenüber anderen.

Der violette Amethyst fördert geistige Wachheit und Urteilsvermögen. Er regt die Entwicklung der Spiritualität an und hilft uns, tiefen inneren Frieden zu finden sowie unser Selbst zu entdecken. Er hilft uns bei der Bewältigung von Verlusten und erhöht die Konzentrationsfähigkeit und Klarheit. Als Meditationsstein fördert er Intuition und Aufrichtigkeit.

Der klare Diamant hilft bei Ängsten und Depressionen, macht klar und bringt Ordnung und Struktur ins Leben. Er stärkt unsere Fähigkeit, objektiv, gerecht und uns selbst treu zu sein. Der Diamant fördert logisches Denken, Bewusstheit und Zuverlässigkeit.

Tiere

alle Tiere, die ausdauernd und zäh sind oder die sehr alt werden können – Bergziege, Steinbock, Schildkröte, Spinne, Bär und Elefant

Ziege und Steinbock waren heilige Tiere der Göttin, die verehrt und geachtet wurden. Sie lieferten den Menschen Milch, Fleisch, Leder und Wolle und symbolisierten damit Überfluss, Fruchtbarkeit und nährende Fürsorge. Sie haben die Fähigkeit zum Klettern, sind Überlebenskünstler und stehen für Hartnäckigkeit und Durchhaltevermögen.

Die Schildkröte steht für Mutter Erde, für hohes Alter, Weisheit, Stabilität und die Fähigkeit, sich ruhig und gelassen zu schützen und in Frieden sowohl auf der Erde als auch im Wasser zu leben. Schildkröten erinnern an die große Lebenskraft der Großen Mutter Erde.

Die Spinne ist das Symboltier der Schicksalsgöttinnen, der Nornen, die den Lebensfaden der Menschen spinnen, ihn verweben und eines Tages abschneiden. Das Netz der Spinne ist ein Symbol für das ewige Muster des Lebens. In ihm scheinen sich Vergangenheit, Gegenwart und Zukunft zu zeigen. Die Spinne ist ein Sinnbild für unendliche Möglichkeiten. Ihr Körper hat die Form einer Acht, und ihre acht Beine stehen für die acht Speichen des Jahresrades. Die Spinne wird bei den Hopi-Indianern als Schöpfergöttin angesehen. Spinnen, die sich an ihrem Faden vom Himmel auf die Erde niederlassen können, werden auch mit Reichtum und Glück in Verbindung gebracht.

Der Bär gehört zu den Tieren, die als besonders stark, machtvoll und intuitiv gelten. Viele Schamanen suchen die Kraft des Bären, der für Unverwundbarkeit, Ausdauer, Mut und Wissen um die Gesetze der Natur steht. So wird er als Helfer bei Heilungsritualen angerufen, denn er wird selbst als Heiler angesehen. Bären überwintern in Höhlen, dem Bauch der Erde, und stehen für den Weg der Stille und des Schweigens. Die Göttin Artemis konnte sich in eine Bärin verwandeln. Und auch in der keltischen Tradition werden die Kraft und der Segen der Natur oder der Erde durch die Göttin Artio, die in Gestalt einer Bärin erschien, beim Wintersonnwendritual gerufen.

Der Elefant strahlt Ruhe, geballte Kraft und Würde aus. Sein Erinnerungsvermögen ist sprichwörtlich. Er ist ein Symbol für Weisheit und Spiritualität, für Gemeinschaftssinn und Hilfsbereitschaft. Elefanten stehen für Gelassenheit, Klugheit und Friedfertigkeit.

Bäume – Zeder, Tanne, Esche

Zedern (*Cedrus deodara*) sind Bergbäume mit einem majestätischen und kraftvollen Aussehen. Ihre Nadeln sind blaugrün und in Büscheln angeordnet. Zedern haben duftendes Holz, aus dem Boote und Möbel hergestellt werden. In der Aromatherapie wird Zeder gern verwendet, die Essenz hat wärmende und harmonisierende Eigenschaften. Zedernöl wirkt antiseptisch, schleimlösend und pilztötend und wird bei Atemwegserkrankungen verwendet. In der Duftlampe verwendet, bewirkt es eine tiefe Entspannung; es ist ein Mittel gegen Angst und Stress, wirkt aufbauend, stärkend und tröstend.

Tannen (*Abies alba*) sind bei uns vor allem als Weihnachtsbäume bekannt. Sie wurden schon in vorchristlicher Zeit als Symbol für die Wiedergeburt des Lichts betrachtet. Zu Heilzwecken werden junge Triebe verwendet, sie wirken antiseptisch und werden als Wundheilmittel geschätzt. Ihre durchblutungsfördernde Wirkung hilft bei Rheuma und Arthrose, aber auch bei Husten und Bronchitis. Das ätherische Öl wirkt aufbauend, stärkend und beruhigend bei Stress und Aufregung. Tannenöl wird am besten über die Atemwege aufgenommen. Tannenkraft regt Aufrichtigkeit, Ausdauer und innere Stärke an.

Die Esche (*Fraxinus excelsior*) ist ein großer majestätischer Baum, der in der Nähe von Wasser wächst. Yggdrasil, der Weltenbaum der nordischen Mythologie ist eine Esche. Der Weltenbaum steht als Symbol für die drei Welten: die Welt der Götter, die der Menschen und die Unterwelt, in der die Seelen der Verstorbenen weilen. Odin waren in ihren Ästen hängend die Runen offenbart worden. Den Druiden war die Esche heilig, sie war für sie Sinnbild für Weisheit, Transformation und spirituelle Wiedergeburt. Sie verwendeten magische Eschenholzstäbe bei Regen- und Wetterzaubern. Eschenblättertee wird bei Nierenerkrankungen verabreicht und hilft bei Rheuma und Gicht. Eschenkraft schenkt Mut und Unabhängigkeit, lässt uns unsere innere Kraft spüren und ausdrücken.

Pflanzen – Mistel, Zinnkraut, Aloe Vera und Lorbeer

Die Mistel (*Viscum album*), die hoch oben in den Zweigen ihrer Wirtsbäume wächst, wurde schon bei den Druiden als heilige Pflanze angesehen, die alle Krankheiten heilen kann. Besondere Heilkraft wurde ihr zugeschrieben, wenn sie auf einer Eiche wuchs. Geerntet wurde sie im Winter, wenn ihre Beeren reifen. Ihr wird Heilkraft bei Herz- und Blutdruckproblemen, bei Kopfschmerzen und Schwindel zugeschrieben. Heute wird sie vor allem in der Krebstherapie eingesetzt.

Zinnkraut (*Equisetum arvense*) oder Ackerschachtelhalm hilft bei chronischem Husten, bei Bronchial- und Lungenbeschwerden und wird bei Durchspülungstherapien der Nieren und Harnwege eingesetzt. Weiterhin wird es bei Entzündungen im Mund und Rachenraum sowie bei Rheuma und Gicht verwendet.

Aloe Vera wirkt auf die Verdauung und regt die Gallensäfte an. Sie wird zur Stärkung der Verdauungsorgane eingesetzt, außerdem bei schlecht heilenden Wunden und Verbrennungen. Der Saft der Aloe Vera wird sowohl innerlich wie äußerlich zur Heilung der Schuppenflechte verwendet.

Die Blätter und Früchte des Lorbeers (*Laurus nobilis*) werden als aromatisch-bitteres Gewürz genutzt, das verdauungsfördernd wirkt. Das Öl hat eine durchblutungsfördernde Wirkung und wird bei Muskelschmerzen, Zerrungen und Verstauchungen eingesetzt. Die Orakelpriesterinnen von Delphi kauten Lorbeerblätter oder atmeten den Duft von verbrennenden Lorbeerblättern ein, um ihre Visionen zu fördern.

Speisen und Getränke:
Zitrusfrüchte, Esskastanien, Bratäpfel, Weihnachtsstollen, Plätzchen, Lebkuchen, Karpfen, Lachs, Räucherfisch, Gans, Pute, Glühwein, Irish Coffee

Düfte – Myrrhe, Weihrauch
Myrrhe – wird als heilige Pflanze angesehen, ihr Duft vertreibt negative Energie, gibt Schutz, vor allem bei Fantasiereisen in die Unterwelt; Weihrauch – wird als Nahrung der Götter angesehen, hilft bei der Meditation, der spirituellen Reinigung und Weihung. Beide Düfte zusammen werden in der katholischen Kirche als reinigende und spirituell erhebende Düfte eingesetzt.

Musik und Instrumente:
Klangschalen und Gong, Orgel, Trompeten, Posaunen, Hörner, Fagott, Querflöte, Trommeln, die im Herzrhythmus geschlagen werden; klassische Musik: J. S. Bach, G. F. Händel, G. Ph. Telemann.

Gestaltung eines Festes

Das Jahreskreisfest am 21. Dezember
Das Wintersonnenwendfest

Auf dem Jahreskreis befindet sich die Wintersonnenwende im Norden. Sie kennzeichnet dort den Punkt der tiefsten Nacht und die dunkelste Zeit im Winter, in der alle Lebenskraft zu sterben scheint. Und gerade jetzt ändert sich die Richtung, und die Zeichen der Hoffnung auf neues Leben tauchen aus den Tiefen der Nacht auf.

Dieses Fest ist der Gegenpol zur Sommersonnenwende, bei der das Licht auf seinem höchsten Punkt angekommen ist, um sich ab dann allmählich wieder zurückzuziehen. Beide Feste lassen uns das tiefe Mysterium des Lebens erfahren, den immer wiederkehrenden Umschwung, der auf jedem Höhepunkt stattfindet.

Die Wintersonnenwende, auch Julfest genannt, ist ein Sonnenfest, an dem der Keim des Lichts und des Lebens gewürdigt wird. Es wird am tiefsten Punkt der Dunkelheit gefeiert, zu Ehren der Wiedergeburt des Lichts. Es ist die Zeit der neuen Hoffnung. Für uns beginnt jetzt der Winter. Das zugeordnete Element ist die Erde.

Bei den Kelten wurde dieses Fest Alban Arthuan genannt; es bezeichnet die Geburt des Lichts der Inspiration aus der Dunkelheit und Stille der Nacht. Die Zeit der Trauer über den scheinbaren Tod des Lichts ist vorüber. Das Wunder der Neugeburt ist geschehen und wird mit ehrfürchtigem Staunen und Hingabe gefeiert.

Die uralte Vorstellung der Wiedergeburt des Lichts bei der Wintersonnenwende findet im Christentum ihren Ausdruck in der Geburt des Christkindes. Auch hier drückt sich die Verheißung einer besseren Zeit voller Liebe und Frieden aus.

Wir können heute folgende Schwerpunkte setzen:

- Vertrauen und neue Hoffnung in tiefster Dunkelheit entwickeln
- Zugang zur anderen Wirklichkeit finden und einen Blick auf die Zukunft erhaschen
- Klarheit und Gewissheit über die unwiderruflichen Veränderungen im Leben erfahren und neues Leben im dunklen Schoß der Nacht entdecken
- Geburt neuer Werte: Was ist mir jetzt wichtig? Was gibt mir und meinem Leben Sinn? Wie ist mein Ausdruck von Liebe und Weisheit?
- die Ururahnfrau oder die ewige, stille und zeitlose Göttin erfahren

Beispiel für eine Feier

In der Mitte unseres Kreises lag an diesem Abend ein grün-rotes Samttuch. Im Zentrum befand sich eine Tonschale, gefüllt mit Sand und Kerzen. Im Norden, dem Ort der Wintersonnenwende, lagen ein großer Amethyst, Douglasienzweige und ein Strohstern. Im Nordosten stand ein blühender Weihnachtsstern. Den Osten schmückten eine Schwanenfeder, eine Räucherschale und ein Eibenzweig. Im Südosten lagen Zimtstangen. Im Süden

waren eine Schale mit Weihnachtsplätzchen, Thujaäste und Strohsterne platziert. Im Südwesten lag eine getrocknete Wurzel. Im Westen standen eine Duftlampe mit ätherischem Öl, ein leeres Schneckenhaus und Tannengrün. Im Nordwesten hatten wir eine Mohnkapsel hingelegt.

Für das Öffnungs- bzw. Reinigungsritual verwendeten wir eine Mischung aus Weihrauch, Myrrhe, Zeder, Rosmarin, Lorbeer, Eibe, Tanne, Zimt und Borretsch. Eine Frau ging mit der rauchenden Kräutermischung einmal im Uhrzeigersinn durch den Raum und begrüßte, reinigte und segnete die Anwesenden, indem sie ihnen mit der Feder den Rauch zufächelte.

In der ersten Runde sprachen die Frauen von dem, was sie in dieser Zeit beschäftigte: Eine freute sich, dass es ab Weihnachten wieder heller, freundlicher wird. Auch eine andere war voller Vorfreude auf das zunehmende Licht. Für die eine war die Zeit des Abschieds und des Todes vorüber, und neue Hoffnung entstand. Für eine herrschte jetzt das Gefühl vor, dass etwas Neues beginnt. Eine erlebte den Wandel, die Verwandlung als angenehm. Eine hatte schlaflose Nächte und spürte viel Unruhe.

Im Vortrag ging es um die Wendung nach innen, die Stille der Nacht, darum, die freudige Umkehr der Energien zu spüren und neue Hoffnung zu finden.

Im Erfahrungsteil begannen wir zunächst mit einer Fantasieübung im Raum, einer Reise zur Göttin der Weisheit. Danach schrieb jede Frau auf einen kleinen Zettel all ihre Ängste und Befürchtungen und das, was sie nun unwiederbringlich hinter sich lassen wollte. Auf einen anderen Zettel schrieb sie ihre Wünsche und Gebete für die neue Zeit. Reihum las jede Frau dann vor, was sie auf ihre beiden Zettel geschrieben hatte.

Dann zogen wir uns warm an und gingen hinaus in die Dunkelheit. Wir fassten uns an den Händen und gingen ganz langsam, Schritt für Schritt, von einer Trommel begleitet, durch den dunklen Garten, bis zu einem freien Platz, an dem wir eine kleine Erdmulde ausgehoben hatten. Dort vergrub jede Frau den Zettel mit den Verhaltensmustern, Ängsten und Sorgen, die sie nun endgültig loslassen und begraben wollte. Anschließend gingen wir gemeinsam weiter, wieder hintereinanderher, wie in einer Prozession, bis zu der noch kalten Feuerstelle. Dort standen wir zunächst in der Dunkelheit und im kalten Wind eng beieinander. Nach einer Weile zündeten wir ein Feuer an und schauten den Flammen zu. Nacheinander trat jede Frau zum Feuer und übergab ihm ihren Zettel mit den guten Wünschen und Gebeten, damit sie in die Atmosphäre eingehen konnten. Manche Frauen sprachen laut aus, was sie sich für sich selbst, ihre Lieben und die Welt wünschten. Viele wünschten sich Frieden, friedliche Konfliktlösungen, Toleranz und Verständnis zwischen allen Kulturen und Völkern.

Wir schauten in die Flammen, sahen, wie sie flackerten und loderten, wie die Funken von Windböen in den dunklen Nachthimmel getragen wurden. Am Himmel rasten Wolkenfetzen vorüber, und die »Windsbräute« bliesen uns den Rauch um die Ohren. Einige Regentropfen fielen. Während die Frauen noch um das Feuer standen und in die immer wieder hell aufleuchtende Glut schauten, begannen die ersten, die Feuerstelle zu umrunden.

Sie schauten, jede für sich, in die verschiedenen Himmelsrichtungen, vergegenwärtigten die Kräfte und Energien des Jahreskreises und stellten sich dann mit dem Rücken in die jeweilige Richtung, um die Kraft der Himmelsrichtung im Rücken zu spüren. Nacheinander machten alle Frauen schweigend diesen Rundgang.

Zunächst standen wir noch eine Weile im Kreis und warteten, bis alle ihren Rundgang beendet hatten. Dann hielten wir uns an den Händen und tanzten gemeinsam einen Reigentanz, bei dem wir immer wieder, wie bei der Sommersonnenwende, die Richtung wechselten und einmal nach hinten in die Vergangenheit und einmal nach vorn in die Zukunft schauten.

Zurück im Raum nahmen wir uns wieder Zeit, die Eindrücke des Abends in uns nachklingen zu lassen. In der Mitteilungsrunde sprachen die Frauen von dem, was sie am meisten berührt hatte oder was ihnen am wichtigsten war: Eine empfand ein gutes Gefühl dabei, die Ängste abzugeben, sie hatte neues Vertrauen gefasst. Eine hatte viel Kraft beim Feuer gespürt. Eine andere hatte der Rundgang durch die acht Jahresstationen tief bewegt. Eine hatte viele Gefühle noch einmal gespürt – die Unbeschwertheit, die Lebensfreude, die Trauer und Unsicherheit und jetzt die stille Gewissheit, dass es weitergeht. Eine hatte das ganze Jahr noch einmal durchlebt: der Sohn, der ausgezogen war, der Neffe, der geheiratet hatte, die Trauer und die Wehmut. Eine hatte Zuversicht und Verbundenheit mit den Ahninnen und dem Leben gespürt. Eine hatte in diesem Jahr erfahren, dass ihr Wertgefüge sich veränderte – weg von den äußeren Dingen, hin zu innerem Erleben und der Natur. Eine hatte die Wärme im Frauenkreis gespürt und wollte das Bild der Frauen hier im Raum mitnehmen. Für eine war das Feuer ganz besonders beeindruckend gewesen, als die Funken wie kleine Sterne in den schwarzen Himmel stoben.

Zum Abschluss ließen wir eine Schale mit schwarzweißen Steinen herumgehen, und jede Frau nahm sich einen zur Erinnerung an den Abend mit. Wir beschlossen den Abend und das Jahr mit einem Handkreis, verbeugten uns tief vor der Mitte und dankten all den Anwesenden und den guten Geistern, die uns immer und überall begleiten. Danach saßen wir noch eine Zeit zusammen und genossen ein wunderbares Festtagsessen.

Damit endet der Jahreskreis … und beginnt wieder von vorn

Ich hoffe, es ist mir gelungen, Ihnen durch die Beschreibung der Jahreskreisfeste Anregungen dafür zu geben, wie Sie die jeweilige Jahreszeit mit allen Sinnen erleben und neue Erfahrungen machen können.

Überblick über die acht Jahreskreisfeste

Fest	1. Brigid Visionssuche und Neubeginn	2. Frühlingstagundnachtgleiche Gleichgewicht und Wachstumskraft
Jahreszeit	Kälte, Klarheit, Winter vertreiben, Fasching/Zeit des Keimens	wärmer, mehr Sonne, Frühlingserwachen, Ostern/Zeit des Wachsens
Astrologie	Steinbock – Wassermann	Fische – Widder
Lebenszeit	Kindheit – Pubertät	junges Erwachsenenalter – Anfang 20
Göttinnen	Artemis, Brigid, Yansa, Inanna	Minerva, Athene, Freya, Ostara
Archetyp	die freie und unabhängige Göttin/die Amazone	die intellektuelle und kreative Göttin/die Künstlerin und Wissenschaftlerin
Alltagsrituale	Befreiung von Altem, Reinigung mit Klang und Rauch, Fasten, Visionssuche	Frühjahrsputz, Ernährungsumstellung, aktiv werden, Ausdruck von Kreativität
Atemübung	Feuer der Inspiration	Vogelschwingen
In der Natur	den Sonnenaufgang erleben	die Kraft der Bäume und das Element Luft
Tänze	Lockerschütteln/Yansa	Achterschleife, Kreistänze/Ossain
Trancereise	Visionssuche, inneres Kind	Kraft der Vögel, Wachstumsmeditation
Mineralien	Bergkristall, Türkis, Aquamarin	Chrysopras, Calcit, Bernstein
Tiere	Schwan, Libelle, Falke	Amsel, Eule, Hase, Widder
Bäume	Birke, Ahorn, Haselstrauch	Weide, Buche, Eberesche
Pflanzen	Beifuß, Lavendel, Hopfen	Löwenzahn, Wermut, Brennnessel
Musik/ Instrumente	elektronische Musik/Windspiel, Flöten, Glocken, Schellen	südamerikanische Musik/ Xylophon, Tamburin, Harfe, Andenflöte
Lebensmittel	Milch, Getreide, Sauerkraut	frisches Grün, Eier, Bärlauch
Düfte	Zitronengras, Süßgras	Basilikum, Hyazinthe, Pfefferminze
Themen	Visionssuche und Neubeginn	Wachstumskraft und Kreativität

Fest	3. Beltane Sinnlichkeit und Lebensfreude	4. Sommersonnenwende höchste Sonnenkraft und Wendepunkt
Jahreszeit	Blühen, Düfte, Maibaum/ Zeit des Blühens	Sommer, Johannisfeuer/ Zeit des Reifens
Astrologie	Stier	Zwillinge – Krebs
Lebenszeit	Erwachsenenalter, Paarbildung/Mitte 20 bis Mitte 30	Mütterlichkeit, Versorgen/ Ende 30 bis Ende 40
Göttinnen	Flora, Astarte, Venus, Aphrodite, Inanna	Frigg, Lakshmi, Isis, Aine, Hera
Archetyp	die erotische und freizügige Göttin/die Liebende	die partnerschaftliche und versorgende Göttin/die Mutter
Alltagsrituale	Sinnlichkeit, Garten gestalten, mit allen Sinnen genießen	von der Sonne lernen, gut für sich sorgen, Beginn der Kräutersammelzeit
Atemübung	den Vollmond umarmen	das Aufrichten zwischen Himmel und Erde
In der Natur	Feuerritual	Barfußmeditation, Mittagssonne
Tänze	Bauchtanz/Exú	Spiraltänze, Kind schaukeln/Oxum
Trancereise	Liebe annehmen, Krafttier	Besuch bei der Muttergöttin, Schmetterling
Mineralien	Malachit, Rosenquarz, Karneol, Thulit, Rubin	Mondstein, Koralle, Smaragd, Alabaster
Tiere	Taube, Pfau, Hirsch, Reh, Katze	Schwein, Kuh, Specht, Biber, Otter
Bäume	Apfelbaum, Linde, Kirsche	Eiche, Kastanie, Holunder
Pflanzen	Frauenmantel, Eisenkraut, Ysop	Johanniskraut, Kamille, Klettenlabkraut, Thymian, Melisse
Musik/ Instrumente	arabische und mittelalterliche Musik/Trommel, Rassel	Folklore, Entspannungsmusik, Gesang/Rassel
Lebensmittel	Honig, Kuchen, Erdbeeren, Spargel, Bowle, Sekt	Johannisbeeren, Kirschen, Gurken, Melonen, Zucchini, Salat, Tomaten
Düfte	Ylang Ylang, Zimt, Jasmin	Rosen, Nelken, Heu
Themen	Liebe und Lebensfreude	Partnerschaft und Mütterlichkeit

Fest	5. Lammas Ernte und Kräuterweihe	6. Herbsttagundnachtgleiche Reichtum teilen und Dank
Jahreszeit	Sommerhitze, Kräutersammeln/ Zeit der Ernte	Blätter färben sich bunt/ Zeit des Verwertens
Astrologie	Löwe – Jungfrau	Jungfrau – Waage
Lebenszeit	Ausstrahlung und Autorität/Anfang bis Ende 50	Bilanz ziehen, Neuordnung, Ruhestand/Anfang bis Ende 60
Göttinnen	Diana, Druga, Rheia, Pekuna Tete, Meda	Demeter-Persephone, Ceres-Proserpina, Mamapacha, Inanna, Ereskigal
Archetyp	die grenzensetzende Göttin/die Königin	die integrierende und ausgleichende Göttin/ die Gesetzeshüterin
Alltagsrituale	Entscheidungen treffen, ernten von Kräutern, füllen der Medizin- beutel	Wintervorbereitung, Bilanz ziehen, Perspektivwechsel, Umgang mit Geld
Atemübung	Feueratem	Windmühlenflügel
In der Natur	die Nacht im Freien verbringen	vom Wasser lernen
Tänze	Meditation der 4 Himmels- richtungen/Ogun	8er-Tänze/Yemanja, Oxumaré
Trancereise	heilsames Refugium, Grenzen	ausgleichen, Teil integrieren
Mineralien	Hämatit, Granat, Topas, Heliotrop, Sonnenstein	Labradorit, Lapislazuli, Sodalith, Jade
Tiere	Löwe, Adler, Eidechse	Delfin, Wal, Schlange, Eichhörnchen
Bäume	Weißdorn, Wacholder, Kiefer	Walnuss, Quitte, Birne
Pflanzen	Sonnenblume, Salbei, Ringelblu- me, Rosmarin, Borretsch	Schöllkraut, Majoran, Goldrute, Kapuzinerkresse
Musik/Instru- mente	Flamenco, Rumba, afrikanische Musik/Trommeln	Walgesänge, keltische Musik/ Ocean Drum, Regenmacher
Lebensmittel	Aprikosen, Birnen, frisches Brot, Nektarinen, Pfirsiche, Säfte	Weintrauben, Quitten, Äpfel, Kürbis, neuer Wein
Düfte	Bergamotte, Orangenblüte	Parfüm, Patschuli, Anis, Gewürznelke
Themen	entscheiden, trennen, Grenzen ziehen	Gegensätze integrieren, Neuordnung

Fest	7. Samhain Trauern und loslassen	8. Wintersonnenwende Tiefste Dunkelheit und Wiederkehr des Lichts
Jahreszeit	Spätherbst, Totensonntag/ Zeit des Todes und der Transformation	Winter, Schnee, Weihnachten, Neujahr/Zeit der neuen Hoffnung
Astrologie	Skorpion	Schütze – Steinbock
Lebenszeit	Älterwerden/Anfang bis Ende 70	Greisenalter, Spiritualität/ Anfang 80 bis Ende des Lebens und Anfang des neuen
Göttinnen	Ereskigal, Hel, Kali, Hekate	Gaia, die Nornen, Hestia, Sheila na Gig, Holla
Archetyp	die alte, schwarze Göttin der Unterwelt/Die Magierin	die distanzierte, stille und weise Göttin/Die alte Weise
Alltagsrituale	Abschied und loslassen, Zeit für sich, Gefühle ausdrücken	Tempo verlangsamen, innere Prozesse erleben, das Neue empfangen
Atemübung	seufzen, klagen	die eigene Mitte finden, in die Stille gehen
In der Natur	etwas dem Wasser übergeben	den Steinen zuhören, Freudenfeuer
Tänze	Lockerschütteln/Omulu, Kali	Labyrinth, Spiraltanz, den Jahreskreis abschreiten/Nana
Trancereise	loslassen und neu werden, die Kraft der Ahnen spüren	Reise zur Urgroßmutter Erde und zur Göttin der Weisheit
Mineralien	Opal, Schörl, Obsidian, Saphir	Moosachat, Onyx, Aventurin, Amethyst, Diamant
Tiere	Rabe, Kröte, Wolf, Pferd	Ziege/Steinbock, Schildkröte, Spinne, Bär, Elefant
Bäume	Eibe, Zypresse, Lebensbaum, Erle	Zeder, Tanne, Esche
Pflanzen	Efeu, Pfefferminze, Nachtschattengewächse	Mistel, Zinnkraut, Aloe Vera, Lorbeer
Musik/Instrumente	Fado, Tango, Kirchenlieder/ Trommel, Rassel	Weihnachtsoratorium/Zimbeln, Querflöte, Gong, Klangschalen
Lebensmittel	Granatapfel, Kürbis, Nüsse, Ananas, Rote Bete, Bier	Gebäck, Karpfen, Geflügel, Bratäpfel, Kastanien, Orangen, Glühwein
Düfte	Rosmarin, Salbei, Wacholder	Myrrhe, Weihrauch
Themen	Trauer, Verluste, Schmerz ausdrücken und loslassen	still werden, Ängsten begegnen, Neues kommen lassen

Göttinnen und Götter

Aine	Irische Sonnengöttin, die zur Sommersonnenwende mit Strohfackeln geehrt wurde
Annapurna	Indische mütterliche Nahrungsgöttin, die bei Erntefesten geehrt wurde
Aphrodite	Griechische Muttergöttin, die »Schaumgeborene«, welche die Schönheit und die freie Liebe schützt
Artemis	Griechische jungfräuliche Mond- und Jagdgöttin, die Kinder, Tiere und Frauen beschützt
Astarte	Kriegsgöttin und Göttin des Verlangens und der sexuellen Lust (Vorderer Orient)
Athana Lindia	Auf der Insel Rhodos verehrte Göttin der fruchtbaren Felder, der friedlichen Gemeinschaft und des Wohlstands
Athene	Griechische Göttin, Schirmherrin für Wissenschaft und Gemeinschaft
Baba Jaga	Osteuropäische Geburts- und Todesgöttin, die »alte Frau des Herbstes«
Brigid	Irische Göttin des Feuers, der Dicht-, Heil- und Schmiedekunst
Ceres	Römische Muttergöttin, sie schützt die Erde, den Ackerbau und die Vegetation
Demeter	Griechische Muttergöttin der Erde und der Nahrung
Diana	Römische Sonnen- und Mondgöttin, sie schützt die Ehre der Frauen
Durga	Indische Göttin des Kampfes für Gerechtigkeit und Erkenntnis
Ereskigal	Sumerische Göttin der Unterwelt und des Todes
Exú	Afrikanischer Götterbote, der unverschämte und ungezügelte Gauner
Flora	Römische Göttin der Blüten, der Erotik und der Fruchtbarkeit
Freya	Germanische Liebesgöttin, sinnlich sowie sexuell freizügig und selbstbestimmt
Frigg	Germanische Muttergöttin
Gaia	Griechische Erdgöttin, die große Mutter und Gebieterin allen Seins
Hekate	Griechische Göttin des Todes und der Magie
Hel	Nordische Göttin des Todes und der Schattenwelt
Hera	Griechische Himmelsgöttin, ursprünglich die alleinige Herrin über die Erde und ihre Bewohner sowie über die Jahreszeiten. Später wurde sie als Ehefrau von Zeus und Schirmherrin der Partnerschaft verehrt.
Hestia	Griechische Göttin der Weisheit, Spiritualität und des Herdfeuers
Holla	Germanische Urgöttin, die zur Wintersonnenwende geehrt wurde
Inanna	Sumerische Himmels-, Mond- und Wassergöttin, die den Weg der Initiation der Frau in die universelle Magie aufzeigt
Isis	Ägyptische Mond- und Muttergöttin, die über Fruchtbarkeit, Handwerk, Kunst und Zauberei gebietet
Kali	Indische Todesgöttin, die Zerstörerin, die »schwarze Mutter der Zeit«
Lakshmi	Indische Göttin der Schönheit, der Anmut und des irdischen Glücks

Mamapacha	Drachengöttin der Inka, sie bewacht die Erde und die Nahrung
Meda	Germanische Göttin der Erde und der Landwirtschaft
Minerva	Römische Göttin der Handwerkskunst und der Weisheit
Nana	Afrikanische Großmuttergöttin, Herrin über die Zeit
Nornen	Die drei nordischen Schicksalsgöttinnen, Urd – Vergangenheit, Werdandi – Gegenwart und Skuld – Zukunft, die über das Schicksal bestimmen
Ogun	Afrikanischer Feuergott, der Krieger, der für blitzschnelle Entscheidungen und Veränderungen steht, Gemahl von Oya
Oya	Afrikanische Göttin des Feuers, der Klarheit und der zerstörenden Naturgewalten. Sie ist die mächtige weibliche Führerin, die für drastische Veränderungen und neue Wege steht.
Omulu	Afrikanischer Gott der Seuchen und Krankheiten sowie deren Heilung
Ossain	Afrikanischer Gott, der sanfte, heilkundige Zauberer aus dem Wald, die Rassel ist sein heiliges Instrument
Ostara	Germanische Frühlingsgöttin, sie bringt Fruchtbarkeit auf die Erde
Oxum	Afrikanische Göttin der Schönheit, des Reichtums und des Glücks
Oxumaré	Afrikanische/r Schlangengöttin/gott, eine Zwittergestalt, die/der im Regenbogen zu finden ist
Pekuna Tete	Baltische Göttin des Blitzes und der plötzlichen Erkenntnis. Bei Unwetter werden Kerzen für sie aufgestellt.
Percht(a)	Germanische Muttergöttin, die andere Seite der Holla, die in den zwölf Raunächten nach dem Rechten sieht. Sie sorgt für Fruchtbarkeit und Ordnung. Für sie werden in den Raunächten Speisen aus Milch und Mehl bereitgestellt. In der Neujahrszeit wurde sie einst zu Tisch gebeten, indem drei Gedecke für sie aufgelegt wurden; sie sollte die Zukunft günstig beeinflussen. Damals wurden für sie über der Tür des Hauses Zeichen angebracht, die nach der Hexenverfolgung durch jene für Kaspar, Melchior und Balthasar ersetzt wurden.
Persephone	Griechische Göttin der Unterwelt, des Todes und des Jenseits, Tochter der Erdgöttin Demeter und Gemahlin von Hades, dem Gott der Unterwelt
Proserpina	Römische Göttin des Todes und der Unterwelt, Tochter der Mutter- und Vegetationsgöttin Ceres, Gemahlin des Pluto, dem Gott der Unterwelt
Rheia	Griechische riesenhafte Ur-, Berg- und Göttermutter
Sheila na Gig	Irische greise Großmuttergöttin, die über Leben und Tod gebietet
Venus	Römische Göttin der Schönheit, der Liebe und des Genusses
Yansá	Afrikanische Göttin der Luft und des Windes
Yemanja	Afrikanische Göttin des Meeres und des Wassers

Quellennachweis

Berendt, Joachim-Ernst: Ich höre – also bin ich. Freiburg im Breisgau 1989
Bernstein, Frances: Frauenweisheit der Antike. München 2001
Bolen, Jean Shinoda: Göttinnen in jeder Frau – Psychologie einer neuen Weiblichkeit. Basel 1993
Bolen, Jean Shinoda: Götter in jedem Mann. München 1998
Bradshaw, John: Das Kind in uns. München 1994
Brooke, Elisabeth: Von Salbei, Klee und Löwenzahn. Freiburg im Breisgau 1996 (Kräuter helfen heilen. Darmstadt 2004)
Brooks, Charles V.W.: Erleben durch die Sinne. Paderborn 1979
Budapest, Zsuzsanna E.: Mondmagie. München 1993
Canacakis, Jorgos: Ich sehe deine Tränen. Stuttgart 1990
Chu, Victor/de las Heras, Brigitta: Scham und Leidenschaft. Zürich 1994
Chu, Victor: Casablanca – oder: Wohin die Sehnsucht dich trägt. München 1997
ders.: Die Kunst, erwachsen zu sein. München 2002
Coelho, Paulo: Auf dem Jakobsweg. Zürich 2002
Dalichow, Irene: Krafttiere – Boten der Göttin. München 1999
Dinkelmann, Anna: Kreisen – Frauenrituale und Feste. 1983
Ferrucci, Piero: Werde, was du bist. Reinbek 1986
Fischer-Rizzi, Susanne: Botschaften an den Himmel. München 1996
Folkerts, Helga: Frauenkreise. Engerda 1999
Francia, Luisa: Berühre Wege, kehr zur Erde zurück. München 1982
dies.: Eine Göttin für jeden Tag. München 1996
Fromm, Erich: Märchen, Mythen, Träume. Stuttgart 1980
Gimbutas, Marija: Die Sprache der Göttin. Frankfurt 1995
dies.: Die Zivilisation der Göttin. Frankfurt 1996
Gienger, Michael: Die Steinheilkunde. Saarbrücken 1995
Göttner-Abendroth, Heide: Die tanzende Göttin. München 1982
dies.: Die Göttin und ihr Heros. München 1980
Goodman, Felicitas: Trance – der uralte Weg zum religiösen Erleben. Gütersloh 1992
Golowin, Sergius: Lexikon der Symbole. Wiesbaden 1980
Greene, Liz: Kosmos und Seele. Frankfurt 1978
dies.: Saturn. München 1981
Hallmann, Frithjof: Das Rätsel der Labyrinthe. Ardagger 1994

Hamann, Brigitte: Die zwölf Archetypen – Tierkreis und Persönlichkeitsstruktur. München 1991
Hämmerling, Elisabeth: Mondgöttin Inanna. Zürich 1990
Harner, Michael: Der Weg des Schamanen. Reinbek 1996
Harris, Maria: Tanz der Seele – Die sieben Stufen der weiblichen Spiritualität. München 1990
Heydecker, Joe J.: Die Schwestern der Venus. München 1991
Hoffman, Kaye: Von Göttern besessen – Trance-Tanz als energetische Erfahrung. München 1986
dies.: Trance und Tanz – Neue Wege in Selbsterfahrung und Therapie. München 1993
Jung, C. G.: Der Mensch und seine Symbole. Olten 1985
Kluge, Hannelore: Das große Hildegard-von-Bingen-Buch. Rastatt 1999
Kübler-Ross, Elisabeth: Über den Tod und das Leben danach. Neuwied 1991
Linn, Denise: Die Magie des Wohnens. München 1996
Lohmann, Michael: Bäume und Sträucher. München 1994
ders.: Blumen. München 1992
Lützner, Hellmut: Wie neugeboren durch Fasten. München 1999
Martiny, Anita/Fourou, Turan: Aura-Soma. München 1997
Marashinsky, Amy Sophia/Janto, Hrana: Göttinnen-Geflüster. Darmstadt 2000
Minter, Sue: Der heilende Garten. Köln 1995
Müller, Else: Du spürst unter deinen Füßen das Gras. Frankfurt/Main 1998
Monaghan, Patricia: Lexikon der Göttinnen. München 1997
Norwood, Robin: Wenn Frauen zu sehr lieben – Die heimliche Sucht, gebraucht zu werden. Reinbek 1986
Orban, Peter: Astrologie als Therapie. München 1987
Pahlow, Mannfried: Das große Buch der Heilpflanzen. München 1993
Perls, Frederick S./Hefferline, Ralph F./Goodman, Paul: Gestalt-Therapie. Stuttgart 1981
Perls, Laura: Leben an der Grenze. Köln 1989
Pinkola Estés, Clarissa: Die Wolfsfrau. München 1992
Pogacnik, Marko: Die Landschaft der Göttin. München 1993
ders.: Elementarwesen. München 1995
Pollack, Rachel: Der Haindl-Tarot. München 1988
Preuschoff, Gisela: Die heilende Kraft der Bäume. München 1994

Riemann, Fritz: Lebenshilfe Astrologie. München 1982
ders.: Grundformen der Angst. München, Basel 1987
Roth, Gabrielle: Das befreite Herz – Die Lehren einer Großstadt-Schamanin aus New York – Rituale für Körper, Geist und Seele. München 1990
Ruland, Jeanne: Feen, Elfen, Gnome – Das große Buch der Naturgeister. Darmstadt 2003
dies.: Krafttiere begleiten Dein Leben. Darmstadt 2004
Rüttner-Cova, Sonja: Frau Holle – Die gestürzte Göttin. Basel 1993
Sams, Jamie/Carson, David: Karten der Kraft, Ein schamanisches Einweihungsspiel in den »Pfad der Tiere«. Aitrang 1989
Schäfer, Bodo/Ferstl, Carola: Geld tut Frauen richtig gut. Landsberg am Lech 1999
Scheffer, Mechthild: Bach-Blütentherapie. München 1986
Schiran, Ute Manan: Menschenfrauen fliegen wieder – Die Jahreskreisfeste als weiblicher Initiationsweg. München 1988
Senser, Anja/Lang, Klaus: Heilbuch der Druiden. München 1999
Sharamon, Shalila/Baginski, Bodo J.: Das Chakra-Handbuch. Durach 1989
Shuttle, Penelope/Redgrove, Peter: Die weise Wunde Menstruation. Frankfurt 1982
Starck, Marcia: So heilt der Kosmos. Aitrang 1991
Stevens, John O: Die Kunst der Wahrnehmung. München 1975
Sun Bear/Wabun Wind: Das Medizinrad – Eine Astrologie der Erde. München 1985
Sun Bear/Wabun Wind/Crysalis Mulligan: Das Medizinrad-Praxisbuch. München 1993
Tulku, T.: Selbstheilung durch Entspannung – Die alte Heilkunde der Tibeter. Bern 1978
Voigt, Ziriah: Ritual und Tanz im Jahreskreis. Bonn 1997
Walker, Barbara G.: Das geheime Wissen der Frauen. Frankfurt/Main 1993
dies.: Die spirituellen Rituale der Frauen – Zeremonien und Meditationen für eine neue Weiblichkeit. München 1998
Weber, Gunthard: Zweierlei Glück – Die systemische Psychotherapie Bert Hellingers. Heidelberg 1993
Wegner, Eva-Gesine: Bei den Steinen angekommen. Rüsselsheim 1998
Wilber, Ken: Das Spektrum des Bewusstseins. Bern 1987

Musikempfehlungen

Bachman, Alan Scott: Kali Ma. Dances of Transformation 1992

Berendt, Joachim-Ernst: Ur-Töne. Hermann Bauer Verlag 1994

Best of Bellydance. ARC Music 1992

Boine, Mari/Eagle Brother: Goaskinviellja. Rainbow Studio Oslo 1992

Deuter: Kundalini Meditations of Osho, New Earth Records 1995

Deuter: Sands of Time. Kuckuck 1996

Exler, Rolf: Von Göttern besessen. Klex-Musik 1988

Exotic Voices and Rhythms of Black Afrika. ARC Music 1995

Enya: Paint the Sky with Stars – The best of Enya. WarnerBrothers 1997

Gila: Fly Like An Eagle. Pan Tao Musik 1993

Harner, Michael: Shamanic Journey Solo and Double Drumming. The Foundation for Shamanic Studies 1997

Jabrane, Mohamed Sebnat: Meditation der Himmelsrichtungen. Alifia 2000

Gawain: The Kali-Meditation. Electric Homeland Studio 1993

Goodman: Trance Rattle/Drum. The Cuyamunque Institut 1989

McKennitt, Loreena: The book of secrets. Quinlan Road 1997

Merlin´s Magic: Reiki. Windpferd 1995

Mísia: Garras dos Sentidos. Erato Disques S.A. 1998

Mystera. Polymedia 1998

Noll, Shaina: Songs for the Inner Child. Nancy Bright 1990

Roth, Gabrielle/The Mirrors: Luna. Raven 2003

Roth, Gabrielle/The Mirrors: Tongues. Raven 1995

Sangeet, Antar: Klangschalenmeditation. Schirner Verlag 2001

Shanti, Oliver/Friends: Shaman. Sattva Music 1997

Shanti, Oliver/Friends: Seven times seven. Sattva Music 2002

Shantiprem: Klangfelder von Orten der Kraft – Die Elemente. Hermann Bauer Verlag 2002

Tangomania, Argentinische Tangos. EMI 1997

Vetter, Michael: Overtones. Schott Wergo Music Media 1984

Zauber der Andenflöte. ARC Music 1995

Bildnachweis

Bilder von der Bilddatenbank www.shutterstock.com:
S. 29: #197883083 (© denisgo), S. 42: #125243906 (© DeepGreen), S. 49: #225322183 (© Twenty20 Inc), S. 55: #183456023 (© marco mayer), S. 71: #124950302 (© Konstanttin), S. 83: #50221444 (© SNEHIT), S. 88: #79767331 (© Cristian Gusa), S. 91: #115225654 (© Ian 2010), S. 96: #126505931 (© Ruud Morijn Photographer), S. 98: #214932052 (© lola1960), S. 104: #262434869 (© lola1960), S. 106: #134384342 (© Lukas Gojda), S. 110: #243519796 (© Tatiana Kostenko), S. 115: #111284282 (© tadamichi), S. 119: #103223846 (© Nataliia Melnychuk), S. 120: #243647275 (© onsuda), S. 123: #223836193 (© Guschenkova), S. 124: #152281673 (© pzAxe), S. 126: #132604037 (© iravgustin), S. 130/131: #133165208 (© coka), S. 137: #134077718 (© Jason Patrick Ross), S. 144: #75926515 (© Jody.), S. 147: #132144401 (© Suppakij1017), S. 153: #108195965 (© Aleksey Troshin), S. 160: #130080470 (© Balazs Kovacs Images), S. 164: #131008628 (© Subbotina Anna), S. 167: #33373867 (© YuliaPodlesnova), S. 169: #172501724 (© Romolo Tavani), S. 170: #114405070 (© Michael Hero), S. 175: #129028070 (© Eskemar), S. 182: #154144709 (© Csaba Peterdi), S. 186: #191955974 (© zlikovec), S. 191: #221134741 (© lola1960), S. 195: #63682645 (© LilKar), S. 197: #171191216 (© Csaba Peterdi), S. 200/201: #133700489 (© Tabby Mittins), S. 202: #172049501 (© Florea Paul), S. 206: #124356559 (© roundstripe), S. 208: #214020196 (© Subbotina Anna), S. 216: #133277621 (© Teresa Swift), S. 220: #261630464 (© HY Chen 1000), S. 221: #133976729 (© Iakov Kalinin), S. 225: #83420809 (© irabel8), S. 226: #228722404 (© Grisha Bruev), S. 228: #112692397 (© Artur_eM), S. 232: #115278685 (© peresanz), S. 235: #114635341 (© andreiuc88), S. 238: #193953644 (© Oliay), S. 241: #217720432 (© Wiro.Klyngz), S. 244: #132291878 (© Michael Nivelet), S. 246: #223241239 (© ambrozinio), S. 249: #206968639 (© Maria Mylnikova), S. 252: #202456114 (© Norhayati), S. 254: #257530873 (© Dmytro Kosmenko), S. 257: #216424180 (© Petri Volanen), S. 263: #236039839 (© Mayovskyy Andrew), S. 265: #149084435 (© Ricardo Reitmeyer), S. 269: #62135908 (© Jaroslaw Grudzinski), S. 273: #164523578 (© Africa Studio), S. 276: #60034994 (© Photosani), S. 284: #191258684 (© biletskiy), S. 286: #77552167 (© neijia), S. 292: #169957352 (© Dutourdumonde Photography), Bordüren: ab S. 2: #125243906 (© DeepGreen), ab S. 50: #225322183 (© Twenty20 Inc), ab S. 59: : #122262571 (© axz700), ab S. 72: #124950302 (© Konstanttin), ab S. 99: #214932052 (© lola1960), ab S. 127: #132604037 (© iravgustin), ab S. 154: #108195965 (© Aleksey Troshin), ab S. 183: #154144709 (© Csaba Peterdi), ab S. 209: #214020196 (© Subbotina Anna), ab S. 236: #114635341 (© andreiuc88), ab S. 264: #236039839 (© Mayovskyy Andrew)

Alle weiteren Fotos und Grafiken stammen von der Autorin.